财政部规划教材
全国财政职业教育教学指导委员会推荐教材
全国财经类高职新专标系列教材

创业融资实务

主　编　郑　秀
副主编　陈　艳　温丽荣　申珊珊

中国财经出版传媒集团

经济科学出版社
Economic Science Press

图书在版编目（CIP）数据

创业融资实务/郑秀主编 . --北京：经济科学出版社，2022.4

财政部规划教材　全国财政职业教育教学指导委员会推荐教材　全国财经类高职新专标系列教材

ISBN 978 - 7 - 5218 - 3597 - 7

Ⅰ.①创… Ⅱ.①郑… Ⅲ.①企业融资 - 高等职业教育 - 教材 Ⅳ.①F275.1

中国版本图书馆 CIP 数据核字（2022）第 056781 号

责任编辑：李　雪　袁　潋　刘　莎
责任校对：刘　昕
责任印制：王世伟

创业融资实务

CHUANGYE RONGZI SHIWU

主　编　郑　秀
副主编　陈　艳　温丽荣　申珊珊
经济科学出版社出版、发行　新华书店经销
社址：北京市海淀区阜成路甲 28 号　邮编：100142
总编部电话：010 - 88191217　发行部电话：010 - 88191522
网址：www. esp. com. cn
电子邮箱：esp@ esp. com. cn
天猫网店：经济科学出版社旗舰店
网址：http：//jjkxcbs. tmall. com
北京季蜂印刷有限公司印装
710 × 1000　16 开　21.5 印张　370000 字
2022 年 6 月第 1 版　2022 年 6 月第 1 次印刷
ISBN 978 - 7 - 5218 - 3597 - 7　定价：66.00 元

前 言
PREFACE

　　《创业融资实务》是国家职教教育创新创业教学资源库建设项目子课程之一，属于金融类、创业管理类专业核心课程，本书依据企业融资岗专业人才培养目标，针对就业岗位群对融资知识和技能的要求，从学生知识和技能培养的需求出发，以创业公司融资过程中各业务环节的工作过程为载体确定课程的学习内容，通过项目实施将理论知识和实务操作紧密地联系在一起。

　　本书立足教学，面向应用，突出实用、新颖和可操作性强的特点。第一，内容充实。本书以创业企业融资过程业务操作为研究对象，内容涉及融资渠道、融资实施和融资运作，通过学习让学生掌握创新创业融资的基本原理，理解创新创业融资的基本规律，了解债权、股权、新型融资方法的特征、流程，并学会评估商机和团队。第二，应用性强。本书用大量的案例和方法，阐述融资流程和技巧，在章节中设置业务实务，训练学生能够从创业企业实际需求出发，选择合适的融资方式，作出正确的融资决策。进一步，使学生掌握商业模式构建的方法并且能够优化商业模式，在此基础上，完成商业计划书，制定适合的融资方案。第三，资源丰富。本书设置知识导图、知识目标、案例讨论、拓展知识以及在线课程（智慧职教课程名《创业融资实务》）、配套演示文稿（PPT）、视频和题库等大量拓展资料，将金融市场中最新的融资案例和前沿动态体现在教学资料中。

　　本书共四大模块10个章节。四个模块分别是创业基础、创业融资渠道、创业融资实施、创业融资运作。由于本书研究对象是创业企业，与一般的企业融资有很大的区别。模块一主要从创业公司的成立以及创业环境分析等方面进行介绍。模块二和模块三是本书重点内容，主要从融资渠道和融资实施等方面进行介绍，让学生了解融资渠道的基本操作技能及策划技能。模块四是在前三个模块知识的基础上介绍融资运作。因此，四大模块之间是相互联系、层层递进的关系。

　　本书由浙江工贸职业技术学院现代管理学院郑秀主编以及统稿，陈艳、温丽荣、申珊珊副主编。各章编写分工为：郑秀编写第三章至第五章，陈艳、刘思艺编写第六、第七章，申珊珊编写第一、第二章，温丽荣、黎睿敏编写第八章至第十章。本书主要适用于高职高专及本科金融类、创业类专业学生学习，也可作为企业投融资岗位从业人员和广大投资者的参考用书。

由于作者水平有限，书中可能有不当与疏漏之处，恳请读者和同业专家批评指正。

编者

2022 年 3 月

目 录
CONTENTS

模块一　创 业 基 础

模块二　融 资 渠 道

模块三　融资实施

模块四　融资运作

模块一　创业基础

创业是社会发展过程中形成的一种活跃而有效的经济形式，2015 年《国务院关于大力推进大众创业万众创新若干政策措施的意见》出台，进一步优化了创业创新环境，激发了创业创新活力，形成了大众创业、万众创新的宏大局面。创业并非是一件容易的事情，一个人的创业成功与否受到很多因素的影响，如自身素质、项目计划、团结竞争力、创业环境等，因此做好创业之前的前期工作非常关键。这部分主要对创业成立公司的要素以及创业环境进行分析。

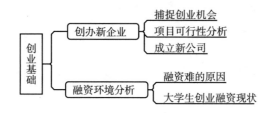

创办新企业

第一节　捕捉创业机会

知识导图

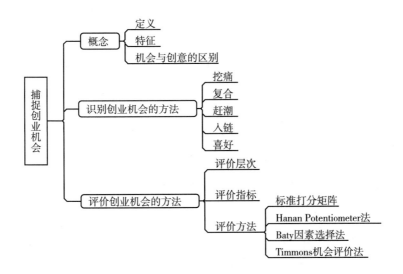

知识目标

1. 了解创业机会的概念和特点；

2. 掌握识别创业机会的方法；

3. 了解评价创业机会的方法。

📖 案例讨论

女子会：餐饮旅游业的创业机会①

女人和小孩的钱最好赚，大家肯定都很熟悉这句话，日本流行的"女子会"再一次验证了这个观点。什么是"女子会"呢？2000 年美剧《欲望都市》在日本播出，剧中的女性经常一起外出吃饭或旅游，日本就把这种女性聚在一起吃饭、旅游的行为称为"女子会"。工作、恋爱、兴趣是"女子会"的三大主题，大家边吃饭边说些对工作、生活、另一半的牢骚，以此排解压力，因为不必再顾虑异性的视线，所以可以更轻松。

许多餐饮业和旅游业都看到这个商机，纷纷推出针对女性消费者的"女子会套餐""女子会旅行"等产品，都获得了巨大收益。比如 S 酒店推出 2 名女性住宿套餐后，吸引了很多错过末班车，又不想在狭窄的漫画咖啡店里待一晚的女性消费者，她们可以好好地卸妆、泡澡，再躺在床上安稳地睡上一觉。女性消费者还能帮助商家建立品牌口碑，因为女性更愿意把认可的服务推荐给朋友，也更信赖口口相传式的广告，因此提供女子会产品的商家，只要做好产品和服务，回头客一定不会少。

2010 年，"女子会"登上了日本"新语·流行语大赏"十强（Top 10）排行榜，成为一种流行的社会现象。2013 年，网站"hitosara"做过一个关于"女子会"的调查，结果显示 90% 的女性参加过女子会，受访者每三人中就有一人每个月都会去参加"女子会"。

"女子会"给日本全国带来的经济效益约为 3.7 万亿日元，数据一出，日本网友惊呼女性消费力真是不一般。

请思考：

（1）这样的创业机会你发现过吗？

（2）商家是怎么抓住女子旅游的机会的？

（3）你身边有哪些创业机会？

一、创业机会的概念

创办新企业，就是创业者识别机会，并将其转化为成功的企业。机会是营造出对新产品、新服务或新业务需求有利的一组环境。创业者识别出问题

---

① 案例来源：日本流行的女子会，餐饮旅游的机会 [EB/OL]. (2020 - 08 - 22) [2021 - 11 - 30]. 个人图书馆，https：//www. jiemian. com/article/1211049. html.

或机会差距，创建企业来填补他。

　　不管创业者以哪种方式创建新企业，机会都很难识别。识别产品、服务或业务机会很困难，因为他不单是换一种眼光来看待现存事物。创业者在机会识别过程中最常犯的错误是：挑选了自己喜欢或对其有激情的现存产品或服务，并围绕产品或服务改进而创建企业。尽管这种方法似乎很明智，但实情通常并非如此。机会识别的关键，在于识别出人们需要而且愿意购买的产品和服务，并非创业者自己想生产和销售的产品或服务。

　　如图1-1所示，机会有4个本质特征：（1）有吸引力，（2）持久性，（3）时效性，（4）依附于为买者或终端用户创造或增加价值的产品、服务或业务。创业者利用机会时，机会窗口必须是打开的。"机会窗口"是一种隐喻、描述企业实际进入新市场的时间期限。一旦新产品市场建立起来，机会窗口就打开了。随着市场成长，企业进入市场并设法建立有利可图的定位。在某个时点，市场成熟，机会窗口被关闭。

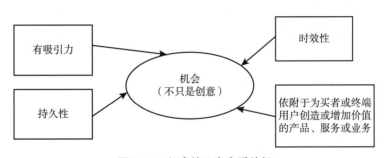

图1-1　机会的4个本质特征

　　理解机会和创意之间的区别很重要。创意是一种思想、概念或想法。创意可能满足也可能不满足机会的标准。这是很重要的一个观点，许多创业企业失败不是因为创建者没有努力工作，而是因为没有真正的机会去开始，在因商业创意而激动兴奋之前，了解创意是否填补了某种需要，是否满足了机会的标准是至关重要的。

拓展知识

产生创意的技术

　　一般来说，创业者识别更多的是创意而非机会，因为许多创意的产生是为了寻找利用机会的最佳途径。有些技术可被用来激发、促进新的产品、服务和业务创意产生。

1. 头脑风暴法

产生新创意的常用方法是头脑风暴法。一般来说，头脑风暴法是针对特定主题产生大量创意的过程。具体操作方法，既可以是个人在便笺纸上草草写下有趣的商业创意供大家分享，也可以是一群人参加的正式"头脑风暴会议"，并由协调者引导讨论过程。

在正式的头脑风暴会议中，小组负责人要求参与者共享他们的创意，一个人提出创意供大家分享，另一个人对此做出反应提供新的创意，而其他人又对新创意回应提出其他创意，如此等等。活动挂图或电子白板，常被用来记录所有这些创意。一次富有成果的会议，是随心所欲而活跃的。头脑风暴会议不用于分析或决策——会议期间产生的创意需要进行分析和过滤，但这是以后要做的事。进行头脑风暴会议有4项严格规则，如表1-1所示。会议第一条规则是：不允许批评，包括暗笑、皱眉头等表示怀疑或质疑的面部表情。批评会妨碍创造性，阻碍创意自由产生。

头脑风暴会议产生新创意时，经常是非正式的。头脑风暴法的使用方式，仅受个人想象力的局限。

表1-1 正式的头脑风暴会议规则

规则	解释
1	不允许批评，包括暗笑、皱眉头等表示怀疑或质疑的面部表情。批评会妨碍创造性，阻碍创意自由产生
2	随心所欲，鼓励不受规则或约束限制轻松愉快地表达创意；创意越多越好。即使不符合实际、稀奇古怪的创意，也可能导致好创意或问题的解决方案
3	会议要快速推进，不允许任何事情减慢会议进程。例如，抓住创意的实质，比花费时间整齐地写下他更为重要
4	鼓励蛙跳思维。这意味着，要利用一个创意作为快速跳向其他创意的手段

2. 焦点小组

焦点小组由经过挑选且与讨论议题相关的5~10人构成。焦点小组已被广泛运用于各个场合，它也可用来帮助产生新的商业创意。

焦点小组常包括熟悉某个主题的一群人，被召集在一起应对问题，小组内的往复讨论将使问题变得明晰。焦点小组通常是头脑风暴最佳的后续活动，因为当企业的一般概念阐明后，就需要对创意进一步细化。通常，焦点小组由训练有素的主持人指导实施。主持人的首要任务是保持小组"聚焦"

并产生活跃的讨论。主持人充分理解研讨的根本目的也很重要。焦点小组会议的有效性，大部分依赖于主持人提问以及使讨论持续进行的能力。

例如，一家咖啡店可能召集7~10人组成的焦点小组，并询问小组全体成员，"你们不喜欢我们咖啡店的哪些方面？"顾客可能会说："你们销售每包500克重的特色咖啡供人们在家饮用。这非常好，但我经常在几天之内就把咖啡用完了。有时，我再到商店买咖啡时，却需要一周的时间。如果你们卖每包1500克或2500克的咖啡，我实际上会消费更多的咖啡，因为我不会很快用完。也许，我会同时买两三包500克重的咖啡。但是，价格就有点太贵了。如果你们对大包装的咖啡价格打些折扣，我会购买每袋1500克或2500克的咖啡。"然后，主持人可能会问焦点小组："如果销售大包咖啡，那么多少人会愿意购买每包1500克或2500克的咖啡呢？"如果有5人举手，咖啡店就可能发现了一个新产品线的创意。

二、识别创业机会的方法

创业机会藏匿于环境趋势中，如技术进步带来的机会。也存在于市场空隙中，即存在于那些未被满足的需求或有待解决的问题中。创业机会无处不在，但是好像我们又无法发现。那么有没有什么方法，可以帮助大家去找到生活中你身边的创业机会呢？本节为大家介绍五种发现创业机会的方法，分别为：挖痛、复合、赶潮、入链、喜好。

下面来具体看一下每种方法怎么运用：

（1）挖痛，就是发现生活中的痛点。你身边那些让人们不满意的事情，让人产生抱怨的事情，例如：不方便，不完善，不安全，不环保，不简洁，不牢靠，不便宜，不适宜，不爽，不足。这些抱怨中就蕴含着机会。例如，充电宝的产生，就是因为智能手机出现后，其蓄电能力较差，大家觉得很不方便，就应运而生地产生了充电宝。

（2）复合，就是两个东西的结合。两种物质、两种功能、两种原理，都可以结合为一体，产生新的功能、新的用途。这种方法常用于新事物的发明创造上。例如，手机壳，就是将手机和保护外壳结合，从而产生的新物品。当然，除了保护功能，现在手机壳还被赋予美观、个性展示功能。

（3）赶潮，就是借助"赶潮"这个现象，为那些赶潮的人们提供服务。在牛仔裤诞生的故事里，我们可以看到，主人公并没有像绝大多数人一样去淘金，而是为数量庞大的淘金人供应矿泉水、牛仔裤。这种方法就是紧跟潮流趋势，为那些追赶潮流的人服务。例如，现在抖音等短视频就很火，为此有人成立专业的公司来制作视频效果。这就是在潮流下发现创业机会。

（4）入链，就是进入一个产业链条中，成为一个部分。经济生活是一个系统，每个系统都是一个长长的链。每个链由多个环连接组成。例如，随着电子商务的快速发展，物流作为电子商务中重要的一环，就得到了迅速发展，各大快递公司迅速成长。同理，物流作为一个独立的行业，也有很多环节，如运输、仓储等。快递柜就是作为物流的一个环节而产生的。

（5）喜好，就是结合自己的专业与特长，特别是自己喜好的特长进行创业，往往能够最大限度激发创业者自身的创业热情。例如，庞中华字帖，就是由于他本人喜欢写字，而且写得很好，典型的既喜欢又擅长。大家都有专业学科，也有自己擅长的事情，依托自己的专业，或将自己的喜好努力发展成自己的事业，会有很高的成就感，是很幸运和幸福的事。

以上五种方法结合创业机会的来源会更容易发现身边的创业机会，你可以尝试用这些方法和伙伴们一起，找一找身边的创业机会。

三、评价创业机会的方法

创业机会能否落地成为创业项目，适合于自己吗？这是有创业想法的人通常都会顾虑的问题。如何判断找到的创业机会对于自己来说可不可行呢？那就需要对创业机会进行分析评价。

一般而言，创业机会可以从三个层次进行分析和评价：一是创业机会的核心特征——产品和市场；二是创业机会的支持要素——团队、资源和商业模式，这是创业机会评价指标的第二个层次，也是创业者或者创业团队能够有效开发创业机会的支持条件；三是创业机会的成长预期——财务指标和收获条件。

可见，创业机会的评价指标涉及行业和市场、经济因素、收获条件、竞争优势、管理团队、致命缺陷问题、个人标准以及理想与现实的战略差异等分类指标，每一种分类指标中有不同的具体评价点。

创业机会的评价方法可以简单地分为定量分析和定性分析。前者针对比较客观、容易量化的因素，后者则主要分析的是难以用数字衡量或者没有绝对衡量标准的因素。常用的创业机会评价方法主要有以下四种。

1. 标准打分矩阵

该方法通过选择对创业机会成功有重要影响的因素，由创业者与评估专家对每一个因素进行"极好（3分）、好（2分）、一般（1分）"三个等级打分，最后求出每个因素在各个创业机会下的加权平均分，从而可以对不同的创业机会进行比较。具体如表1-2所示，打分的标准有10项，分别为易操作性、质量和易维护性、市场接受度、增加资本的能力、投资回报、专利权状况、市场的大小、制造的简单性、广告潜力、成长的潜力。

表1-2　　　　　　　　　　　标准打分矩阵

标准	专家评分			
	极好（3分）	好（2分）	一般（1分）	加权平均分
易操作性				
质量和易维护性				
市场接受度				
增加资本的能力				
投资回报				
专利权状况				
市场的大小				
制造的简单性				
广告潜力				
成长的潜力				

2. 哈南·珀滕斯奥米特（Hanan Potentiometer）法

该方法提供选项式问卷，并针对不同因素的不同情况，预先设定好权值，创业者可以通过填写问卷得到特定创业机会的成功潜力指标。

对于每个因素来说，不同选项的得分范围从-2分到2分，通过对所有因素得分求和，得到最后的总分，总分越高说明特定创业机会成功的希望越大。通常，只有那些得分高15分的创业机会才值得创业者进行下一步的策划，低于15分的都应被淘汰。具体评价因素共11个，分别为：对于税前投资回报的贡献、预计的年销售额、生命周期中预期的成长阶段、投资回收期、占有领先者地位的潜力、商业周期的影响、为产品制定高价的潜力、进入市场的容易程度、市场试验的时间范围、销售人员的要求、从创业到销售额调整增长的时间，如表1-3所示。

表1-3 　　　　　　　　　哈南·珀滕斯奥米特法

序号	因素	分值
1	对于税前投资回报的贡献	
2	预计的年销售额	
3	生命周期中预期的成长阶段	
4	投资回收期	
5	占有领先者地位的潜力	
6	商业周期的影响	
7	为产品制定高价的潜力	
8	进入市场的容易程度	
9	市场试验的时间范围	
10	销售人员的要求	
11	从创业到销售额调整增长的时间	

3. 柏蒂（Baty）因素选择法

在这种方法中，通过11个选择因素的设定来对创业机会进行判断，如果创业机会只符合其中给的六个或者更少的因素，则这个创业机会就很可能不可取；反之，如果符合其中的7个或者7个以上，则将大有希望，具体如表1-4所示。

表1-4 　　　　　　　　　柏蒂因素选择法

序号	选择因素	符合的因素（打√号）
1	这个创业机会在现阶段是否只有你一个人发现了	
2	初始产品生产成本是否可以承受	
3	初始的市场开发成本是否可以承受	
4	产品是否具有高利润回报的潜力	
5	是否可以预期产品投放市场和达到盈亏平衡点的时间	
6	潜在的市场是否巨大	
7	你的产品是否是一个高速成长的产品家庭中的第一个产品	
8	你是否拥有一些现成的初始客户	
9	你是否可预期产品的开发成本和开发周期	
10	是否处于一个成长中的行业	
11	金融界是否能理解你的产品和客户对他的需求	

4. 蒂蒙斯（Timmons）机会评价法

该方法包括八大类53项指标，是现在应用得最广泛的，也是公认的比较容易应用的框架。该方法针对不同指标做权衡打分，总体来说，是比较科学的一种方法。具体评价因素如表1-5所示。

表1-5 蒂蒙斯机会评价法

评估框架	评估因素	评估结果（5分制） 1—2—3—4—5
行业与市场	1. 市场容易识别，可以带来持续收入	
	2. 顾客可以接受产品或服务，愿意为此付费	
	3. 产品的附加价值高	
	4. 产品对市场的影响力高	
	5. 将要开发的产品生命长久	
	6. 项目所在的行业是新兴行业，竞争不完善	
	7. 市场规模大，销售潜力达到1000万~10亿元	
	8. 市场成长率在30%~50%，甚至更高	
	9. 现有厂商的生产能力几乎完全饱和	
	10. 在五年内能占据市场的领导地位，达到20%以上	
	11. 拥有低成本的供货商，具有成本优势	
经济因素	1. 达到盈亏平衡点所需要的时间在1.5~2年以下	
	2. 盈亏平衡点不会逐渐提高	
	3. 投资回报率在25%以上	
	4. 项目对资金的要求不是很大，能够获得融资	
	5. 销售额的年增长率高于15%	
	6. 有良好的现金流量，能占到销售额的20%~30%	
	7. 能获得持久的毛利，毛利率要达到40%以上	
	8. 能获得持久的税后利润，税后利润率要超过10%	
	9. 资产集中程度低	
	10. 运营资金不多，需求量是逐渐增加的	
	11. 研究开发工作对资金的要求不高	
收获条件	1. 项目带来的附加价值具有较高的战略意义	
	2. 存在现有的或可预料的退出方式	
	3. 资本市场环境有利，可以实现资本的流动	

续表

评估框架	评估因素	评估结果（5 分制）1—2—3—4—5
竞争优势	1. 固定成本和可变成本低	
	2. 对成本、价格和销售的控制较高	
	3. 已经获得或可以获得对专利所有权的保护	
	4. 竞争对手尚未觉醒，竞争较弱	
	5. 拥有专利或具有某种独占性	
	6. 拥有发展良好的网络关系，容易获得合同	
	7. 拥有杰出的关键人员和管理团队	
管理团队	1. 创业者团队是一个优秀管理者的组合	
	2. 行业和技术经验达到了本行业内的最高水平	
	3. 管理团队的正直廉洁程度能达到最高水平	
	4. 管理团队知道自己缺乏哪方面的知识	
致命缺陷	是否存在任何致命缺陷	
创业者的个人标准	1. 个人目标与创业活动相符合	
	2. 创业家可以做到在有限的风险下实现成功	
	3. 创业家能接受薪水减少等损失	
	4. 创业家渴望进行创业这种生活方式，而不只是为了赚大钱	
	5. 创业家可以承受适当的风险	
	6. 创业家在压力下状态依然良好	
理想与现实的战略性差异	1. 理想与现实情况相吻合	
	2. 管理团队已经是最好的	
	3. 在客户服务管理方面有很好的服务理念	
	4. 所创办的事业顺应时代潮流	
	5. 所采取的技术具有突破性，不存在许多替代品或竞争对手	
	6. 具备灵活的适应能力，能快速地进行取舍	
	7. 始终在寻找新的机会	
	8. 定价与市场领先者几乎持平	
	9. 能够获得销售渠道，或已经拥有现成的网络	
	10. 能够允许失败	
评估结果汇总		

四、捕捉创业机会实务

请大家以小组为单位，试着用本节识别创业机会的方法，找一找身边有哪些创业机会。例如，仔细听听你身边的人都有哪些抱怨，这些抱怨里蕴藏着哪些机会？即用挖痛这种方法，你找到了哪些机会。

第二节　项目可行性分析

知识导图

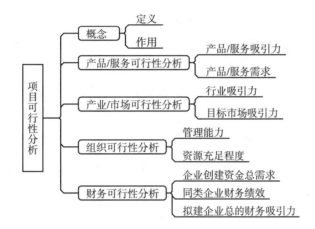

知识目标

1. 了解可行性分析的定义及其重要性；

2. 掌握产品/服务、行业/市场可行性分析的目标及拟建企业时应该考虑的主要问题；

3. 掌握组织、账务可行性分析的目标及要考虑的重要问题。

📖 案例讨论

易贝（eBay）寄售店：他们如何可行？①

你打算购买新的笔记本电脑，但现在用的电脑仍能使用，还值一些钱。

_____

① 案例来源：eBay 重启中国市场可行性分析 [EB/OL]. （2012 – 02 – 24）［2022 – 06 – 30］. 企业工具，https：//www.docin.com/p – 347812827. html.

你可能想在 eBay 网上卖掉他，却不愿费劲提交产品说明、填写列表、跟踪拍卖过程。那么，你可以将电脑委托给 eBay 寄售店，由他们替你在 eBay 网出售。然后，扣除商店佣金后，你可以得到剩余的货款。2003 年，eBay 寄售店还没出现；可 2005 年，全美就有数千家独立店或特许加盟的 eBay 寄售店经营上述业务；现在，仅有很少寄售店还在营业。出了什么问题呢？

eBay 寄售店的创意很有吸引力（2005 年有 7000 家寄售店），但批评家从开始就质疑他的可行性。寄售店创意的诱人之处是，几乎每个人都有东西想在 eBay 网出售。所以，市场空间简直是无限的。但批评家想知道，何种"质量"的商品会实际进入这个市场。600 美元笔记本电脑的拍卖管理，是一回事；20 美元棒球卡的拍卖则是另一回事。在 40% 佣金率条件下（寄售店所得），什么商品更可能进入市场呢？批评家指出，人们可能会暗自琢磨："我不会放弃 600 美元笔记本电脑的 40% 给寄售店（240 美元），我要亲自管理拍卖过程。"然而，同样的人可能乐意把 20 美元棒球卡的 40% 作为商店佣金，因为涉及的总价没有多少。如果这种思考是普遍情况，寄售店将忙于销售大量低价商品而非高价商品。另外，批评家质疑，寄售店愿意销售的产品种类多样性，同样的店主，能否成为管理多种商品拍卖的专家，如钻戒、棒球卡、小船、照相机、电脑、装饰盘、稀有照片等无数东西？然而，寄售店的一项承诺就是，他们能帮助客户对要出售的商品确定公平的价格。

遗憾的是，批评家的许多担忧变成了现实，很多 eBay 寄售店关门歇业了。那些退出市场的店主最大的抱怨是，利润太低或根本没利润。他们处理了太多单次销售和单品业务，很难开发出有效工作流程和重复销售。他们还发现，不管是 30 美元的装饰盘还是 1.5 万美元的小船，出售一件商品的成本都是相同的。销售过程包括，与客户交谈、搜索价格、给商品拍照、产品描述、在 eBay 网张贴信息、跟踪拍卖过程、向购买者寄送产品、获得买家支付，最后付款给客户。做完所有这些环节，30 美元装饰盘的 40% 佣金也所剩无几了。

eBay 寄售店并没有都关闭，仍有一些店铺在营业。然而，相对于当初的风潮，店铺数量已大大减少。

请思考：

（1）你认为，有多少 eBay 寄售店主在开业前进行过可行性分析？如果你认为数量很少，对此做何解释？

（2）简述寄售店作为"创意"与现实业务间的差别。他是诱人的创意，却是糟糕的业务吗？

（3）初创企业从 eBay 寄售店的经验中学到什么？

一、可行性分析的概念

可行性分析是确定商业创意是否可行的过程。如图 1 − 2 所示，最有效的企业，需经过如下过程，包括：（1）识别商业创意；（2）测试创意的可行性；（3）撰写计划书；（4）创建企业。如果商业创意不满足可行性分析的一个或多个方面，他就该被放弃或被重新思考。许多创业者犯下这样的错误：识别出一个商业创意，就直接开始撰写商业计划书寻求支持。这种做法经常忽视或很少关注创意的可行性分析。

创业者进行可行性分析时，需要经历一种思想转变，从单纯将商业创意看作观点，转变为将他视为一个企业。可行性分析是对潜在业务的评价，而不是严格的产品或服务分析。图 1 − 2 体现的连续步骤清楚区分了思考商业创意过程的研究部分和规划、销售部分。可行性本质上是研究性的，旨在评价拟建企业的特点和价值，而商业计划更关注规划和销售。完成整个创意思考过程非常重要，其原因在于避免落入"机会各方面都好"的心智模式。撰写商业计划前不进行对商业创意特点和价值的适当研究，会使创业者难以发现与潜在业务相关的内在风险，从而导致过于乐观的计划。

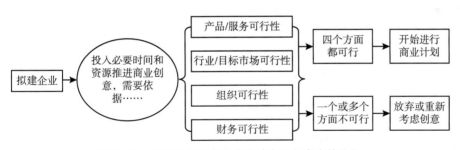

图 1 − 2　可行性分析在开发成功商业创意中的作用

本节提供了进行可行性分析的方法，分别描述了四个关键方面：产品/服务可行性、行业/目标市场可行性、组织可行性和财务可行性。表 1 − 6 概括介绍了可行性分析。完成可行性分析，需要进行一手资料和二手资料研究。一手资料研究是由进行可行性分析的人亲自开展的资料收集活动，通常包括与行业专家交谈、获取潜在顾客反馈、召集焦点小组、实地调查等。二手资料研究是探索别人已收集到的资料。这类资料通常包括行业研究、人口调查数据、分析师观测、网络信息中得到的其他相关信息。

表 1 – 6　　　　　　　　　　　可行性分析

分类	可行性分析	内容
第一部分	产品/服务可行性	A. 产品/服务吸引力； B. 产品/服务需求
第二部分	产业/市场可行性	A. 行业吸引力； B. 目标市场吸引力
第三部分	组织可行性	A. 管理能力； B. 资源充足程度
第四部分	财务可行性	A. 企业创建资金总需求； B. 同类企业财务绩效； C. 拟建企业总的财务吸引力
总体评价		

需要强调的是，在可行性分析测试特定创意的特点与价值过程中，创业者有很大空间对创意进行修改、改变。这是反馈与分析带来的结果。可行性分析的实质在于对创意进行测试——与行业专家交谈、调查潜在顾客、研究行业趋势、思考财务问题以及其他考察方式。这些活动有助于确定创意是否可行，也有利于细化和修改创意。

二、产品/服务可行性分析

产品/服务可行性分析指对将要推出的产品或服务总体吸引力进行评估。尽管创建新企业要考虑许多重要事情，但最要紧的是产品或服务能否销售出去。所以，产品/服务可行性分析包括：产品/服务吸引力、产品/服务需求。

（一）产品/服务吸引力

1. 产品/服务吸引力

指确认产品或服务的受欢迎程度，以及在市场中满足的需求。为了确定产品或服务的吸引力，创业者应该琢磨这样的问题：

（1）产品/服务有价值吗？合乎情理吗？他是否令消费者激动不已？

（2）产品/服务利用了环境趋势、解决问题，还是填补了市场空隙？

（3）当前是将产品或服务引入市场的良好时机吗？

（4）在产品/服务的基本设计或概念中，存在重大缺陷吗？

在可行性分析阶段，正确的思维态度是获得对上述问题及解答的总体认

识，而不是努力得到最终结论。概念测试是达到这种目标的好工具。

2. 概念测试

包括向行业专家、潜在顾客提交产品或服务的基本描述，并征求反馈意见的活动，通常称为概念陈述。概念陈述通常是一种单页文件，包括如下部分：

（1）产品/服务描述。详细说明产品或服务的特征；许多描述，包括了产品的略图。

（2）目标市场。列举预期会购买产品或服务的消费者或企业。

（3）产品/服务的益处。描述产品或服务带来的好处，包括对产品/服务如何增加价值或解决问题的叙述。

（4）相对于竞争者，产品/服务如何定位的描述。企业定位描述了产品/服务相对于竞争对手的地位。

（5）企业管理团队的简要描述。

概念陈述写好后，要交给至少 10 个人看。这些人应该熟悉企业打算进入的行业，或者能提供有见识的反馈。创业者要避免给家人或朋友看陈述材料，因为这些人前期已经作出了积极反馈。概念陈述应该分发给能提供公正、有见识反馈与建议的人。一份简短的调查应该附在概念陈述后面。表 1-7 显示了调查应该涉及的项目。调查应制成表格，易于阅读。如果时间充裕，概念陈述可反复提炼，以夯实产品、服务创意。例如，你可以将概念陈述交给一组潜在顾客，获得他们的反馈，细化商业创意，然后将概念陈述交给第二组潜在顾客，深化创意，如此反复。

表 1-7　　　　　　　　　　　　概念陈述后的简短调查

序号	内容
1	对于陈述中描述的产品或服务创意，列出你喜欢他的三个方面
2	提出三项改进创意的建议
3	你认为，创意具有可行性么（比如，过于理想或现实可行）
4	提供你认为有用的其他建议或评论

下面的拓展案例中提供了一家虚构企业健康饮品公司的概念陈述示例。健康饮品公司销售一系列富有营养的保健饮料，运动爱好者是他的目标市场。公司战略是在大型体育设施附近开设小的餐饮店。为了提高概念陈述的阅读可能性，一份陈述应该比较简短（不超过 1 页）。

拓展案例

新的商业概念：健康饮品有限公司

1. 产品

健康饮品公司将向体育爱好者提供美味可口、营养丰富的健康饮料。饮料准备通过小型沿街店面（56 平方米）出售，规模类似于当前流行的冷饮店。饮料配方由世界著名营养学家威廉·彼得斯博士和运动医学专家米歇尔·史密斯博士共同开发，确保了健康饮品公司及顾客的利益。

2. 目标市场

经营的前三年，健康饮品公司计划开办三四家餐饮店，餐饮店位置紧邻拥有橄榄球场和垒球场的大型体育中心，目标市场是体育爱好者。

3. 为什么成立健康饮品公司？

运动饮料行业正在持续增长。健康饮品公司将销售一种每瓶 454 克、售价 1.5~2.5 美元的全新运动饮料。同时，餐饮店也出售能量棒以及柜台销售的运动快餐。每个餐饮店都配备舒适的桌椅（包括室内和室外）供体育爱好者赛后聚会，营造一种轻松、愉快和热烈的气氛。

4. 特色——其他餐饮店所不具备的

健康饮品公司的独特之处在于，餐饮店将有选择地把毗邻体育场进行的体育赛事录制下来，并通过餐饮店内的电视重播比赛精彩部分。餐饮店会把前一天体育赛事的"精彩片段"编辑成 30 分钟的录像循环播放。这一独特之举会吸引踢足球的男孩和垒球联盟的成年人等体育爱好者涌入餐馆，从电视里观看自己所支持球队的比赛。

5. 管理团队

健康饮品公司由杰克·贝蒂和佩吉·维尔斯联合创办。杰克具有在全国连锁餐馆工作 16 年的经验，而佩吉作为一名注册会计师，拥有在全球四大会计师事务所工作 7 年的经历。

（二）产品/服务需求

可行性分析的第二部分是确定人们是否对产品或服务有需求。这里介绍两种确定的方法：购买意愿调查，开展图书馆、网络与秘密调研。

1. 购买意愿调查

购买意愿调查是用来评价顾客对产品或服务感兴趣程度的工具。它由概念陈述或类似的产品/服务描述以及附在后面的简短调查组成。概念陈述和调查应发给 20～30 位潜在顾客（完成过概念陈述测试的人，不应再进行本项调查）。每个参与者都应该阅读陈述，完成调查项目。表 1－8 展示了调查的通常格式。

为了评价顾客的兴趣，调查者要将表示出明确购买意愿的人数与可能购买产品的人数结合起来考虑。需要注意的是，那些表示有意购买产品或服务的人，并非总能坚持到底；因此，调查数据总显得很乐观。调查也不必选取正规的科学随机样本。不过，调查结果应该给潜在创业者提供有关顾客对产品/服务创意感兴趣程度的总体认识。如果调查包括了表 1－8 所列的备选问题，人们可能会获得定价、销售和分销等方面的更多见识。

表 1－8 　　　　　　　　　　　　购买意愿调查

备选问题	意愿/答案
如果我们进行生产，你在何种程度上愿意购买该产品或服务	明确购买
	可能购买
	或许购买或不购买
	可能不会购买
	明确不会购买
包括在调查中的附加问题	你愿意为该产品或服务支付多少费用
	你希望在什么地方买到这种产品或服务

联系行业协会或参加行业展销会，是创业者找到合适人选讨论产品/服务创意或回应概念陈述的一种途径。例如，如果你的产品创意涉及数字媒体空间，你就可以电话联系数字媒体协会（致力于网络视频音频产业的全国性行业协会），获得一份你所在领域的协会成员名单。参加感兴趣的行业展销会，能使你直接联系到许多有帮助的人。

2. 开展图书馆、网络与秘密调研

评估产品/服务需求的第二种方式是，进行图书馆、网络及秘密调研。尽管开展购买意愿调查很重要，但仍需要更多数据信息。在可行性分析中，你必须积累证据，表明市场存在对产品或服务的合理需求。图书馆、网络与秘密调研，是 3 种重要的信息收集方式。

参考阅览室的图书馆员，经常能为你指出有助于调查商业创意的资源，诸如特定行业的期刊、商务杂志和行业报告。你必须为产品或服务创意积累有关可能需求的证据信息。你所在大学的图书馆是开始行动的好地方，互联网也是一种不可思议的资源。简单的秘密调研，也是获取产品/服务创意可能需求认知的重要途径。秘密调查者就像侦探或研究者，在任何能获得信息或线索的地方四处搜寻。你要主动询问人们对你的产品/服务创意的看法。如果你的创意是销售教育类玩具，你可以到幼儿园看看孩子们如何与玩具进行互动。你也可以请一些玩具店老板吃饭，来讨论你的创意。或者你要花点时间逛玩具店，观察哪些种类的玩具最受欢迎。如果你真的要开办企业，其中会有很多风险，你不能依靠臆测或草率的信息来确信产品或服务能畅销。你要在合理的时间限度内，搜集尽可能多的信息。

三、行业/目标市场可行性分析

行业/目标市场可行性分析是对产品或服务进入的行业与目标市场所做的整体吸引力评估。企业所在行业与目标市场之间，具有本质区别。行业是生产同类产品或服务的一组企业，如计算机、儿童玩具、飞机或轮胎。企业的目标市场是企业追求或打算进入的行业的有限部分。多数企业不会试图服务整个行业。他们会选择或开拓特定目标市场，并努力服务这个市场。

行业/目标市场可行性分析包括两个部分：行业吸引力、目标市场吸引力。

（一）行业吸引力

行业的总体吸引力彼此有很大差别。一般来说，最有吸引力的行业具备表 1-9 中所描述的特征，其中前三项因素尤其重要。如果行业具有新兴产业、生命周期早期阶段、分散化等特征，他更容易接纳新企业进入市场，而与此相反特征的产业对新企业比较严苛。人们也希望选择一个具有结构吸引力的行业，这意味着新创企业能顺利进入市场并开展竞争。有些行业有很高的进入障碍，或者行业内存在一两家主导企业，能将潜在新企业最终逐出市场。

表 1-9   有吸引力行业的特征

序号	有吸引力行业的特征
1	新兴产业
2	行业生命周期早期阶段，而非后期阶段
3	行业分散化，而非结构集中

序号	有吸引力行业的特征
4	行业正在成长，而非收缩
5	出售顾客"必定"要买的产品或服务，而非"可能想买"的产品、服务
6	行业空间不拥护
7	具有较高营业利润
8	不依赖关键原材料的历史低价来维持盈利

其他因素也很重要。例如，环境和商业趋势有利于行业发展的程度，对行业的长期健康、孕育新市场或利基市场的能力都很重要。持续变化的经济和社会趋势，促进还是损害了行业内现有企业呢？利润空间正在增长还是减小？创新在加速还是消退？投入成本在升高还是降低？行业大宗产品的新市场正在开拓，还是因行业竞争而导致当前市场萎缩？人们虽然难以了解行业的每个方面，但他应该获得一种认识，用来判断正进入的行业是否适合新创企业。这些方面的信息可以从行业报告或收费数据库获得。

（二）目标市场吸引力

目标市场是市场空间的一部分，是具有相同需求的顾客群。大多数初创企业，没有足够资源进入广泛的市场。通过关注较小的目标市场，企业通常能避免与行业领导者的正面竞争，并能很好地专心服务于特定市场。通常来说，初创企业向新市场引入全新产品是不太现实的。在大多数情况下，充当某领域的开拓者，对新创企业而言太昂贵了。多数成功的新创企业，或在现有市场引进新产品，或者将现有产品引入新市场。

识别有吸引力的目标市场所面临的困难是：目标市场对未来业务要足够大，同时规模得足够小，至少在新创企业成功起步之前避免吸引较多竞争者。

尽管人们比较容易获取全行业吸引力的信息，但是评价行业内较小目标市场的吸引力就困难多了（尤其当初创企业是目标市场的开创者）。在这种情况下，人们经常需要收集、综合多个行业或市场的信息，并作出有见识的判断。

与行业吸引力相比，人们在研究目标市场吸引力时，所利用的信息来源并不太清晰。创业者需要将不同来源的信息和事实进行综合，获得进一步的认识，从而判断你的产品或服务试图进入的目标市场是否具有吸引力。

四、组织可行性分析

组织可行性分析用来判定拟建企业是否具有足够的管理专业知识、组织能力和资源以成功创办新企业。在这个部分，要注意两个重要方面：管理才能和资源丰度。

（一）管理才能

不管个体创业还是团队创业，拟建企业都要评估其初创管理团队的才智或能力。这要求创业者个人在自我评价时，表现出诚实和公正。在评估管理才能时，需要关注两个非常重要的因素，一是个体创业者或管理团队对商业创意所抱有的激情，二是个体创业者或管理团队对将要进入的市场的了解程度。这些方面的能力是其他因素无法替代的。

综合考虑多种因素，有助于明确企业的管理才能。拥有广泛职业和社会网络的管理者具有更多优势，因为他们能够向同事或朋友求援，帮助自己弥补经验或知识的不足。此外，潜在的新企业应该对组建何种类型的新创企业团队有足够认识。新创企业团队是在企业创建初期，由创建者、核心员工和顾问组成的管理或帮助管理新企业的群体。如果创建者能识别出一些企业创办后能加入进来的高素质人才，那么这种知识将会提高潜在新企业组织可行性分析的可信度。同样的道理，也适用于那些可能加入企业董事会或顾问委员会的高水平人才。

在评估企业管理才能过程中，许多潜在创建者发现自己会受益于找到一个或多个合作伙伴共同创建企业。

拓展知识

寻找合适的商业伙伴

许多潜在创业者在进行组织可行性分析时，清楚地认识到他们需要一个或更多合作伙伴，帮助他们创建企业。比如，你可能是一位拥有伟大创意的网络开发者，但缺乏营销经验。在这种情况下，为了成功创建和运营企业，你就需要找到一位有营销经验的合作伙伴。这里列出五个寻找商业伙伴的关键标准。你肯定希望找到合适伙伴，因为选择错误将带来很多麻烦和困难。

（1）认清需要的技能和经验。你要诚实地评价自己的技能和经验，以及存在的差距。然后，选择能够弥补这种差距的人。比如，如果你是经验丰富的网络设计人员，你可能不想与其他有经验的网络设计师进行合作。你要选择具有其他所需技能或经验的人，诸如营销或财务。

（2）确信你们的个性和工作习惯相互一致。虽然你不必寻找与自己非常相像的人，但你需要与事业伙伴和睦相处。比如，如果你愿意每天工作16 小时以保证项目按时完成，而你的伙伴只愿意每天工作 8 小时并试图拖延项目期限，这种工作风格差异不可避免会引起冲突。与此类似，你会见客户喜欢穿正装系领带，而你的伙伴认为穿牛仔非常棒，那么明显的矛盾就会出现。

（3）确信你与伙伴拥有共同目标和激情。要确保你和合作伙伴为相同目标而努力。比如，如果你的目标是创建一家规模 10 亿美元的企业，而你的合作伙伴满足于销售额达到千万美元后将企业出售，双方的冲突很明显。

（4）关注正确的途径。如果你心中没有合适人选，知道自己在哪里能找到潜在合作伙伴就变得重要。一般的社交场合（如商会内部交流），通常在寻找商业伙伴方面效果不佳。如果你想找一位工程师，你应该联系工程师协会寻求指点，或参加工程类商品交易会。

（5）聘请一位律师。当你找到一位潜在合作伙伴并确信他满足了前面所述各项标准，你应该聘请一位律师来商讨各种细节问题。你应该决定：每个合作伙伴应该为企业做何种贡献，企业股票如何分配，企业所有权采取何种形式，每个合作伙伴在企业中的作用等。聘请一位不忠诚于任何特定合作伙伴的人，是非常重要的。聘请公正无私的人，会使每个人感觉良好。

讨论思考：

（1）思考一下你的个性和工作习惯。你认为，你与何种类型的人（根据个性与工作习惯）能合作良好，而与何种类型的人会产生冲突。

（2）你认为，与亲密朋友结成商业伙伴，是明智的主意吗？你如何判断，一个好朋友是否能成为合适的合作伙伴？

（3）除本栏目所述之外，请提出一些寻找商业合作伙伴途经的建议。

（二）资源丰度

组织可行性分析的第二个方面是确定拟建企业是否拥有或能够获得充足资源推进事业发展。组织可行性分析关注非财务资源方面，目的在于识别出最重要的非财务资源并评估他们是否可以得到。一般来说，新创企业可能需要具有专业技能的员工。如果企业所在地区没有所需要的技术人才市场，那么严重的资源丰度问题就会存在。

资源丰度的另一关键因素是企业在其关键方面获得知识产权保护的能力。这种情况不适用于所有初创企业，但是对那些发明了新产品的企业，或者引入新业务流程从而为产品制造或服务交付增加了价值的企业，就显得至关重要了。

资源丰度还涉及企业是否能获得可负担得起的适宜区位问题，其重要性程度根据企业类型而变化。为测试资源丰度，拟建企业应列出 6~12 种能推进商业创意开发的关键非财务资源，并评估这些资源的可行性。

拓展知识

企业区位：重要性随企业类型变化的资源

在可行性分析阶段，对某些企业极为重要的一个因素是，能否以可承担的成本得到合适的营业场地。对某些企业来说，区位很关键，而对其他企业则不太重要。例如，许多服务类企业（如电工、邮购公司）不必拥有店面，他们的空间位置就不是主要因素。实际上，这些企业经常挑选不知名的地点办公，以节约成本。与此相反，经营场地对零售店、特定服务企业和专家业务（如诊所），就是极为重要的因素，因为他们要与公众直接交易。

1. 如果区位很重要，哪种类型的经营场地效果最佳？

如果经营场地很重要，你首先要决定哪种类型的地点符合你正考虑的企业。你可以开始问下列问题：

（1）顾客步行前来，还是驱车来此进而需要停车场地？

（2）如果企业在同类企业附近开业，更多顾客会光顾吗？

（3）如果企业在互补类企业附近开业，更多顾客会光顾吗？

（4）企业所选场地周边地区的人口统计特征，使其非常重要吗？

回答上述四个问题，非常有助于你确定合适的经营场地是否可以得到。例如，你若想开一家在市区的面包店或类似企业，就会打算在步行人流众多的地方开店。与此相对，你如果想开一家汽车配件商店或便利店，你需要选择繁忙的街道开店，因为司机一驶入停车场就能看到这些店。说到在同类企业附近开店，服装店和珠宝店经常受益于在同类商店附近经营，因为人们购物喜欢货比三家。理发店的对比购物就不太重要，他们更可能得益于独立开店。有些企业受益于在大型超市附近选址（如沃尔玛），因为他们的顾客群基本相同从而得益于较高的人流量。

经营区域内的人口统计特征结构是否适合某家企业，是另一重要方面。例如，高档时装店需要设立在富裕地区，而童装商店在年轻家庭比例高的区域会经营良好。你可以通过人口统计局来获得大部分社区的相关人口统计资料。

2. 合适场地需要花费多少成本？

你要考虑的第二件事是，合适的经营场地要花费的成本是多少。一般来说，最佳的开业地点也是花费最高的。多数在外地经营的企业，租用或租赁物业产权而不是兴建或购买房产，这样可以减少一些成本。咨询房地产经纪人或代理商，是确定某地租金或租赁费用的最佳途径。在可行性研究阶段，对于租金报价是否负担得起，你还不能做出最后决定。但是，这些信息有助于你获得商业机会是否可行的认识。创建者知道合适场地的成本费用，有助于企业确定考虑的优先顺序。有些情况下，企业（如市区的面包店）倾向于将资源用于最好的场地，而削减其他方面的投入（如计算机设备、餐厅装饰）。

讨论思考：

（1）考虑场地良好的企业和场地不佳企业的情况。简要说明良好地点如何有利于企业经营，以及场地糟糕怎样伤害了企业。

（2）利用统计局资料，研究你就读学校所在社区的人口统计学特征。如果你们学校在城市里，应当分析大学周边城市地区的情况，并报告调研中的主要发现。

（3）指出几个受益于大型超市（如沃尔玛）的企业名称。然后，列举一些在同样环境中会受伤害的企业名字。

（4）你打算开一家市区的面包店，并找到一个自认为负担得起的合适地点，那么你会考虑哪些因素来确定他是否适合你的企业？例如，用来开餐馆的物业，就必须有特殊的排风措施。

五、财务可行性分析

财务可行性分析是整体可行性分析的最后部分。通常来说，初步的财务可行性分析就足够了。过分严格的财务分析是不必要的，因为企业的细节问题肯定会不断变化，过早地花费大量时间去准备详尽的财务预算没有实际意义。

在这个阶段，需要考虑的最重要的问题是开业的现金总需求量、同类企业的财务绩效和拟建企业总的财务吸引力。

（一）开业的现金总需求量

财务可行性分析，首先要涉及企业为达成第一笔交易所需要的总现金量。一份现实可行的预算，应包括企业开业和运营所需的所有预期资产购买项目和经营费用。在确定现金需求总额之后，你要对现金从何处获得进行解释，避免进行笼统的解释说明，如"我打算寻找投资者"或"我准备借款"。尽管你最终可能涉及投资者或借款人，但你要对如何满足初始现金需求做出更周到合理的解释。

如果资金来源于朋友和家庭，或通过其他渠道筹集（如信用卡），你应提出合理的还款计划。如何满足并偿还新创企业的创建成本，是一件重要的事情。许多新创企业似乎前景光明，但是缺乏筹资渠道去开创事业，或难以偿还初期投入的成本。在预计开业费用时，最好高估要投入的成本而非低估他。墨菲法则在企业创建期是普遍适用的——事情总可能变坏。初创企业在创建期总会遇到某些意想不到的费用开支。

（二）同类企业的财务绩效

可行性分析的第二部分是，通过与已经营业的同类企业相比，评估拟建企业的潜在财务绩效。显然，这种评估能得到不算精确的近似值。在此，介绍几种评估潜在绩效的方法。

首先，通过网络。上市公司资料，是最容易获得的企业信息。然而，这些企业规模太大，不适合与新创企业进行有意义的对比。我们要寻找具有可比性的小企业财务绩效。

其次，与类似企业管理者交谈。如果创业者找到一家企业，和自己要创建的企业类似但不是直接竞争对手，那么请求企业管理者或所有者提供一些销售和收入信息是很恰当的。即使企业所有者或管理者只愿意粗略谈论有关信息（如年销售额 300 万美元左右，净利润大约占销售收入的 9%），这些信息也比一无所知要好得多。

最后，通过简单观察和现场收集情报。其是获得同类企业销售信息的另一种途径。这种方式在有些情况下非常适合，但在其他时候未必适用。例如，你如果打算开一家冷饮店，你可以光顾本地类似的冷饮店，通过估计顾客人数、每人次平均购买量来推测销售情况。最基本的方法是，在一天中的不同时刻拜访这些冷饮店，并计算店铺进出的顾客人数。

（三）拟建企业总的财务吸引力

许多要素与评估拟建企业的财务吸引力密切相关。这些评估主要根据新创企业的预计销售额和回报率（或利润率）来进行。在可行性分析阶段，预计回报是主观判断的结果。更为精细的评价，要通过预计财务报表来计算，包括 1~3 年的预计现金流量表、收益表和资产负债。如果时间和条件允许，你可以做这项工作，但它主要用于商业计划阶段而不是可行性分析阶段。

为获得全面认识，新创企业的计划回报率应该兼顾下列因素，才能更好评价新企业是否具有财务可行性：

（1）资本投资量。

（2）创建企业附带的风险。

（3）投入资金的替代选择。

（4）创业者时间和精力的替代选择。

虽然表面上前景很好，但许多机会在财务上不值得追求。例如，创业者向一家资本密集型风险企业投入 1000 万元，却只获得 4% 的投资回报率，这显然毫无经济意义。通过资本市场借贷，可以没有风险地获得 4% 的资金利息。回报率要求也依赖于创业者个人拥有的替代选择。例如，打算放弃 15 万元年薪工作而去创建新企业的人，比放弃 5 万元年薪工作的人，会要求更高的回报率。表 1 - 10 中列出了拟建企业总体财务吸引力的其他评估要素。

表 1 - 10　　　　　　　　　　　　　财务可行性

序号	拟建企业总体财务吸引力的其他评估要素
1	清晰界定的利基市场中，企业销售额要在成立后 5~7 年内稳定快速地增长
2	比例很高的持续性收益，意味着企业一旦赢得某个客户，客户就会提供持续的收益来源
3	能够以合理的确定程度，预期收入和费用
4	具有资助和支持企业成长的内生资金
5	投资者将权益变现的退出机会可得性（如收购或首次公开上市）

六、项目可行性分析实务

初筛是用来完成可行性分析的模板。因为可行性分析是创业者（或创业者团队）判断商业创意可行性的初次过滤，所以称其为初筛。如果商业创意符合这个阶段的要求，接下来就要完成商业计划。

填写初筛工作表非常简单。它包括可行性分析的四个方面，并强调了每个方面最重要的问题。初筛工作表的最后部分是"整体潜力"，考虑了修改商业创意以提高潜力或可行性的问题。例如，企业原来计划自己制造产品，但通过初筛过程意识到，根据筹资额以及企业达到盈亏平衡所需时间来说，建造生产设备所需资本是一个限制因素。因此，第五部分"财务事项"里的两个条目"初期资本投资""达到盈亏平衡的时间"，可能被划为"低潜力"。然而，这并不意味着事情终了。在"提高潜力的建议"栏目中，企业创建者可能写着"考虑利用合同生产或外包作为制造产品的替代方案"。初筛工作表的价值在于，它能引起人们对这类事情的注意，促使创建者思考其他替代选择。如果这个建议现实可行而且是处理问题的更好办法，由于商业概念发生了变化，那么修改过的初筛表就可能将上述两个条目评为"高潜力"而非"低潜力"。在可行性分析阶段，商业创意应该被视为随时可变的。对某个创意来说，如果初筛的调整变化很少，那么在初创企业撰写商业计划而犹豫不决时，以及判断企业不可行或是等所有问题解决后才可行时，就会有太多的工作要做。

尽管完成初筛要做一些研究和分析，但它只是一个很短的过程。当然，它也不是凭空猜想。最好的创意产生于以事实和正确信息为基础的分析，而非推测和猜想。

在完成创意初筛时，保持完全地坦诚公正非常重要。没有哪个企业在每个条目都是"高潜力"。初筛工作表完成之后，你会发现，辨别创意是否可行的确定方法并不存在。初筛的目的在于反映对商业创意可行性的总体印象或认识。

请运用初筛模板对自己的项目进行可行性分析。

拓展知识

首先，根据最恰当的回答，对表 1-11 的每个条目赋予得分。

表 1-11　　　　　　　　　　初筛模板

第1部分：商业创意的情况	低潜力（-1）	中等潜力（0）	高潜力（+1）
1. 在何种程度上，创意： （1）利用了环境趋势 （2）解决一个问题 （3）发现了市场中未填补的空隙	弱	中	强

续表

第1部分：商业创意的情况	低潜力（-1）	中等潜力（0）	高潜力（+1）
2. 进入市场的时机	不佳	一般	良好
3. 创意为购买者"增加价值"的程度	低	中	高
4. 顾客对已上市的竞争产品的满意程度	非常满意	一般满意	不太满意
5. 创意要求顾客改变习惯或实践的程度	改变很多	改变适中	改变很少
第2部分：产业相关事项	低潜力（-1）	中等潜力（0）	高潜力（+1）
1. 竞争者数量	多	少	无
2. 行业生命周期阶段	成熟或下降	成长	实现
3. 行业增长率	低或不增长	中等增长	高速增长
4. 行业产品/服务对顾客的重要性	有无均可	想要使用	必须使用
5. 行业经营利润	低	中	高
第3部分：目标市场与顾客相关事项	低潜力（-1）	中等潜力（0）	高潜力（+1）
1. 识别拟建企业的目标市场	难以识别	可能识别	已经识别
2. 为潜在竞争对手设置"进入障碍"的能力	不能设置	可能设置	能够设置
3. 顾客的购买力	低	中	高
4. 使顾客关注新产品/服务的难易程度	难	中	易
5. 目标市场的增长潜力	低	中	高
第4部分：创业者（或创建者团队）相关事项	低潜力（-1）	中等潜力（0）	高潜力（+1）
1. 创建者的产业经验	没有	中等	丰富
2. 创业者与拟建企业产品或服务相关的技能	没有	中等	熟练
3. 创业者在相关产业的职业与社会网络	没有	中等	广泛
4. 拟建企业满足创建者个人目标和激情的程度	弱	中	强
5. 组建团队，共同创立、经营新创企业的可能性	没有可能	中等可能	非常可能
第5部分：财务事项	低潜力（-1）	中等潜力（0）	高潜力（+1）
1. 初期资本投资	高	中	低
2. 收入来源的数量（企业赚钱的途径）	一个	两三个	多于三个
3. 达到盈亏平衡的时间	超过两年	一两年	少于一年
4. 同类企业的财务绩效	弱	中	强
5. 通过个人财务或自力更生，支撑初期产品开发和初始费用的能力	低	中	高

其次，对表 1-12 中的整体潜力进行打分，每个部分有 5 个条目，其得分介于 -5 ~ +5 之间。分数只是一种指引，因为对高潜力、中等潜力、低潜力赋予恰当分数的现成方法并不存在。划分等级是主观判断的结果。

表 1-12 整体潜力

分类	分数（-5 ~ +5）	每个部分的整体潜力	提高潜力的建议
第 1 部分：商业创意的情况		高潜力 中等潜力 低潜力	
第 2 部分：产业相关事项		高潜力 中等潜力 低潜力	
第 3 部分：目标市场与顾客相关事项		高潜力 中等潜力 低潜力	
第 4 部分：创建者（或创建者团队）相关事项		高潜力 中等潜力 低潜力	
第 5 部分：财务事项		高潜力 中等潜力 低潜力	
总体评价		高潜力 中等潜力 低潜力	

最后，简述你对总体评价的判断。

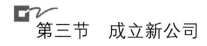

第三节 成立新公司

知识导图

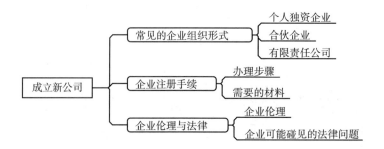

知识目标

1. 了解常见企业组织形式及其优劣势；

2. 学会工商登记注册手续的步骤；

3. 掌握企业伦理的概念，及面对企业伦理问题时，企业要如何做。

📖 案例讨论

张某应该选择何种企业组织形式

张某经营一家化工厂，多年来，张某一直坚持独资经营，身兼所有者与经营者双重角色。但是由于年事已高，他想从管理岗位上退下来，并将事业留给自己的儿孙们。他首先考虑将该独资企业转为公司制经营，并将公司的股份分配给自己的儿孙，他同时也在考虑将该独资企业转变为合伙经营企业，由儿孙合伙经营。为了选择正确的企业组织形式，张某提出了以下目标：（1）权益结构：他希望他的两个儿子各拥有30%的股份（或份额），四个孙子被分配各10%的股份（或份额）；（2）管理：由于化工产品生产经营管理要求较高，而自己的子孙没有经营管理能力，他希望将企业交给原来的副厂长李某经营管理；（3）所得税：他希望拟采用的组织形式能够尽可能地减少应缴的税收；（4）风险承担：由于经营化工厂风险较高，一旦发生事故，赔偿额度无法估量，故张某希望发生意外风险的时候，他的儿孙的财产不受任何影响。

请思考：根据张某的要求为其提供意见和拟订方案。

一、如何选择企业组织形式

在创建企业时，创业者应该选定企业法人实体的形式。常见的企业组织形式包括个人独资企业、合伙企业、有限责任公司。不过，企业组织形式并不是一成不变的，随着企业长大成熟，企业创建者需要定期反思当前的企业组织形式是否仍然恰当。

适用任何情形的企业组织形式是不存在的。企业所有者和律师的任务是挑选出最能满足实际需要的企业组织形式。这对新企业而言至关重要，因为每种组织形式本质上是在各种因素之间做出的权衡。

本节描述了三种企业组织形式，以及每种组织形式的优势和劣势。

（一）个人独资企业

个人独资企业，顾名思义，只有一位业主，这一位业主可以是一个人，也可以是一个家庭。这种组织形式对企业的注册资本没有限制，可以是三五万元，也可以是上百万元。

成立的条件是，必须有相应的经营资金和经营场所，有合法的企业名称，可以起字号。字号指的是经营的店名。例如，想要开一家奶茶店，给公司起名为"浙江食有味食品工作坊"，开的奶茶店的店名为"茶香"。"茶香"就是字号。

个人独资企业的经营特征是，资产属于私人所有，业主本人既是劳动者，又是管理者。而且个人独资企业是非法人企业。

那么，如何划分利润和债务呢？利润归个人或家庭所有，即业主所有。同时，需要承担无限责任。这里指的是，万一生意失败、破产，除了将企业的资产拿出去抵债之外，还需要业主将个人资产拿来抵债。

一般情况下，对小型品牌的连锁加盟店可以采取个人独资企业的形式，如一点点奶茶。

个人独资企业有哪些好处呢？第一是注册手续比较简单，费用比较低。第二是注册的资金没有限制，所谓一元钱也可以当老板。第三是税收负担比较轻，个人独资企业不征收个人所得税，只计算征收企业所得税。第四就是拥有绝对的自主决策权。企业由业主说了算，不用开会研究，也不用向董事会和股东大会做出说明，业主可以根据市场变化情况随时调整经营方向。

但是同时，个人独资企业也存在着一些劣势。第一是需要承担无限责任。一旦亏损，企业的资产无法清偿债务时，业主个人的资产也无法幸免。第二是信贷信誉低，融资困难。因为注册资金少，企业抗风险的能力比较差，不容易取得银行信贷，对企业的发展壮大造成一定的阻碍。第三是财务有限，企业的全部家当就是个人资产，财务有限，很难有大的发展。第四是可持续性较低，因为业主对企业的任何事物都具有绝对的决策权，万一发生决策失误，对企业的发展会非常不利。第五是缺乏企业管理。这是个人独资企业的一个大问题。这就要求业主需要具备相关的企业管理知识和技能。

（二）合伙企业

既然称为合伙企业，那么业主的数量，肯定是两人以上的。对注册资本的要求，与个人独资企业一样，也没有限制。

成立的条件有 2 个以上的合伙人，需要有书面的合伙协议，合伙人实际缴付的资金，还有企业名称和经营场所。

其经营特征包括按照合伙共同出资、合伙经营，共享利润，共担风险。

利润分配需要按照合伙协议进行分配。所以在书写合伙协议时，需要谨慎对待这一条款。

债务责任也同个人独资企业一样，需要承担无限的连带责任，即若企业资产无法清偿债务，合伙人需将自己的个人资产拿出来抵债。

合伙企业的优势有两点：第一是注册手续简单，费用相对来说比较低。注册方式与独资企业类似，关键在于合伙人之间的共同协议，合伙企业运行的法律依据就是合伙人之间的协议。第二是税收低。和独资企业一样，只需要缴纳企业所得税，不用缴纳个人所得税。

合伙企业的劣势也有两点：第一是易内耗。企业是由资本说了算，而各个合伙人之间平等享有权利。合伙人一旦面和心不和，企业决策就难以达成一致的意见，互相推脱、扯皮，企业的业务开展困难。如果合伙人的品质有问题，那么企业经营困难情况将更严重。第二是无限责任，同时还有连带责任。若其中一位合伙人经营失误，所有的合伙人都被牵连。因此合伙人的选择和合伙协议的拟定就相当重要。因为我国的法律规定合伙人之间的分担比例对债权人没有约束力，债权人可以根据自己的清偿权益，请求合伙人中的一个人或几个人承担全部清偿责任。

（三）有限责任公司

有限责任公司的业主数量在 2 个以上，50 个以下。也存在一部分的一人有限责任公司。注册资本最低 3 万元，如果是一人有限责任公司，注册资本最低 10 万元，如果是股份有限公司，注册资本最低需要 500 万元。

成立的条件包括：第一，股东的人数要符合法定人数。第二，股东的出资额要达到法定资本最低额度。而且股东首次出资额不得低于注册资本的20%。例如，一家有限责任公司 5 位股东决定注册资本要 100 万元，那么首次出资的金额必须大于等于 20 万元。第三，股东需要共同制定公司的章程，确定公司的名称，建立符合有限责任公司要求的组织机构。另外还需要有固定的生产经营场所和其他必要条件。

有限责任公司需要设立股东会、董事会和监事会。可以由董事会聘请职业经理人来管理公司、经营业务。董事会不直接参与企业的具体运营事务。

利润按照股东出资的比例进行分配。

债务以认缴的出资额为最高限度对企业承担有限责任。

具体来看一个案例。某有限责任公司，一共有 3 位股东，A 出资 300 万元、B 出资 100 万元、C 出资 50 万元。第一年，公司运营得非常好，董事会决定拿出 90 万元来分红，大家可以算一下，A、B、C 各可获得多少利润分红？根据之前所讲的利润分红是根据出资占比来分配的，因此我们可以得出 A 可以获得 60 万元分红，B 获得 20 万元分红，C 获得 10 万元分红。

还是这家公司，过了几年，生意惨淡，经营失败，最后宣布破产，债务是 600 万元。那么请大家算一下，A、B、C 各需要承担多少的债务？根据之前所讲的，股东只承担有限责任。所以，即使债务超过了 600 万元，A 只需要承担 300 万元的债务，B 承担 100 万元，C 承担 50 万元，即他们的出资额，并不需要他们额外掏钱弥补债务了。

二、如何办理企业注册手续

工商登记注册手续主要有以下几个步骤：在工商局预先核准企业名称，在银行开立注册验资临时账户，从会计师事务所取得验资报告，在工商局取得营业执照，到公安局备案后刻章，到技术监督局领取组织机构代码证，到税务局办理税务登记，最后到银行开立基本存款账户，如图 1－3 所示。下面我们就具体地说一说每个步骤需要注意的事项以及需要准备的材料。

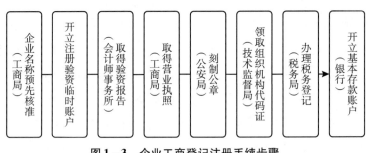

图 1－3　企业工商登记注册手续步骤

第一步：核名称。

首先你需要想出 2～10 个你的企业名称，一般的企业名称由行政区划＋字号＋行业＋组织形式依次排列构成。如"上海集振电器有限公司"，"上海"是行政区划，"集振"是字号，"电器"是行业，"有限公司"是组织形式。

然后你要写明你的经营范围和各个股东的出资比例。比如"温州蒂姆眼镜有限公司"的经营范围就是眼镜及配件（不含隐形眼镜）的销售，因为隐形眼镜是医药用品，它的销售许可更严格，需要另外审批。

接下来就可以到官方网站上或者是工商核名窗口提交预核准企业名称。

通过后，打印《企业名称预先核准通知书》，再交由全体股东签字。

第二步：入资与验资。

企业投资者需要按照各自的出资比例，提供相关注册资金的证明。这就需要你在银行开一个临时的入资账户，将资金转到这个账户上。

然后通过审计部门，一般情况下是会计师事务所，审计。审计完成后，会计师事务所会出具一份"验资报告"。

在这一步，你需要提供《企业名称预先核准通知书》，入资单，股东身份证复印件，法人、董事等人员名单及身份证明。

第三步：申领营业执照。

可以从工商注册登记网登记注册，提交所需材料，审核后，打印材料。在网上预约办理登记注册手续，然后就可以领取营业执照了。

在这里，你需要准备：《企业设立登记申请书》《企业名称预先核准通知书》，指定委托书（比如这次登记注册手续是由你办理，那么全体股东需要签字确认将登记注册手续委托给你。而你必须是公司的员工或者股东之一），验资报告，经营场所证明（租赁合同和房屋产权证），股东身份证复印件，最后就是公司章程。

第四步：刻章。

你要先到公安局备案窗口办理备案手续，然后到指定地点去刻章。必须要刻的章有公章和财务章，其他的法人章和合同章可以先不刻，等有需要再刻。

第五步：办理组织机构代码证。

企业必须办理组织机构代码证。先要提出申请，通过评定，由国家市场监督管理总局签章，由区域质量技术监督局颁发组织机构代码证。

在这里，你需要营业执照及其复印件，法人身份证复印件和公章。

第六步：办理税务登记。

你需要到税务局办理税务登记，需要的材料有：《税务登记表》《印花税纳税申报表》《房屋、土地情况登记表》、营业执照副本原件及复印件、组织机构代码证副本原件及复印件、法人身份证复印件、房屋租赁协议复印件、公司章程复印件、公章、法人章、股东身份证复印件。

第七步：到银行开户。

你需要以公司的名字在银行开立一个基本存款账户，企业经营活动的日常资金收付，以及工资、奖金和现金的支取都可以通过这个基本账户实行。

这里，你需要准备以下材料：营业执照原件及复印件、税务登记证原件及复印件、组织机构代码证原件及复印件、公章、财务章、法人章、法人身份证复印件、经办人身份证复印件、支票购买人两寸照片和身份证复印件。

温馨提醒：现在工商登记注册手续已经大大简化。另外，你可以委托中介公司代理办理，费用500～2000元不等，省时省力，推荐各位创业团队，由专业的人办专业的事，事半功倍。你也可以节约时间，专注于企业的生产发展。

三、如何把控企业伦理与法律

（一）企业伦理

在管理学的范畴内，一般指商业伦理，就是企业在处理企业内部员工之间，企业与顾客之间、企业与社会关系的行为规范和价值观念的总和。企业伦理通常包括劳资伦理、工作伦理、经营伦理。

需要说明的是，有伦理问题的行为不一定都是对企业有害的行为。职责扭曲行为（如贿赂、价格垄断、控制供应商）和职责声明行为（如一家企业利用核技术生产能量，声明产品不安全后，并没有将其撤下生产线），这些行为都是对企业有利的，但是对社会、对顾客都造成了负面影响。而非职责行为（如做假账、挪用公款、偷窃）和失职行为（如敷衍绩效评估、对假账目视而不见、过分表扬、原谅绩效差的员工），这些行为不仅对企业不利，而且大大损害了企业员工的利益。这些都是企业伦理会碰到的问题，创业者需要引起注意。

面对企业伦理问题，企业应该如何做呢？最关键的就是要获得企业社会认同，承担相应的社会责任。包括为社会提供质量达标、货真价实的产品；依法缴纳税款，不逃税、不偷税、不漏税；维护社会平衡，缩小贫富差距，保护生态平衡；在谋求利益最大化的同时看重社会公益，取之于社会，用之于社会。

新浪财经做过一项调查，关于"什么样的企业被社会认同和尊重"，前6位分别是讲究诚信、纳税、努力发展生产、善待员工、解决就业和多做公益事业。所以创业者需要考虑如何建设企业家道德，在伦理方面明确基本原则和方向，不要迷失在金钱的陷阱里。

（二）企业可能碰见的法律问题

与创业相关的常见法律有《专利法》《商标法》《知识产权法》《反不正当竞争法》《合同法》《劳动法》等。企业经济活动涉及的买卖合同、借款合同、租赁合同、运输合同、保管合同等都需符合《合同法》的规定。创业者作为雇主，更应该熟悉《劳动法》，依法规范企业与员工的劳动关系，保护员工合法权益，对于调动员工积极性和热情、确保企业创业成功具有重大意义。

对于初创企业，知识产权的保护更是重中之重。知识产权是智力劳动的产物，是无形的但是有市场价值的资产，可以通过专利、商标、著作权、版权、商业秘密等形式获得保护。加强知识产权管理，已经成为企业竞争的制胜法宝。下面我们来了解一下企业各个部门需要保护的知识产权范畴。

营销部门的企业名称、标语、徽标（logo）、广告语、广告、手册、非正式出版物、未完成的广告拷贝、顾客名单、潜在顾客名单及类似信息，都属于知识产权保护的范畴，可以通过商标、版权和商业秘密来进行保护。

人事部门的招聘手册、员工手册、招聘人员时使用的表格和清单、书面的培训材料和企业的时事通讯都属于知识产权保护的范畴，可以通过版权和商业秘密来进行保护。

财务部门的合同、幻灯片，财务管理的书面材料，员工薪酬记录等也属于知识产权保护的内容，可以通过版权和商业秘密来进行保护。

信息部门的网站设计、域名、公司特有的互联网技术（IT）设备和软件手册、计算机源代码等也是属于知识产权保护的范畴，可以通过版权、商业秘密和注册互联网域名等方式进行保护。

最关键的是研发部门，新的发明和商业流程、现有发明和流程的改进、记录发明日期的项目进展计划的实验备忘录等也是知识产权，可以通过专利和商业秘密来进行保护。

四、成立新公司实务

（一）进行新公司注册

请为你的项目进行注册，厘清注册步骤和所需材料。

（二）为企业进行知识产权保护

为自己的企业设计名称、标语、logo、广告语、广告、手册等，想一想这里会遇到哪些法律问题，如何通过知识产权保护这些。

本章实训题

实训一，请就你的产品/服务撰写一份不超过一页的概念陈述，并交给至少 10 人阅读，听取他们的意见。

实训二，请依据本节所学内容——有吸引力的行业特征，来分析一下你的项目所处的行业是否有吸引力。

实训三，请为你的项目列出 6～12 种能推进商业创意开发的关键非财务资源，并评估这些资源的可行性。

实训四，根据案例讨论张某的情况，请设计其组织形式。

实训五，请为你将创建的企业选择好组织形式，并设计好名称、商标。

融资环境分析

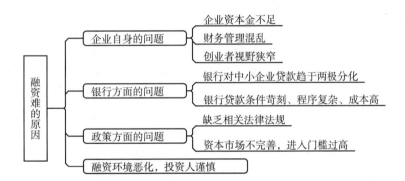

第一节　融资难的原因

知识导图

融资难的原因
- 企业自身的问题
  - 企业资本金不足
  - 财务管理混乱
  - 创业者视野狭窄
- 银行方面的问题
  - 银行对中小企业贷款趋于两极分化
  - 银行贷款条件苛刻、程序复杂、成本高
- 政策方面的问题
  - 缺乏相关法律法规
  - 资本市场不完善，进入门槛过高
- 融资环境恶化，投资人谨慎

知识目标

1. 掌握融资的概念；

2. 学习解决融资难的举措；

3. 了解融资难的原因。

📖 案例讨论

创业失败 20 个原因分析[①]

通过调查、访谈及研究 100 多家失败的创业公司案例以及自己切身的经

---

① 资料来源：分析 101 个创业失败案例，总结了 20 大失败原因 [EB/OL]. （2018 - 11 - 05）[2022 - 06 - 30]. 搜狐网，https：//www.sohu.com/a/273421771_699553.

历，总结了20条创业失败的原因。其实创业最关键和核心的问题真的不在于资金，而在于很多我们都忽略的其他方面上。

创业失败原因1：构建问题解决方案，不都是瞄准需求。

创业公司存在的意义或者成功的一大前提是否能解决用户真实存在的痛点和需求，但确实不少创业公司掉入了伪需求陷阱。其实判断这个需求是否真的存在的方法有很多，第一个方法就是对比一下你想要做的产品和没有这个产品的时候对大家的影响有多大，比如减肥午餐，在没有减肥午餐的时候大家每天也是吃得开开心心的，减肥午餐只是对白领对了的一种选择，而不是说你的产品出来之后，所有人都有必须选择这个套餐的动力。但是对于ERP企业管理软件就不一样了，它确实能够实实在在带来办公和管理上的效率大幅度提升，所以它的出现解决了企业管理的痛点。

创业失败原因2：耗空财政。

其实这个问题很关键，没有钱就相当于这个公司没有弹药和补给，没法打仗。创业一开始的种子资金团队自己会出一部分，但是如果想做大，这点钱肯定是远远不够的，就要借助资本的力量。创业公司一开始拿不到钱会死，拿了一部分钱后没拿到下一轮也会死，拿了投资却不能科学规划、精打细算地用，也会让自己很快缺钱而死，很多项目都会至少给自己的项目预留1年的资金，用于寻找下一轮。这里面一定要区别核心创始团队和员工，当公司财务出现危机的时候，员工不会和老板一样去思考问题。

创业失败原因3：不合适的团队

其实这个是比较核心的问题，创业团队的组建上本来就很不容易，有一个"415"原则，创业团队的最初的人，不要超过四个，最好是三个。因为超过四个以后一定会形成帮派。"1"是指必须1股独大，一个人说了算。四个人平均分布话语权，公司就像一个汽车的四个引擎，分别朝4个方向走，车还能走动吗？这个"大"一定是超过50%，另外三个人不超过50%。"5"代表的是凝聚力，团队彼此之间谁都离不开谁，离开了以后，自己的价值都会减少。比如五个人在一起，是一个成熟效应，是5乘5而不是5加5。

创业团队不光要团结，还需要有足够的动力、专业技能和共同的愿景，每一个地方出现了短板都会成为项目的短板。

创业失败原因4：被竞争出局。

有很多人说，要用99%的时间研究自己，1%的时间来研究竞争对手，但是其实这个结论是不成立的。战场中有"知己知彼，百战不殆"的古语，商场如战场，同样也适用。产品或服务的、专业性能以及相应资金支持等一系列细节，都可能导致创业公司输给竞争对手。举个例子，滴滴程维通过阻止大黄蜂给自己争取宝贵的时间，才有了目前的格局，虽然不是决定性的原因，但也是不容小觑的一点。跑赢所有的竞争对手，才是第一，第一才会有成功的可能性，否则只有失败或者被收购、整合的命运。

创业失败原因5：定价、成本问题。

这个其实在我几个创业项目中都出现了，创业公司希望把产品和服务都做到非常好，给用户最后的体验和感受，但往往这些服务都是需要很高的成本来支撑的，比如我们之前给每一个陪练师傅提供一套定制的箱子、工服、有一天培训和服务的流程，但是真正发现其实成本确实较高，并且师傅每天都要工作10多个小时，还有时间顾及这些么。举另外一个例子，我们为外卖的小龙虾设计了圆形的包装盒子，并且还有4件套（围嘴儿、牙签、手套、湿巾）等等，但是成本同时也上去了，所以前期做的很多推广活动基本上是在赔钱。当一个创业公司产品和服务质量都非常好的时候，尽管他有极强的市场需求，但是一定要控制成本，不然回报率太低，不赚钱的创业我认为就是要流氓。

创业失败原因6：产品品质控制跟不上。

有一句话说得特别对：如果一个创业公司已开始就不把产品和服务品质当回事，结果必定是用户不把它当回事。我和好几个创业公司的创始人聊天，得出了几个结论：产品线上线，产品不行运营顶，或者是我们业务发展太快了，品质控制跟不上节奏等。其实做产品一定先维护好自己的种子客户，也就是最初使用你产品的那些人，他们会给你最直接的产品感受。另外，目前产品层出不穷，你的产品质量不行，我相信用户第一次买了绝对不会有第二次，他身边的人估计也不会成为付费用户，所以一定要跟上产品品控。

创业失败原因7：有了产品，只需商业模式。

这是一件特别可怕的事情，在我看来没有商业模式，也就是没有盈利模式，如果一个项目大家都觉得不错，但是一直找不到盈利点，这个确实不是一般人敢玩的。创业光有很好的创意还远远不够，创业者应该从开始就设想和规划相应的商业模式。即使现在没有很好的商业模式，也必须尽快找到，不然这个公司一定会失败。

创业失败原因8：专注产品，市场营销短板。

因为这个原因失败的项目，其实就是对于自己的产品过于自信了，或者说是团队中就缺少市场营销的人才，用户的、用户人群定位、针对目标用户群进行精准、科学营销，都是创业者必须学习的一项课程。针对这块，我们之前也是犯过一些错误，目前的用户群体的定位可大可小，陪练产品如何才能精准地找到目标用户，并能让他们快速的购买，我们一开始把他定义为可以销售的产品，最后发现他其实是一个用户主动型产品，只有通过引导和教育才能让他在合适的时间点购买。所以营销的侧重点一定是教育和品牌。

创业失败原因9：用户需求没有聚焦。

针对一款产品，用户的需求其实有很多，并且有显性的需求和隐性的需求，有刚性的需求也有非刚性需求，随着团队大了，公司病也出来了，创业过程中的分心和纷争也多了起来，基本上很难像一开始创业那会再聚焦用户的需求。随着无法聚焦真正的用户需求，使用产品的用户就会一点点流失。当产品失去了他存在的意义和价值的时候，它背后的团队也就没有存在的必要性了。

创业失败原因10：产品推出时机不对。

不知道大家还记不记得诺基亚，曾经的手机巨头，因为没有赶上市场环境的潮流，最后被遗弃在历史的长河中。其实对于每一家创业公司来说，每一个新发布的产品都会是一个很大的挑战，市场环境不断变化，过早或太迟推出一款新的产品/服务，都会产生很大的影响。尤其是创业公司本来资金和资源都不多的情况下，对市场误判的一个小小的举动，都会导致公司陷入僵局，最后失败。比如在5年前推视频直播肯定是不合适的，为什么，因为当时宽带、流量各个方面都不允许这个产品的普及，但是现在在线直播应用都已经风生水起了，这就是时势造英雄。

创业失败原因11：做企业不聚焦。

产品其实是一个企业最核心的东西，如果最后做出来的产品都是自己臆想出来的或者杜撰出来的，不断改变创业愿景的构想，今天想做团购、明天想做外卖，后天想做互联网金融。我相信虽然这个企业的业务多处散花了，但是却失去了他们最核心的业务，对于大公司还能试一试，对于小的创业公司想都不要想，资金和资源有限的情况下，做好一件事就已经很了不起了，这山望了那山高，基本上不会成功。

创业失败原因12：内部出现问题。

创业团队起哄、内讧或者是出走，创始团队和投资人闹成僵局，如果这个公司没有很大的操盘手助推，基本上算是废了。核心团队一定要团结，就如上面提到的"415"原则一样，一开始找核心成员一定是兴趣相投、志向一致，并且有统一的愿景。对于投资人来说，这块关系的维护、投资的种种问题，都是一个创始人需要解决的必修课。如果这些问题都解决不了，我会认为这是创始人的问题，同样也是这个创业公司的致命伤。

创业失败原因 13：业务重心不明确。

如果创业公司在某一个节点上的重心，没有自信审视安排又没有足够的数据支撑，创业公司会被带到阴沟里。我想起了自己之前创业的一个例子，当公司需要盈利的时候，错误地将陪练定义为可以快速销售的套餐，而之前没有将陪练当成销售产品来卖过，一开始在安排上需要先明白这个产品的属性，并且需要用什么方式来销售，数据支撑很重要，没有数据其实就没有最真实的用户反馈。

创业失败原因 14：缺乏热情和领域专长。

当创业者创业的目的就是为了融资赚钱的时候，这个公司基本上存活不了。当创业者将一开始解决用户的需求改为只是利润的时候，而不考虑产品或者服务的初衷，就会失去创业必需的激情和动力。其实身边的例子很多，一开始想做好一件伟大的事，最后变成了一个销售公司，除了业绩压力外，不会再思考用户的感受，最后基本上公司失去了核心竞争力。

创业失败原因 15：地理位置。

创业如果成功：天时、地利、人和一个都不能少。除了天时之外，创业公司还需要的就是地利，一些创业地点方便于聚集通道人才，有助于迸发出新的创意，还能捕获早期精准细分的用户。其实很多创业团队为了省钱，将公司放在偏远地区，最后发现想招一个合适的人都招不到。不管是美国的硅谷还是中国的中关村，最后能成为创业的聚集地确实有存在的原因，聚才才能聚财！

创业失败原因 16：投资人都不感兴趣。

谈到这个问题，感触很深，很多创业者的想法确实都很天马行空，觉得自己的产品一定有多好多好，就是没有人投钱给他们。其实现在只要是好的项目拿钱一般不会太难。创业公司缺乏融资渠道，没有投资人感兴趣，表明这个市场需求严重不足，或者商业模式在投资人眼里根本行不通，不管是哪一条，这个项目确实缺少成功的条件，投资人应该会比创业者更懂这个项目未来的前景，不然不会现在给你投钱，来换取未来的投资价值回报。

创业失败原因 17：绕不过去的法律困扰。

其实每个公司在成长到一个大公司过程中，一定不会是一帆风顺的，各种法律纠纷和官司需要处理，尤其是科技公司，更是如此。我见过一个官司把一个几百人的公司拖垮的例子，也见过因为法律问题导致公司最后只能转行的例子。突如其来的法律问题，会让创业公司陷入各种困境，导致商业模式突变甚至终结。滴滴算是一个很成功的例子，倒逼国家政策上进行改革，但是有多少死在了政策没放开的问题上。

创业失败原因18：不善于运用人脉。

人脉就是钱脉，不管是谁认识的人都会成为你所需要的人脉。有一个5级法则，如果你想认识一个人，最多5个人你就能和这个人建立联系。投资人的人脉、创业者的人脉，都是创业时可以利用的资源，如果没有学会利用人脉的能力，这个企业会出现很大的短板，如果用好了，可以让创业事半功倍。

创业失败原因19：拼命工作后遗症。

加班加点地干活、废寝忘食地干活，最后创业者常常无法平衡工作和生活，如果不能调节好，到某一时刻就会进入倦怠期。这个我深有体会，我基本上吃住都在公司，每天休息时间也特别少，同时确实没有平衡好自己的工作和生活，感觉进入到一个工作就是生活，生活就是工作的状态，最后我离开的时候，身体和身心状态都不是特别好，花了将近两个月的时间来重新进行调整。对于一个创业公司来说，这种问题是特别可怕的，对于核心团队、员工都是一种透支，迟早会出问题。

创业失败原因20：不愿意面对失误。

一些创业者个性倔强，让他们主动承认失误是一件非常苦难的事情，导致公司、员工和用户都会失望。这个问题需要分角色来看待，对于核心团队来说，这种个性不适合主导全局的重任，对于员工来说，这种员工不团队。创业团队最怕的就是心不齐，人数本来就不多，最后还让其他人不爽，这本身就有问题，所以创始人一定要保持初创公司的心态、企业文化等。

请思考：现实中，当代大学生创业会有哪些困难？

这是最坏的时代，也是最好的时代。曾经广袤无垠、摆摊也能赚钱的蓝海，慢慢地被红海吞噬。只要你有勇气创业，就有机会写下商业传奇。然而，创业艰难，对于很多创业者来说，老板的头衔光辉闪耀，但缺钱的痛苦也是蚀骨难熬。缺少资金貌似永远是创业路上的一只"拦路虎"。

创业路上，也许钱不是万能的，但没有钱却是万万不能的。任何企业的起步和发展都是需要成本的，如人工费用、办公费用、产品研发费用、市场开拓费用等。资金是保持企业运转、促进企业发展壮大的必要条件。在绝大多数的创业者都不具备雄厚资金的前提下，寻找资金就显得至关重要。寻找资金的过程，就是融资。

关于融资的含义，从广义上来讲，就是融通资金，通俗地说，就是有钱的投资者和没钱的创业者之间在资本市场上贷放资金的行为；从狭义上来讲，融资就是企业筹集资金的过程。其实，企业的发展，就是一个融资、发展、再融资、再发展的过程。由此，也衍生出了很多融资方式和融资机构，如风投、并购、首次公开募股（IPO）、投资公司、中介代理机构，等等。但即使是有如此多的关于融资的方式和机构，融资仍然是让很多中小企业的老板倍感困扰的问题。

曾经有人做过一次关于"困扰你企业的最大困难是什么"的问卷调查，结果显示，有52%的企业家认为"融资难"是企业最大的困扰。那么，为什么创业融资这么难？中小企业融资难的原因究竟是什么？只有把"融资难"的原因找出，我们才能"对症下药"。总结一下，导致中小企业融资难的原因主要有四种，分别为：企业自身的问题、银行方面的问题、政策方面的问题及融资环境恶化下投资人谨慎。

一、企业自身的问题

大多数中小企业在初创和发展阶段，内部管理都会出现不规范的地方。例如，财务制度不健全、没有内管控制机制，有的企业毫无信用观念，经常偷税漏税，信用缺失，根本无法贷款，导致融资困难。总体来说，由于企业自身问题导致融资难有以下三大原因。

（一）企业资本金不足

与大企业相比，大多数中小企业都有初始资本投入不足的现象。创业者在创立企业时，对初始资本的投入，主要源于创始人的资本力量和对企业未来发展的战略规划。通常来说，大部分创业者在创立企业时，企业规模不很大，所以其初始资本金不会多。

（二）财务管理混乱

很多中小企业都是传统的家族式管理，依靠创新成长，没有形成一套科学的企业管理体制，绝大多数中小企业在财务管理上普遍存在资本周转效率低、缺乏较健全的财务管理体系及制度、忽视现金流量管理，导致资本积累不足等问题，这些问题造成中小企业财务管理混乱，加剧企业融资难的问题。

（三）创业者视野狭窄

在融资问题上，很多创业者视野狭窄，只看到银行贷款或股权融资。事实上，如今有很多新型的融资方式都可以为企业所用，如担保、合并、民间借贷等。所以，创业者要转变思维，意识到资本运营的重要性，运用多种方式融资。

二、银行方面的问题

资本都是逐利的，银行也不例外。将资金投入发展前景尚不明朗的中小企业，任何一家银行都会谨慎行事。总体来说，银行导致中小企业融资难主要有以下两大原因。

（一）银行对中小企业贷款趋于两极分化

在我国，银行一直是中小企业融资的主要方式。然而，随着经济形势的严峻，再加上银行对风险收益的谨慎考虑，他们对企业的资金投资具有很大的不确定性。大部分银行的贷款业务都聚集在实力雄厚的大中型企业。针对中小企业的信贷活动也出现了两极分化现象：一是银行大多青睐项目前景好、企业利润高、信用佳的中小企业，为了吸引这样的企业前来融资，银行纷纷建立绿色通道，增加授信额度。但问题是这样的企业大多资金充裕，对银行贷款的需求反而不大；二是由于银行缺乏准确的投资分析，一些具有发展潜力的中小企业并没有被银行重视。

（二）银行贷款条件苛刻、程序复杂、成本高

目前，几乎所有的银行都实行了抵押担保贷款，但此方法对中小企业实施起来，却是条件苛刻、程序复杂、成本高，这使得很多中小企业不愿意向银行贷款或者贷不到款。具体表现在以下三个方面：

一是中小企业大多规划较小，固定资金也少，能够向银行提供的可供抵押贷款的资产少，有的企业是租赁经营，没有有效的资产可用于贷款抵押。

二是银行对中小企业抵押担保贷款的折扣率较高。据了解，目前大多数银行对于抵押贷款的抵押率是这样规定的：机器设备为 50%；工地、房地产一般为 70%；专用设备为 10%；动产为 25%～30%。这样高的抵押折扣率，使得很多中小企业都不愿向银行贷款。

三是手续烦琐，贷款成本过高。中小企业向银行贷款要承担的成本项目有很多。归纳起来，大致有以下几种，如图 2-1 所示。

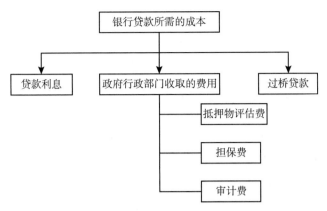

图 2 - 1　银行贷款企业所需承担的成本费用

在业内，担保费和审计费被称为"第三方收费"。而第三方收费的项目多达十余项，其中抵押评估费占很大一部分。在实际贷款中，如果中小企业的资产抵押估值不足，企业就必须寻找担保公司的帮助。这时，企业的融资成本又提高了一成。

同时，大多数银行为了规避投资风险，规定中小企业必须把以前的贷款归还完以后才能重新贷款。这样一来，对于那些资金链紧张、流动资金不足的中小企业来说，就必须通过小额贷款公司和民间借贷获得周转资金，这就是上图所说的"过桥贷款"。这种"过桥贷款"是中小企业向银行贷款所必须承担的隐性成本。

三、政策方面的问题

随着创业者的日益活跃，国家和各地政府、金融机构也陆续出台了一系列措施，旨在改善中小企业融资难问题。例如，2016 年，全国范围内开始全面推行"营改增"，国家的这一政策旨在消除重复征税、减轻纳税人负担。特别是对于中小企业来说，"营改增"有利于降低企业的税收成本，提高企业发展能力。

如今中小企业的融资环境相比以前确实得到了很大程度的改善。但由于过去一系列问题积累严重，导致如今中小企业的融资环境尚有不尽如人意之处。总体来说，政策方面导致中小企业融资难有以下两大原因。

（一）缺乏相关法律法规

我国目前关于融资的相关法律法规还不完善，具体表现在三个方面：一是没有出台专门的信用法规；二是虽然 2003 年出台了《中小企业促进法》，但该法涉及融资问题的内容较少，且都是概括性的规定；三是对于民间融资没有具体的条文规定，不能从根本上解决中小企业融资难的问题。

（二）资本市场不完善，进入门槛过高

2004 年，我国在深圳证券交易所启动了中小企业板，但其股权融资的限制门槛过高。《首次公开发行股票并上市管理办法》明确规定：中小企业板的上市企业要符合发行上市条件和信息披露要求——企业要"三年连续盈利"，企业创始人认购的股本数额不少于 3000 万元，股票发行后公司股本总额不低于 5000 万元。由于大多数中小企业技术创业能力有限，科研成本无法在短时间内投入市场，绝大多数的中小企业是无法满足这个条件的。

四、融资环境恶化，投资人谨慎

自从 2016 年以来，很多创业者都明显感觉到，融资越来越难，这是为什么呢？除以上原因外，融资环境恶化、投资人变得谨慎是中小企业融资难的又一大原因。

2016 年，据毕马威和 CB Insights 联合出版的全球创投基金趋势报告显示，由于近两年来经济前景不明朗，中国经济发展放缓，全球风险投资的总金额和投资数明显下降。该报告显示，中国风险投资的下滑趋势显著。中国经济增速放缓，让各路投资人都持谨慎态度。

融资并不是做慈善，投资人的投资是以盈利为目的的。这也决定了融资并不是一件容易的事情。当你的企业还只是一个雏形，投资人又凭什么为你的企业投资呢？所以，创业者要想成功融资，就必须要让投资人看到企业未来发展的无限潜力，只有如此，才能打动投资人。

拓展知识

解决融资难的举措①

由于造成融资难的原因是多方面的，因此只有多方共进、多措并举才能进一步降低创业企业的融资成本，有效缓解创业企业融资难和融资贵的问题。

---

① 案例来源：企业融资成本高原因有哪些？［EB/OL］．（2017 - 05 - 31）［2022 - 06 - 30］．普金网，http：//www.pujinwang.com/infor/00000017243.html.

第二章　融资环境分析

第一，创业企业自身要不断完善。其应当在治理结构、经营管理、财务制度、信用意识等方面不断实现自我改造、自我完善、自我提高，最大限度地满足银行的贷款条件，才能有效降低银行贷款的信用风险。

第二，商业银行也要加大对创业企业的支持力度，建立并完善创业企业信用评价体系，采取切实有效的措施减少企业的融资费用和融资成本。同时，商业银行要改变过去对待创业企业的态度，重视对创业企业的融资服务，把支持创业企业的发展当作是社会责任，为创业企业融资提供量身定做的服务和产品。

第三，国家还应该进一步加大对创业企业融资的扶植力度，尽可能地降低企业的融资难度和成本，出台相应的金融优惠政策，鼓励并支持金融机构参与企业的资金融通，拓宽创业企业的融资渠道，推进创业企业健康稳步发展。

五、融资难的原因实务

你在筹备启动金时遇到哪些困难？

目前，启动金是否能足额配齐？如果启动金不足，你打算怎么解决？

第二节　大学生创业融资现状

知识导图

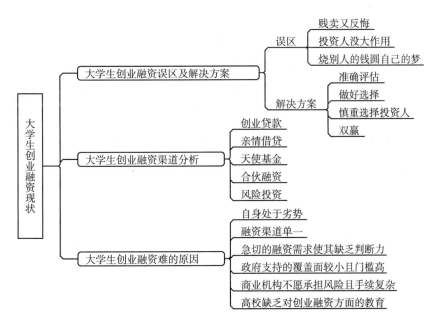

· 49 ·

知识目标

1. 掌握大学生创业融资渠道及各渠道的优劣势；
2. 学会解决大学生创业融资误区及解决方案；
3. 了解大学生创业融资难的原因。

📖 案例讨论

成都"第一研究生面馆"①

自古君子远庖厨。成都却有一家"第一研究生面馆"开张了。2013 年 12 月 24 日，该市一所高校食品科学系 6 名研究生声称自筹资金 20 万元，在成都著名景观——琴台故径边上开起了"六味面馆"。壮志雄心，计划 5 年后开 20 家连锁店。第一家店还未开张，6 位股东已经把目光放到了 5 年之后，一说到今后的打算，他们 6 位异口同声地说：当然是开分店啦！今年先把第一家店搞好，积累经验，再谈发展。我们准备 5 年内在成都开 20 家连锁店，到时候跟肯德基、麦当劳较量较量。而目前，由于面馆长时间处于无人管理和经营欠佳的状况，投资人已准备公开转让。这家当初在成都号称"第一研究生面馆"的餐馆仅仅经营了 4 个多月，就不得不草草收场。

请思考：成都"第一研究生面馆"创业失败的原因？

一、大学生创业融资渠道分析

大学生创业融资渠道主要有 5 类，即创业贷款、亲情借贷、天使投资、合伙融资、风险投资。下面具体介绍一下各个渠道的利弊和应对方法。

（1）大学生创业贷款是银行等资金发放机构对各高校学生（大专生、本科生、研究生、博士生等）发放的无抵押无担保的大学生信用贷款。近年来，各级政府采取各种措施扶持大学生创业，政府相继出台各种优惠政策。这对于有能力又有创业想法的诸多人才是很好的机会。

大学生创业贷款是大学生创业最值得争取的融资方式。大学生创业贷款可享受低成本的贷款和多样还款期限。但贷款额度是有限的，只能满足一部分项目的需要，且申请创业贷款有严格程序要求。应对方法是认真了解和学

---

① 案例来源：6 名在读研究生开面馆草草收场引发争议 [EB/OL]. (2005 - 04 - 07) [2022 - 05 - 21]. 搜狐网，https://learning.sohu.com/20050407/n225075495.shtml.

习政府的有关产业政策和扶持政策，严格按照规定程序提交申请资料，少走弯路；有优势的创业项目和完善的创业计划书，做好申请的准备工作。

（2）亲情借贷，个人创业筹集启动资金最常见、最有效的途径就是亲情融资，即向家庭成员或亲朋好友筹款。他属于负债融资的一种方式。这种融资方式因由情意牵线，所以对于筹资者来说基本不存在中途撤资的风险，而且一般都是一次性支付。

亲情融资优势是向亲友借钱，一般不需要承担利息。这个方法筹措资金速度快，风险小，筹资成本很低，同时也不需要信用记录或抵押。缺陷是如果创业出现问题，无法按时还款，可能会伤及双方感情，以后再借很难。具体的应对措施就是，和亲戚朋友进行有效的沟通，向他们分析创业的风险和收益，争取能够得到他们的理解，然后定期还款，绝不拖欠，来提高在他们心里的信任度。

（3）天使投资，主要指个人对小型的项目和企业进行一次性的出资或者提供一些特有的技术资料的投资形式。天使投资的主体都是一些非组织形式的企业，资本大多来源于个人。天使基金的优点是能够提供新兴公司所需资金、不需要高额的月度费用、投资操作程序较为简单、门槛也较低等。天使投资的弊端就是投资人在参与公司运营中易产生种种的矛盾，且投资上当受骗的可能性比较大。对于这种投资的缺点常用的规避方法就是：将所有可能产生的矛盾及问题都提前思考好，并且在书面上完完整整地记录下来。

（4）合伙融资，即寻找合伙人投资，是指按照"共同投资、共同经营、共担风险、共享利润"的原则，直接吸收单位或者个人投资合伙创业的一种融资途径和方法。通过合伙融资的方式创业是一种趋势，一个人势单力薄，多个人凑在一起可以从众多的合伙人处筹集资本，合伙人共同偿还债务，减少了银行贷款的风险，使企业的筹资能力有所提高，同时，合伙人对企业盈亏负有完全责任，有助于提高企业的信誉。

这种合伙融资的方式的缺点就是一个企业产生很多的管理者，在对某决策作出决定时众多的管理者意见不一，从而导致办事效率低下的问题，并且合伙人之间极易因利益分配不均产生矛盾。应对措施是：首先要明确投资份额，个人在确定投资合伙经营时应确定好自己的投资份额，不一定平分股份；其次，加强管理者之间的意见交流；最后，要明确规章制度，凡事按照章程执行，没有章程是合伙企业的大忌。

（5）风险投资，在中国是一个约定俗成的具有特定内涵的概念。广义的风险投资泛指一切具有高风险、高潜在收益的投资；狭义的风险投资是指以高新技术为基础，生产与经营技术密集型产品的投资。

风险投资比较青睐那些有科技含量、创新商业模式运营、有豪华团队背景和现金流良好、发展迅猛的有关项目。大学毕业生可以通过创业大赛、委托专门的风险投资公司、在网上或其他媒体发布寻资信息寻找投资人。此外，还可以参加创业培训班，在老师的帮助下通过制订科学严谨、可操作性强的"创业计划书"来说服风险投资者，甚至可以争取到"大学生创业基金"。因此，对于大学生创业者来说，在刚踏上创业之路就接到风险投资绝非易事。大学生创业者如果对自己的项目和前景抱有充分的信心，可以找风险投资进行商洽，碰壁后，一定要及时对自己的项目进行理性的评估，及时用其他方式进行融资。

二、大学生创业融资难的原因

创业融资难，大学生创业融资更难。究其原因，主要有6点，分别是：大学生自身处于劣势、大学生融资渠道单一、急切的融资需求使其缺乏判断力、政府支持的覆盖面较小且门槛高、商业机构不愿承担风险且手续复杂、高校缺乏对大学生创业融资方面的教育。

大学生自身处于劣势。越来越多的大学生或主动或被动地加入创业大军中，但和其他创业者相比，大学生缺少社会经验、能力、人脉等。尽管有些大学生有过实习或兼职的经历，但依然如同一张白纸。我国大学生创业率并不高，而创业失败率过高，过高的失败率让大学生丧失了创业信心。

大学生融资渠道单一。尽管现在国家出台一系列贷款政策鼓励支持大学生创业，但现在大学生创业融资渠道依然主要是亲情借贷，这种特殊融资方式不需要抵押就能获得资金。但由于大学生缺乏经验和对项目风险的判断能力，使其创业失败率极高，而失败所带来的压力也是创业者本身及其家里难以承受的。

急切的融资需求使其缺乏判断力。资金缺乏是现在大学生创业初期所面临的巨大问题。因此，许多大学生为了尽快获得启动资金或周转资金，往往会以低价让出大部分股份，或将技术、创意低价卖出，致使其在合作过程中易出现毁约等问题，最终使其在资本市场失去信誉。比如，有些拥有核心技术的创业者在公司运营了一定的时期后，对合作初期所签订的投资协议感到不满，从而毁约，导致其失去信誉。所以，大学生在创业初期制订融资方案时，应该准确评估自己的技术或创意的价值，不高估的同时也不应低估其价值，为融资后的顺利合作打好基础。

政府支持的覆盖面较小且门槛高。各个省份关于毕业生可申请的创业支持额度普遍不高，无法满足大学生创业的需求。大学生创业存在很大风险且利润低，加上申请人数众多，由于没有好的审核方法，只好提高申请门槛。

商业机构不愿承担风险且手续复杂。据了解，由于大学生创业贷款的高风险，大多数银行目前都没有开设针对大学生自主创业贷款的专门业务。银行不仅追求资金收益性、流动性，也考虑其安全性。大学生缺少社会工作经验，又没有合适的抵押物、质押物或担保，且创业失败率极高，银行一般不会轻易贷款。

高校缺乏对大学生创业融资方面的教育。各大高校在重视就业指导的同时，也要注意创业融资教育，除了举办阶段性、局部性的创业大赛，进行必要的专业知识、技能和信息的培训外，还要注重创业融资方面的教育，只有对社会主义市场经济、金融知识有了充分的了解，才更有利于我们顺利解决大学生创业道路上的最大拦路虎——资金问题。

三、大学生创业融资误区及解决方案

初出茅庐的大学生在初次创业的道路上除了面临社会经验、管理能力等方面的不足外，在创业融资方面常常走入误区，最终使自己的努力功败垂成。当前的融资误区主要表现在以下三个方面：

误区一，急于得到企业启动或周转资金，给小钱让大股份，贱卖技术或创意。有不少核心技术拥有者在公司运营一段时间后，对当初的投资协议深感不满并提出毁约，而这样做的后果只能是在资本市场上臭名昭著。

误区二，即便投资人不能提供增值性服务和指导，仍与其捆绑在一起。

误区三，对风险投资不负责任地使用，烧别人的钱圆自己的梦。每一轮融资中的投资者都将影响后续融资的可行性和价值评估。因此，对于尚处早期的创业公司来说，应引入一些真正有实力、能提供增值性服务、与创业者理念统一的投资者，哪怕这意味着暂时放弃一些眼前的利益。

资金作为公司的血脉，必不可少，因此融资问题对新创企业来说显得尤为重要。大学生们要想凭借自己的技术或创意获得应有回报，就必须解决好融资问题。针对上述三个误区，创业者在融资的过程中需要做好以下工作：

（1）在制订融资方案之前要准确评估自己的有形和无形资产的价值，千万不要妄自菲薄，低估了自己的价值。如网易公司经过多轮融资和上市，目前公司创始人还拥有超过 60% 的股份，这说明创始人在每轮融资的过程中用了少量的股份就达到了自己的目标，是我们学习的榜样①。

（2）融资过程中要做好融资方案的选择。尽管国内的融资渠道还不是很健全，但方式比较多，主要是：①合资、合作、外资企业融资渠道；②银行及金融机构贷款；③政府贷款；④风险投资；⑤发行债券；⑥发行股票；⑦转让经营权；⑧建设—经营—转让（BOT）融资。多渠道的比较与选择可以有效降低融资成本，提高效率。通过上述途径得到的发展资金可以分为两类：资本金和债务资金。债务资金（如银行贷款等）不会稀释创业者股权，而且可以有效分担创业者的投资风险，推荐优先使用。

（3）如果采用出让股权的方式进行融资，则必须做好投资人的选择。只有同自己经营理念相近，其业务或能力能够为投资项目提供渠道或指导的投资才能有效支撑企业的成长。目前的关键问题是，大学生很难找到融资对象，找到一个就像发现了救命稻草一样，根本就没有讨价还价的余地，这样的融资肯定会给后续工作带来很多麻烦。出现这种问题的主要原因是信息不对称，因此创业者一定要加强对融资市场的信息收集与整理，在掌握大量的情报资料的前提下做出最优的选择。

（4）创业不仅是实现理想的过程，更是使投资者（股东）的投资保值增值的过程。创业者和投资者是一个事物的两个方面，大家只有通过企业这个载体才能达到双赢的目标。"烧投资者的钱圆自己的梦"的问题说到底是企业家的信用问题，怀抱这种思想的人不会成为一个成功的创业者。能为股东创造价值的企业家才能得到更多的融资机会和成长机会。因此创业者不仅要加强自身的技术能力，还需要具备企业家的道德风范。

金钱不是万能，没有金钱万万不能。大学生创业者只有解决好了融资问题，才能将自己的技术和创意转化为赢利的工具，才能在激烈的市场竞争中立于不败之地；拓宽融资渠道、对投资人负责才能使自己的企业茁壮成长。

本章实训题

实训一，阅读下面的案例，并回答问题。

"综合经营企业"是日本一家著名的企业，总裁叫中田修。现年 70 岁

---

① 应届毕业生网. 大学生创业融资要走出误区 ［EB/OL］. ［2020 – 09 – 05］. https：//www.yjbys. com/chuangye/zhidao/chuangyerongzi/489814. html.

的中田修创业经历十分坎坷。

中田修曾在美国驻日军队里当过仆役，还做过黑市小贩、印刷公司职员，走马灯似的换了十几次工作，不是被辞退，就是工作不顺心。他经常失业，流浪街头，曾经有过三次自杀的经历。

28 岁那年，中田修生意亏损，血本无归。他徘徊在东京的一条街巷，感到万念俱灰，第四次想到自杀，彻底了结自己失败的一生。就在这时，他无意间瞥见街边挂着的一块"桑泽设计研究所"的招牌，突发灵感：为什么不创办一家广告设计公司？

他决心从零开始创立设计学校。没有雄厚的资金，就通过报纸的广告信息招收学生，办一个"周日教室"。学生逐渐多了以后，便租借更大的教室。为筹措办学资金，他借鉴阪隐公司的经营办法，把"前金制"（即收取预收款）引入学校的建设之中。慢慢地，设计学校初具规模，有了很好的前景。

1959 年 4 月，中田修在大阪成立"东京设计所"，在中田修苦心经营下，东京设计所成为日本一流的设计研究院。

中田修成为设计院老总后，仍然对生活中的事物做细致入微的观察，变戏法似的变换出巨大的财富。在他的眼里，天下任何事情都可以带来创意，都可以进行设计。他发现人们在上厕所时常常百无聊赖，便在手纸上印卡通漫画，从而使这种手纸成为畅销产品。他看到汽车在露天停放，日晒雨淋，便利用从婴儿车得到的启示，发明了帐篷式防雨棚，装上四只轮子，可以移动，投放市场后大受欢迎。他在购买快餐的时候，看到店里拥挤不堪，便发明了流动快餐车，随时随地供应快餐，既减少了店面投资，又方便了上班族。为了吸引顾客，他还请教营养学家，设计了多种菜谱，不同年龄、不同性别、不同身体状况的人均可按表选择。有一次深夜回家，他发现一些男人想买礼物送给家人却找不到商店，他就雇用一批人在路口出售鲜花和礼品。

中田修头脑中的每一个细胞都处于最灵敏的状态，随时随地在捕捉生活中的创意。这样一来，东京设计所名气大振。中田修的设计为他赚来了巨大的财富，59 岁时，他已经拥有了 100 亿日元的资产。

他最喜欢讲的一句话是："有钱谁都会创业，关键是没有钱怎么创业。"

（1）结合上述案例，你认为大学生创业关键要注意些什么？

（2）与同学讨论资金对大学生创业的影响有哪些？你认为应该如何突破资金"瓶颈"？

（3）与同学分享一个大学生创业融资成功的故事，分析其成功的原因，说明其中涉及的融资方式和采用的融资策略。

实训二，操作题：创业总是离不开资金的筹措和运作，设想你准备进入一个你认为有发展潜力的行业，创办一家企业（饭店、酒店、书店、服装公司、网络公司等），但手头没有资金，或虽然有一些资金却远远不够。按照如下步骤，编制你的融资方案。

（1）创业行业选择：你想进入什么行业，创办什么类型的企业？

（2）思考：创办这样一个企业你需要哪些资源，这些资源你可以从什么渠道获取？

（3）进行市场调研，尽可能地获得翔实信息，结合实训一和实训二，采用列表方式测算创办这个企业需要的资金规模。

（4）测算你可以筹措的自有资金有多少，资金缺口有多大。

（5）针对你的情况，选择适宜的融资方式，并说明理由。

（6）说明在融资过程中，应注意哪些问题。

实训三，请介绍你的创业项目的启动金来源？请具体列明来源及各来源的金额多少。

实训四，请调查你所在地对大学生创业融资方面的优惠政策，并列明你能享受的政策。

实训五，请调查你学校创业学生是如何融资的，你能借鉴他们的融资方式吗？

模块二　融资渠道

随着经济市场的发展，越来越多的融资渠道出现在创业者面前，供创业者进行选择。但是，不同的融资方式并不适合所有的企业，创业者需要根据企业的特点进行选择。多元化的融资方式虽然给创业者提供了多种途径完成融资，但是从融资的渠道上来区别，主要分为债权融资和股权融资两种融资方式。债权融资形式指的是投资人是以债权人身份投入资金购买某种资产或权益以期望获取利益或利润的自然人或法人；股权融资是指企业的股东愿意让出部分企业所有权，通过企业增资的方式引进新的股东的融资方式，总股本同时增加。股权融资所获得的资金，企业无须还本付息，但新股东将与老股东同样分享企业的盈利与增长。

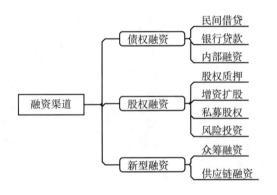

债权融资

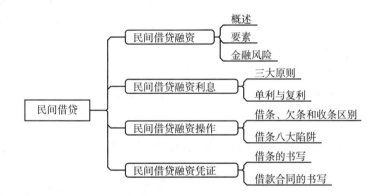

第一节 民间借贷

知识导图

民间借贷
- 民间借贷融资
  - 概述
  - 要素
  - 金融风险
- 民间借贷融资利息
  - 三大原则
  - 单利与复利
- 民间借贷融资操作
  - 借条、欠条和收条区别
  - 借条八大陷阱
- 民间借贷融资凭证
  - 借条的书写
  - 借款合同的书写

知识目标

1. 掌握民间借贷的概念、要素与形式；

2. 学会辨析借条、收条与欠条的不同，正确撰写借条和借款合同格式；

3. 了解民间借贷利息新规。

📖 案例讨论

民间利息受保护的范围①

被告吴某找到原告李某以做生意缺乏资金为由要求借款。当日李某给吴

① 案例来源：民间借贷风险控制及案例分析［EB/OL］.（2019 - 05 - 20）［2022 - 05 - 01］.
搜狐网，https：//www.sohu.com/a/315125167_120140337.

某支付 5 万元，约定一年后归还，但未约定利息。借款到期后，李某要求吴某归还借款，吴某以种种理由推托不还。李某无奈诉至法院，要求吴某归还借款 5 万元，并支付自借款之日起至付清之日止的利息（利率按银行同期贷款利率计算）。原告认为借款还钱，支付利息，天经地义，法院应当给予支持。被告辩称利息未约定，不予支付。法院判决：被告吴某归还原告李某借款 5 万元，并支付逾期付款利息 3200 元，驳回原告要求被告支付借款合同期内利息的诉请。如果利息太高，法院只能支持 4 倍银行同期贷款利息，对超出的部分不予支持。

请思考：民间利息多少受到法律的保护？

一、民间借贷的概述

民间借贷是与正规借贷相对应的。广义上说，民间借贷是除了正规借贷以外的借贷，它处在国家宏观调控与金融监管之外，不在官方的统计报表中被披露，也不受法律保护，属于一种非正规的金融活动。我国一直以来都称其为"地下金融"，国外一般使用"非政府金融""非正规金融"等比较中性的词汇。我国《合同法》第二百一十条规定："自然人之间的借款合同，自贷款人提供借款时生效。"从该条规定可知，法律是认可公民之间的借款。

民间借贷是一种历史悠久、在世界范围内广泛存在的民间金融活动，主要指自然人之间、自然人与法人或其他组织之间，以及法人或其他组织相互之间，以货币或其他有价证券为标的进行资金融通的行为。经金融监管部门批准设立的从事贷款业务的金融机构及其分支机构，发放贷款等相关金融业务，不属于民间借贷范畴之列。

从概念中得出民间借贷包含三部分：一个公民对一个公民发放贷款、一个公民对一个企业发放贷款和多个公民对一个企业发放贷款。

但是，我国法律是有条件地认可公民与企业之间的借贷。在最高法院1999 年做出的《关于如何确认公民与企业之间借贷行为效力问题的批复》中规定："企业与个人的借款只要是意思表示真实，即认定为有效。"

但是，具有下列情形之一的，应当认为无效：

（1）企业以借贷名义非法向职工集资的；

（2）企业以借贷名义非法向社会集资的；

（3）企业以借贷名义向社会公众发放贷款的；

（4）有其他违反法律、行政法规的行为的。

（一）民间借贷的主要要素

民间信用借款会形成特定的债权债务关系，债权债务关系是我国民事法律关系的重要组成部分，这种关系一旦形成便受法律的保护。

（1）民间信用借款是出借人和借款人的合约行为。借贷双方是否形成借贷关系以及借贷数额、借贷标的、借贷期限等取决于借贷双方的书面或口头协议。只要协议内容合法，都是允许的，受法律的保护。

（2）民间信用借款成立的前提是货币的实际支付。借贷双方之间是否形成借贷关系，除对借款标的、数额、偿还期限等内容意思表示一致外，还要求出借人将货币或其他有价证券交付给借款人，这样借贷关系才算正式成立。

（3）民间信用借款的款项必须是属于出借人个人所有或拥有支配权的财产。不属于出借人或出借人没有支配权的财产形成的借贷关系无效，不受法律保护。

（4）民间信用借款可以有偿，也可以无偿，是否有偿由借贷双方约定。只有事先在书面或口头协议中约定有偿的，出借人才能要求借款人在还本时支付利息。

《民法通则》第五十六条规定，民事法律行为可以采取书面形式、口头形式与其他形式。法律规定用特定方式的，应当依照法律规定。民间借贷作为一种民事行为，法律并未对其成立的形式做出明确的规定，也就是说民事法律行为的书面形式、口头形式与其他形式都是民间借贷成立的有效形式。书面形式是用文字进行借贷意思表示的形式。如签订书面借贷合同、交换书信、电报电传等。口头形式是用语言进行借贷意思表示的形式，如面谈、电话交谈。其他形式主要包括推定形式和默示形式。推定形式是指一方当事人并不直接用书面或口头形式表明其内心意愿，只是做出某种积极的行为，另一方当事人根据这种行为，足以认定或推知对方的内心意愿。默示形式是指行为人没有任何积极行为，以其"沉默"的状态可以推断行为人的内在意思。只有在法律有特别规定前提下，默示才作为一种意思表示方式。民间借贷成立的形式主要是书面形式和口头形式，推定形式和默示形式在民间借贷中极为少见。在实际生活中，民间借贷应该提倡书面形式。

（二）民间信用借款的主要形式

民间信用借款的形式很多样。随着社会的不断发展，人们生活模式、消费方式的不断变化，民间借贷在形式上也"与时俱进"，出现了一些新的、颇具时代特点的形式，比如浙江一些以汽车俱乐部为代表的会所兼有民间借贷行为，又比如有些民间借贷活动是在互联网上通过聊天室完成的。当前主要的民间信用借款形式有：

1. 民间自由借贷

民间自由借贷是一种不经第三者中转，而由借贷双方直接进行的借贷活动，也是最原始意义上的金融形式。尽管难以进行考证，但可以肯定地说，民间自由借贷是我国最古老的一种民间金融活动。现代民间自由借贷是指在城乡居民之间或居民与企事业单位之间直接发生的借贷活动。这一形式的民间金融在我国广大的农村地区尤为盛行。按照有无借贷利息或借贷利息高低可分为无息借贷、低息借贷和高息借贷三种形式，其中以第二种形式居多；按借贷标的又可分为借货币还货币、借货币还实物、借实物还货币和借实物还实物四种形式，其中以第一种形式居多。尽管民间自由借贷是一种最原始意义上的金融行为，但因它处于无组织的原生状态，当事人又不愿对外人宣扬，因而难以进行精确的统计和分析，只能通过抽样调查进行推断。根据一些研究者的调查显示，民间自由借贷行为呈现鲜明的地区性差异，它更多地发生在农户之间，这可从农村的正规金融安排比城镇更为稀缺上得到解释；经济欠发达的中西部地区发生民间自由借贷的频率比经济较发达的东部地区要高，但每次发生的金额要更小一些，这是因为东部地区除了有更为密集的正规金融机构之外，还有其他更为规范化、组织化的非正规金融安排作为补充。

2. 民间合会

民间合会是很早就在我国民间流行的一种小规模的群众融资形式，也称成会、聚会等。关于合会起源的传说颇多，如庞公创始说、竹林七贤说。因流传下来的合会多按"新安古式"或以新安会规为典型，而安徽的新安郡名始于隋朝，故可推论合会起于隋代[1]。最初意义上的合会通常由一位需要资金的人主动邀请若干亲友组成一会（邀会之名由此得来）。主动邀会者称为会首，其他被邀者称为会脚。合会组成之后，约定每隔一定时间举会一次，每次聚集一定的款额（称为会金，通常为整数），轮流交给会员中的一人使用，借以互助。第一期会金归会首，其余各期会金按一定顺序归会脚获得，直到全体会员皆已获得，一会的生命就算结束。实际上，先得会金者相

---

[1] 詹玉荣. 中国农村金融史［M］. 北京：北京农业大学出版社，1991.

当于整借零还，付出的会金比得到的会金多，差额相当于付出的利息，他们是资金借入者；后得会金者相当于零存整取，得到的会金比付出的会金多。目前我国现存的各类合会的运作方式与传统的合会基本上相同，但合会的规模（包括会员人数和会金）更大，种类更为丰富。不同种类的合会往往是以确定会脚，获得会金次序的不同方式来区分，如轮会由会员预先确认获取会金的次序，摇会按摇骰子的方式确定会脚获得会金的次序，标会按利息投标方式确定会脚获得会金的次序，如表 3-1 和表 3-2 所示。

表 3-1　　　　　　　　　　经济互助会会单（形式一）　　　　　　　单位：元

序号	姓名	得会金额	应会金额		得会时间			备注
			未得会	得会后	年	月	日	
会主	***	50000	5000		2018	8	15	
1	***	50000	5000	5600	2018	11	15	
2	***	50600	5000	5600	2019	2	15	
3	***	51200	5000	5600	2019	5	15	
4	***	51800	5000	5600	2019	8	15	
5	***	52400	5000	5600	2019	11	15	
6	***	53000	5000	5600	2020	2	15	
7	***	53600	5000	5600	2020	5	15	
8	***	54200	5000	5600	2020	8	15	
9	***	54800	5000	5600	2020	11	15	
10	***	55400	5000	5600	2021	2	15	

说明：1. 本会自阳历 2018 年 8 月 15 日开始至 2021 年 2 月 15 日结束。每 3 个月一期。未得会者每期应出 5000 元，得会后应出 5600 元。

2. 本会系自愿互助互信，希望各会员遵守以上时间表，提前三天将会款交给会主，由会主转交给得会者。

3. 希望各会员有始有终，使本会圆满结束，谢谢合作。

信用社账号：6230910×××　　姓名：×××

表 3-2　　　　　　　　　　经济互助会会单（形式二）　　　　　　　单位：元

序号	姓名	应付金额	应收金额	收会日期	备注
会主		随会	100000	年　月　日	
1		12300	100000	年　月　日	
2		11700	100000	年　月　日	
3		11200	100000	年　月　日	
4		10600	100000	年　月　日	

续表

序号	姓名	应付金额	应收金额	收会日期	备注
5		10100	100000	年　月　日	
6		9700	100000	年　月　日	
7		9300	100000	年　月　日	
8		8900	100000	年　月　日	
9		8600	100000	年　月　日	
10		8200	100000	年　月　日	

说明：1. 本会自公历×××年×月×日开始至×××年×月×日止，本会一年二会，共十一会。

2. 希各会员每次收会按上表的时间 7 天内将会款交给会主，会主收齐会款后交收会者，请不要拖欠，中途不要退会。

3. 希各会员遵守上述条例，使本会圆满结束，谢谢大家合作！

合会这种民间金融形式在我国经济比较发达的浙江、福建、广东等东南沿海以及四川较为流行，尤以浙江温州地区为最多。但各地的合会又有不同的特点。比如，标会在福建比较盛行；在温州抬会曾一度流行。抬会实际上是在州或者地区层次上，摇会的一个变种，多个层次的摇会镶嵌在一起形成的一种金字塔形的大型摇会。与传统的合会比较，现时的合会有更浓厚的融资色彩。传统的合会一般限于亲友和邻里街坊之间，聚会的目的多为解决生活中的临时困难，其中包含更多的人情味和互助色彩，通过合会进行融资的利率很低甚至没有利息。而现在的合会更多地出于投资的目的，聚会的范围更广，凭以融资的规模更大，融资的利率也更高。正因如此，现在的合会主要活跃于经济较为发达的沿海地区。

3. 银号和私人钱庄

钱庄又称银号，是我国古老的民间金融形式之一。它起源于铸币兑换，北宋时从事银钱钞引交易的"钱铺"，实际上就是早期的钱庄。明朝时期，钱庄已很普遍，但其主要业务不再是铸币兑换，而是借贷融资。到了清朝，钱庄与票号鼎足而成为我国当时最主要的民间金融机构。钱庄在解放初期已全部消失。现代钱庄的再度出现，是 20 世纪 80 年代中期的事。此前，一种在浙江叫"银背"、福建称"钱中"的借贷中介人，其从事的借贷中介业务与钱庄相似。银背和钱庄在商品经济比较发达的浙江、福建等沿海地区很流行，这与合会的地区分布特征较为类似。这些地区的经济发展主要是由乡镇企业等非国有经济所带动，但当地的正规金融体系却不能提供相应的融资支持，民间自由借贷、合会等简单小规模的融资方式也不能满足其借贷需求，于是产生了以银背和钱中为借贷中介的间接融资方式。银背和钱中往往有一定的资金实力，在当地有较高的社会地位和良好的声誉。他们信息灵通，熟悉本地居民和企业的资金情况，通过撮合借贷双方的交易，从中收取手续费。有些通过吸收资金和放出贷款，从中收取利差，其特点与放高利贷者有些类似。这一特点引发了人们的种种非议。银背和钱中的经营规模扩大后，有的还进一步制作单据，建立账册，规定存贷利率，发展为私人金融家（民间的一种俗称）和钱庄。他们一般在暗中经营，实行资金高进高出。私人钱庄的公开营业，虽然在当时备受各方关注，但很快归于沉寂，原因是1986 年 1 月国务院颁发了《银行管理暂行条例》，明确规定个人不得设立银行或其他金融机构，不得经营金融业务。其后，这些公开营业的钱庄都被摘牌。

4. 农村内部（社区内）融资组织

如果说上述三种民间信用借款形式是我国传统民间金融组织的"复兴"，那么，在我国农村地区广为存在的农村合作基金会、互助储金会、金融服务公司（或称金融服务社）等以互助或融资为目的的所谓互助合作组织则是适应改革开放后农村经济发展状况的民间金融组织的创新。尽管目前农村的各种互助合作融资组织的产生、发展和地区分布不尽相同，但其所从事的业务大同小异，即在农村地区开展借贷融资业务，服务于农村经济发展。农村各种内部融资组织中，尤以农村合作基金会最为普及，很多民间金融和农村金融的研究者往往不加区别地以农村合作基金会来概括。农村内部融资组织主要有农村合作基金会、互助储金会、金融服务公司三种形式，他们在起因、地区分布等方面是有所区别的。农村金融服务公司（金融服务社）其实是农村合作基金会的一种较为高级的形式，有人称之为专业性农村合作基金会。根据在温州地区的调查，那里的很多名为金融服务社或农经服务公司的融资组织，实际上就是一种农村合作基金会。相对于普通的农村合作基金会而言，金融服务公司更多地倾向于为农村的非农经济实体提供融资服务。农村内部融资组织本来是作为乡村内部资金互助组织产生的，在发展过程中却"外部化"了。无论是从业务范围还是从内部管理形式看，他们与农村信用社并无二致，而前者的利率要比后者高出许多，因而对同处农村的农业银行和农村信用社等正规金融组织的业务（主要是存款）构成极大的冲击，并由此招致了主要的责难。此外，他们所特有的地方官办色彩和业务经营中的不规范做法容易累积成金融风险，危及地方金融秩序。但不可否认的是，基金会在十余年的发展中，为我国农村经济的快速发展和乡镇企业的崛起作出了相当大的贡献，这也是他不能被简单取缔的原因所在。因此，农村合作基金会是比较适合我国农村和农业经济发展的一种内部融资组织，尤其在农业银行和农村信用社缺位的情况下，它发挥了补充和完善我国农村金融体系的积极作用。农村合作基金会的改革或整顿，不仅应与整个农村金融体制的改革和农村金融服务体系的建立统筹考虑，而且要结合各地经济发展的水平和实际需要区别对待，切忌"一刀切"。

民间信用借款对我国经济金融的影响是多方面的，既有积极的作用，又有消极的影响。民间信用借款的积极作用如下：一是弥补银行信用的不足。银行信用由于受机构数量、风险控制、授信范围及权限、经营方式、信贷规模等多方面的限制，不能完全满足市场经济生活中多方面对信用的需要，客观上要求其他信用形式予以补充。民间信用借款对解决中小企业和民营企业的生产经营资金不足起到了重要的支撑作用。二是打破了单一融资方式。货币资金不仅要比较价格高低，还要权衡收益大小，不仅要计算数量，又要评价质量。民间信用借款的存在和发展，打破了单一银行融资方式，拓展了中小企业和民营企业的融资渠道，扩大了民营企业的发展空间。三是引入了市场竞争机制。民间信用扩大，形成多种竞争机制，对传统的融资方式提出了挑战，从而推动银行、信用社改进服务方式，创新服务品种，改革管理模式。民间信用借款的消极作用有：一是容易发生债务纠纷，不利于社会安定。二是社会信用难以控制，干扰了正常的金融秩序。

拓展知识

民间借贷注意事项

1. 注意订立书面协议

在现实生活中，民间借贷大多发生在亲戚朋友之间，由于关系比较密切，出于信任或者碍于情面，民间借贷关系往往是以口头协议的形式确定，无任何书面证据。在这种情况下，一旦一方予以否认，对方就会因为拿不出证据而陷入"空口无凭"的境地，即使诉至法院，出借人也会因无法举证而败诉。所以，借贷双方应该就借贷的金额、利息、期限、责任等内容签订书面借据或协议；必要时，还可以办理公证。书写借据时，要用稳定性能较好的碳素墨水，切忌用圆珠笔，以免时间长了字迹不清。

2. 利率不能超过法定范围

法律明确规定民间借贷的利率可适当高于银行贷款利率，但最高不得超过银行同类贷款利率的 4 倍；超过此限度的部分被称为"高利贷"，不受法律保护。

3. 避免借贷关系无效

自然人之间的民间借贷必须是出于自愿。根据法律规定，一方以欺诈、胁迫等手段或者乘人之危，使对方在违背真实意愿的情况下所形成的借贷关系，应认定为无效。若无效借贷关系是由出借人引起的，借入人只需返还本金；由借入人引起的，借入人除了返还本金外，还应参照银行同类贷款利率给付利息。

4. 担保行为的规定

在借贷关系中，仅起介绍作用的人，是不承担保证责任的。对债务的履行确有保证意识表示的，才认定为保证人，承担保证责任。借贷有保证人进行担保的，应在借款协议中明确并经保证人签字确认。

拓展知识

民间借贷新规

新规一：大幅下调民间借贷利率的司法保护上限。

2020 年 8 月 20 日，最高法正式发布新修订的《最高人民法院关于审理民间借贷案件适用法律若干问题的规定》（以下简称《规定》），民间借贷利率司法保护上限迎来大范围调整，年利率 24% 和 36% 的"两线三区"原则也将成为历史。《规定》对民间借贷利率司法保护上限作出调整，明确以中国人民银行授权全国银行间同业拆借中心每月 20 日发布的一年期贷款市场报价利率（LPR）的 4 倍为标准确定民间借贷利率的司法保护上限，取代原《规定》中"以 24% 和 36% 为基准的两线三区"的规定，大幅度降低民间借贷利率的司法保护上限。

以 2020 年 7 月 20 日发布的一年期贷款市场报价利率 3.85% 的 4 倍计算为例，民间借贷利率的司法保护上限为 15.4%，相较于过去的 24% 和 36% 有较大幅度下降。

新规二：企业间经营需要拆借受保护。

以前企业与企业之间的借贷一般以违反国家金融监管而被认定为无效。新《规定》明确了企业为了生产经营的需要而相互拆借资金，司法应当予以保护。

新规三：网贷平台仅提供媒介不担责。

《规定》明确，借贷双方通过点对点（P2P）网贷平台形成借贷关系，网络贷款平台的提供者如果仅提供媒介服务，则不承担担保责任，如果P2P网贷平台的提供者通过网页、广告或者其他媒介明示或者有其他证据证明其为借贷提供担保，根据出借人的请求，人民法院可以判决P2P网贷平台的提供者承担担保责任。

新规四：民间借贷合同四种情形无效。

（1）套取金融机构信贷资金又高利转贷给借款人，且借款人事先知道或者应当知道的；

（2）以向其他企业借贷或者向本单位职工集资取得的资金又转贷给借款人牟利，且借款人事先知道或者应当知道的；

（3）出借人事先知道或者应当知道借款人借款用于违法犯罪活动仍然提供借款的；

（4）违背社会公序良俗的、其他违反法律、行政法规效力性强制性规定的。

二、民间借贷利息

在民间借贷中，利息是一定时期内借款人向出借人支付的使用资金的报酬。利息的度量方法有利息额、利率。

利息（年）＝本金×年利率（百分数）×存期

或　　　　　　利息＝本金×利率×时间

利息额＝借款期末终值－投资本金

影响利息额的因素有本金、投资时间和利率。

在民间借贷中，借款人与出借人之间的利率需要遵循三大原则：

（1）无息推定原则，即对当事人在借款合同中对利息没有约定或约定不明确的，应当推定确认借款人不必向贷款人支付借款利息。该项原则，应当说是《合同法》在立法上的一大突破。合同法施行前，司法实践中处理有关民间借贷纠纷时，对于当事人没有约定利息的，一般都是保护贷款人获得利息的权益，按照银行借款利率计算利息。《合同法》的规定，对此做了根本性的改变。按照诚实信用原则，当事人之间对于利息问题在借款合同中没有约定，在一定程度上具有无偿借贷的性质。合同法的规定，强调了诚实信用原则，虽不利于公平地保护贷款人的权益，但有利于推动互助友爱的社会生活秩序的建立。

（2）不保护复利原则，即出借人不得将利息计入本金谋取复利，只能单利计算。

（3）合理利率原则，即民间借贷利率最高不得超过银行同类贷款利率的四倍，对超出部分的利息不予保护。

拓展知识

单利与复利

单利：在计算利息时，仅用最初本金来做计息基数，而不计先前产生的利息，即利不生利。

例如：存入银行 100 万元，年利率 5%，单利计息，三年本利和是多少？

第一年利息 $= 100 \times 5\% = 5$（万元）

第二年利息 $= 100 \times 5\% = 5$（万元）

第三年利息 $= 100 \times 5\% = 5$（万元）

n 年本利和 = 本金 + nX 年利息

$$F = P + n \times P \times i$$

复利：在计算某一计息周期的利息时，其先前周期上所累积的利息也要计算利息，即利生利、利滚利。

例如：存入银行 100 万元，年利率 5%，复利计算，三年的本利和是多少？

第一年利息 $100 \times 5\%$

第一年本利和 $= 100 \times (1 + 5\%)$

第二年利息 $100 \times (1 + 5\%) \times 5\%$

第二年本利和 $= 100 \times (1 + 5\%)^2$

第三年利息 $100 \times (1 + 5\%)^2 \times 5\%$

第三年本利和 $= 100 \times (1 + 5\%)^3$

第 n 年本利和 = 本金 $\times (1 + 利率)^n$

$$F = P \times (1 + i)^n$$

注意：民间借贷禁止复利，"复利"不受法律保护。"复利"不受法律保护的界限是银行同类贷款利率的四倍。利率在银行同类贷款利率四倍范围内的，"复利"仍然受法律保护；超过银行同类贷款利率四倍的"复利"部分才不受法律保护。但是各地法院的认定标准不一致。实践中出现的规避四倍利率的方式有：（1）把利息计入本金；（2）另行签订中介费（介绍费）、财务管理费用。

三、民间借贷实务

在实际生活中，民间借贷的合同形式有借款协议、借条、欠条、借据等。借款时是让借款人打"借条""欠条"，还是打"收条"？"借条""欠条"和"收条"在法律上效力是否相同？

（一）借条、欠条和收条的区别

借条是表明债权债务关系的书面凭证，一般由债务人书写并签章或按手印，表明债务人已经欠下债权人借条注明金额的债务。从合同的角度来看，借条就是一个简单的借贷合同，至少包括借贷合同的双方、借贷的数额，有的借条还包括还款日期、借贷利率、保证方式等。

欠条也是民间借贷中常用的一种凭证。欠条是交易过后产生的应付账款的一方（债务人）向债权人开具的证明其欠款事实，同时表明开具人有到期"还款赎条"义务的凭证，反映的是欠款关系。

收条是指债权人在收到钱款时向债务人出具证明还款事实的凭证，并不对债务人产生"还款（付息）赎条"的义务。

看着借条、收条和欠条只差一个字，在日常生活中我们觉得它们的意思差不多，但是在法律层面上还是存在比较大的差异：

（1）产生的原因不同。借条主要是因借款而产生的；而欠条产生的原因是多种多样的，任何能以金钱为给付内容的债都能产生欠条，同时任何能以金钱为给付内容收到的债都能产生收条。

（2）性质不同。借条反映的是当事人之间借款合同关系，借条本身是借款合同的凭证，每一个借条背后都是一个借款合同；而欠条和收条则是当事人之间的一个结算结果，反映的是当事人之间单纯的债权债务关系。

（3）诉讼时效不同。对于注明了还款期限的借条和欠条，诉讼时效均从其注明的还款期限之日起两年。没有注明还款期限时，两者的诉讼时效是有区别的，对于没有注明还款期限的借条，出借人可以随时向借款人要求还款，诉讼时效从权利人主张权利之时开始计算，时间为两年。

（4）证明力不同。举证时，借条持有人一般只需向法官简单地陈述借款的事实经过即可；欠条持有人必须向法官陈述欠条形成的事实。如果对方否认，欠条持有人必须进一步举证证明欠条形成的事实，否则法院很可能不予支持其诉求。

（二）借条的书写

借条①

为购买房屋②，现收到③小明④（身份证号：234567…0898）⑤以现金⑥出借的￥80000.00元（人民币捌万元整）⑦，借期陆个月⑧，月利率2%（百分之贰）⑨，贰零壹陆年拾贰月捌日到期时本息一并还清。如到期未还清，愿承担小明通过诉讼等方式追讨借款所支付的律师费、诉讼费、公告费、保函费、保全费等其他费用⑩。若因本借款发生争议，由××所在地有管辖权的法院管辖。

立此为据。

借款人：小红⑬

（身份证号：3502……）

××年××月××日⑭

备注：借款人确认以省、市、区地址作为相关通知及诉讼等材料送达地址；若发生地址变更，应向出借人书面提供新的送达地址⑮。

①标题表明了该条据的性质，既防止借条持有者在借条正文上方添加内容，也防止借条持有者将借条篡改为数页合同的最后一页。标题应书写在纸张顶部，标题和借条正文间不留空行，理由同前。另外，由于发生过恶意借款人用褪色笔书写借条的案例，因此书写借条时由出借人提供签字笔更为妥当；借条由借款人全文手写较为妥当。

②"为……"表明借款的目的，以免一旦发生诉讼后借款人提出该笔借款系赌债、分手费等抗辩。另外，书写借条正文时应注意左右尽量靠近纸张边缘，不要留出太多空白，以防借条持有人添加内容。

③在民间借贷中，通常借条中写明"今借到某某多少元"即表示所借款项已经实际交付，但若发生纠纷，借款人主张虽出具借条但未实际收到款项仍极为常见，为进一步避免此种诉讼风险，本范本采取了"现收到某某出借的多少元"此种较不常见的表述，以更加强调款项已经实际交付。

④此处写出借人姓名的全名。名字中的字有同音的多种写法的，应与身份证上记载的名字一致（最好留存一份身份证复印件）。

⑤出借人的姓名后应附身份证号码，因为同名同姓的人不在少数，而身份证号是唯一的，以避免之后就出借人是谁发生争议。

⑥"现金"表明出借的方式，如果并非现金而系银行转账，则应将此处的"现金"替换表述为"银行转账"，同时应保留银行转账凭据。金额较大的借款，建议采用银行转账方式，以免嗣后发生诉讼时就是否实际交付款项发生争议（以转账方式进行的，建议备注借款本金）。

⑦金额应既写阿拉伯数字，也写大写数字，以避免之后就是否篡改发生争议；同时币种也要写明（建议币种也要写明）。

⑧借期必须明确，以免因何时还款发生争议；借期也要大写。（注意：2017 年 10 月 1 日施行的民法总则规定诉讼时效为三年，应避免超过诉讼时效）。

⑨利率应写清是年利率或月利率，同样也要附大写，理由同前。同时，应注意截至目前，法院可支持最高的利息为年利率 15.4%。另外，民间也常将利率表述为"月息几分"，如"月息两分"，就是指"月利率 2%"，但为了避免争议，利率应尽量采用"年/月百分比"予以表述。

⑩诉讼费由败诉方承担（按比例承担），律师费、公告费、保函费、保全费等其他费用若无约定，则由原告（出借人）承担；为此，强烈建议将上述费用约定清楚（在知识产权类、第三人撤销之诉等案件中律师费法定由败诉方承担）。

⑪作为管辖法院，为避免找不到借款人，导致需去借款人户籍所在地提起诉讼，从而增加成本，建议此管辖法院约定为出借人户籍所在地或经常居住地有管辖权的法院。

⑫"立此为据"作为借条正文的收尾，以免借条持有者在借条正文末尾添加内容，同时借条正文和借款人签字之间不留空行，理由同前。由于借条行文必须简短，因此借款合同中常见的管辖、纠纷解决等条款在本范本中均不作表述。

⑬借款人的姓名应写全名并附身份证号，理由同前。同时应由借款人在手写的名字上摁手印，否则一旦发生诉讼，就借条是否是借款人书写发生争议时，字迹鉴定的费用不菲，而且也不是每张借条上的字迹都具备可鉴定条件。

⑭该日期应为所借款项实际支付的日期，并应大写，理由同前。借条末尾日期以下的空白纸张最好裁掉，理由同前。另外，借条书写中有涂改时，至少应要求借款人在涂改处摁手印，但若要求借款人重新书写无涂改的借条则更为妥当。借条书写完成后，为防篡改，借款人可用手机拍照留存，进一步的措施是借款人复印一份留存（并请出借人签注"该借条复印件与原件一致"）。

⑮送达难一直是令原告、法院头疼的事，为防止出现送达难问题，结合最新司法解释的规定，专门设计该条款，届时法院可根据该规定依法送达相关材料，直接避免进入公告程序。

拓展知识

借条的八大陷阱

1. 打借条时故意写错名字

案例：王某父子向朋友张宗祥借款 20 万元，并打下借条，约定一年后归还欠款及利息。想不到王某父子在借条署名时玩了个花招，故意将"张宗祥"写成"张宗样"。张宗祥当时也没有注意。到还款期后，张宗祥找到二人催要借款，谁知二人却以借条名字不是张宗祥为由不愿归还。无奈之下，张宗祥将王氏父子告到法院。尽管法院支持了张的主张，但张也因在接借条时的不注意付出了很大代价。

警示：打借条时不妨请借款人把身份证号写上去，这样即使借款名字书写潦草，也可以凭身份证号确定其人。

2. 是己借款，非己写条

案例：王某向张某借款 10000 元。在张某要求王某书写借条时，王某称到外面找纸和笔写借条，离开现场，不久返回，将借条交给张，张某看借条数额无误，便将 10000 元交给王。后张某向王某索款时，王某不认账。张某无奈起诉至法院，经法院委托有关部门鉴定笔迹，确认借条不是王某所写。后经法院查证，王某承认借款属实，借条是其找别人仿照自己笔迹所写。

警示：借条书写现场完成、不得离开视线。

3. 利用歧义

案例：李某向周某借款 100000 元，向周某出具借条一份。一年后李某归还 5000 元，遂要求周某把原借条撕毁，其重新为周某出具借条一份："李某借周某现金 100000 元，现还欠款 5000 元"。这里的"还"字既可以理解为"归还"，又可以解释为"尚欠"。根据民事诉讼法相关规定"谁主张，谁举证"，周某不能举出其他证据证实李某仍欠其 95000 元，因而其权利不会得到保护。

警示：借条内容应反复阅读，不留歧义。

4. 以"收"代"借"

案例：李某向孙某借款 7000 元，为孙某出具条据一张："收条，今收到孙某 7000 元。"孙某在向法院起诉后，李某在答辩时称，为孙某所打收条是孙某欠其 7000 元，由于孙给其写的借据丢失，因此为孙某打写收条。类似的还有"凭条，今收到某某元"等。

警示：写清借款原因，"收""借"分明。

5. 财物不分

案例：郑某给钱某代销芝麻油，在出具借据时，郑某写道："今欠钱某芝麻油毛重 800 元。"这种偷"斤"换"元"的做法，使价值相差 10 倍有余。

警示：写明借款用途，事由列清。

6. 自书借条

案例：丁某向周某借款 20000 元，周某自己将借条写好，丁某看借款金额无误，遂在借条上签了名字。后周某持丁某所签名欠条起诉丁某归还借款 120000 元。丁某欲辩无言。后查明，周某在 20000 前面留了适当空隙，在丁某签名后便在前加了"1"。

警示：金额的阿拉伯数字后面追加汉字大写，谨防篡改。

7. 两用借条

案例：刘某向陈某借款 18000 元。出具借据一张："借到现金 18000 元，刘某"。后刘某归还该款，陈某以借据丢失为由，为刘某出具收条一份。后第三人许某持刘某借条起诉要求偿还 18000 元。

警示：将借据遗失一事明确载明。

8. 借条不写利息

案例：李某与孙某商量借款 10000 元，约定利息为年息 2%。在出具借据时李某写道：今借到孙某现金 10000 元。孙某考虑双方都是熟人，也没有坚持要求把利息写到借据上。后孙某以李某出具的借条起诉要求还本付息，人民法院审理后以《合同法》第 211 条"自然人之间的借款合同对支付利息没有约定或约定不明的，视为不支付利息"的规定，驳回了孙某关于利息的诉讼请求。

警示：利息事先明确约定，并记载于借条之上。

（三）借款合同的书写

一切民事活动都必须遵守法律和尊重社会公共利益。不违反法律和社会公共利益原则是判断民间借贷合同是否有效的法律依据。《民法通则》第六条规定："民事活动必须遵守法律，法律没有规定的应当遵守国家政策。"

第十条规定："民事活动应当尊重社会公德，不得损害社会公众利益、破坏国家计划、扰乱社会经济秩序。借贷是平等的民事主体双方按照各自的意志达成借款协议的民事活动。该协议无论从内容上、形式上，还是目的上都不得违反法律以及国家政策的规定，同时要尊重社会公德，不得损害社会公众利益、国家利益；不得损害双方当事人及其他公民的合法权益，否则借贷合同就没有法律效力。"民间信用借款合同的内容直接关系到借贷双方的权利与义务，必须内容规定全面、具体，文字表达准确，否则不仅会影响合同的履行，而且会埋下纠纷隐患。

拓展案例

一句客气话日后案难断

王某和李某是好朋友。当王某向李某借5000元钱时，李某说不用还了。王某陆续还款3000元，李某均收下。后二人产生矛盾，李某要求王某返还剩下的2000元欠款，王某则以李某曾经声明"不用还了"为由拒绝偿还，二人因此发生纠纷。法院认为：李某虽声明"不用还了"，但却又陆续接受王某的还款，符合民间借贷的交易习惯（民间亲朋好友间因关系融洽而在借贷时常讲诸如"不用还了"之类的客气话，但其内心真实意思，仍是借贷）。因此，王某与李某之间形成的关系应认定为借贷，不是赠予。王某应继续向李某偿还剩下的2000元钱。

目前，我国已颁布的法律法规中对民间借贷合同的内容尚无明确的规定。根据司法实践，结合《中华人民共和国合同法》，民间借贷合同的基本内容为：

（1）借贷主体，即出借人和借款人。

（2）贷标的。是人民币还是外币。

（3）借贷金额。须分别用大小写书写清楚。

（4）借款利率。是年利率还是月利率及具体多少。

（5）借款期限。

（6）借款日期。

常用的借款合同样本如下：

借款合同

出借方：姓名/性别/身份证号/住址（以下简称甲方）

借款方：姓名/性别/身份证号/住址（以下简称乙方）

现乙方欲向甲方借部分资金使用，双方经过充分协商，特签订本合同。

第一条　自××××年×月×日，至××××年×月×日，由乙方提供甲方借款×××元。利息按×××计算。

第二条　乙方还款计划如下：××××年×月×日还×××元，××××年×月×日还××元。

第三条　乙方如不按规定时间、数额还款，应付给甲方违约金。违约金按借款数额、天数，按借款利率的50%计算。

第四条　解决合同纠纷的方式：执行本合同发生争议，由双方协商解决。协商不成，可向人民法院起诉。

第五条　本合同一式两份，双方各持一份。

第六条　本合同自双方签字之日起生效。

出借方：（签字）

借款方：（签字）

签约日期：××××年×月×日

签约地点：（地址）

在订立书面借款合同时，应注意以下四个问题：

（1）借款合同内容要齐全、合法，用语要明确。借款数额、借款利息、借款期限等均应约定清楚，切忌模糊用语。特别要注意对借款利率的约定要合法，最高不得超过银行同类贷款利率的4倍。

（2）借款用途要合法。不能将借款用于损害社会公共利益的赌博、走私等活动。出借人若明知借款人借款用于非法活动的，不能将钱借给借款人，否则同样要承担民事责任。

（3）设立必要的担保措施。要求借款人在借款时提供担保人或提供担保物，并签订担保合同，一旦债务人无力偿还时，债权人可以要求担保人承担偿还责任。

（4）及时收贷。一是借款到期后要抓紧催促借款人尽快偿还借款；二是如发现借款人有意躲债赖债，应及时采取法律手段，这样能有效避免借款人转移财产或逃逸，便于法院判决后强制执行借款人财产。

订立借款合同应该商量好每个细节，内容明确，要把协商的内容都记录

到合同中，尽力预见每个未来可能发生的问题，以及发生问题时解决问题的方法，有仲裁和诉讼两种方式。

第二节　银行贷款

知识思维导图

知识目标

1. 掌握银行贷款的概念、特点；
2. 学会银行贷款流程、省息全攻略；
3. 了解银行贷款种类。

案例讨论

上海家庭64周岁李先生的贷款方案

申请人李先生家住上海，64周岁，其配偶65周岁，属于大龄借款家庭。李先生有一家从事建筑工程项目及建筑装饰材料、装潢材料销售的公司A，1982年成立，注册资金50万元，李先生占大部分股份；另外还有一家关联公司B，主营业务为汽车租赁、汽车配件的销售等，配偶占大部分股份。夫妻双方名下在沪共有三套住宅用户A、B、C。

（1）A套住宅评估价为560万元（剩余按揭63万元，月供10796元，银行二押本金余额250万元，月还15004元）；

（2）B套住宅评估价格为850万元（银行抵押本金余额450万元，月还

22838 元）；

（3）C 套住宅评估价为 810 万元（银行抵押本金余额 450 万元）。

难点分析：

（1）经面谈知，申请人第一还款来源为主借人公司的收入，年收入为 1300 万元左右。

（2）申请人第二收入为申请人将承租过来的房屋装修后进行出租所得的租金收益，合计月净收益为 10.15 万元。

（3）申请人第三收入来源于申请人与配偶将名下三套房屋进行出租所得的收益，合计月收入为 3.85 万元。

请思考：银行提供给李先生的贷款方案该如何？

在众多的融资渠道中，最被大众熟知的还是通过银行进行融资贷款，那么关于银行融资贷款你又真的了解多少呢？怎样才能够通过银行选择到适合自己企业的融资方式呢？本节将为你详细解答。

一、银行贷款概述

贷款的特性类似商品具有价值和使用价值。贷款的价值形式表现为货币资金，你获取了一定数量的银行贷款，就表明你获得了相应数量的货币。贷款的使用价值在哪里？使用价值，也可理解为商品的用途，那贷款这种商品也具备特定的使用价值，你可以用于日常消费，也可以用于正当合法的生产经营活动。

银行贷款是金融机构按一定利率和必须归还等条件出借货币资金的一种信用活动形式。银行提供的贷款并不是只有一个期限，不同的贷款期限利率也不尽相同。同样是贷款，选择贷款档次期限越长的利率就会越高。也就是说，选择贷款档次根据期限长短，即使是同一天还贷款利息也不尽相同。

二、银行贷款种类

目前比较常见的银行贷款方式有抵押贷款、质押贷款、个人信用贷款、创业贷款和小微企业贷款。

（一）抵押贷款

抵押贷款是最常用的贷款方式。抵押贷款是指银行以借款人或第三人的财产作为抵押物而发放的贷款。抵押品通常包括有价证券、国债券、各种股票、房地产，以及货物的提单、栈单或其他各种证明物品所有权的单据。贷款到期，借款者必须如数归还，否则银行有权处理抵押品。

例如，你需要买套房子作为办公室，通过办理抵押贷款，这套房子你可以买来办公，但是房子抵押给银行，也就是说房子产权证明已经提交给银行了，你只是在规定还贷款的时间内能够拥有房子的使用权，只有还清贷款后，才拥有房子的产权。

目前，银行对外办理的许多个人贷款，对于抵押贷款的金额，银行在多数情况下有相应的规定，一般不超过抵押物评估价的70%。

（二）质押贷款

质押贷款是指银行以借款人或第三人的动产或权利为质押物发放的贷款，可作为质押的质押物包括：储蓄存单、国库券（国家有特殊规定的除外）、国家重点建设债券、金融债券、AAA级企业债券等有价证券。

例如，以储蓄存单质押为例说明质押贷款，它是借贷人以储蓄存单作为质押物，从银行取得一定金额贷款，并按期归还贷款本息的一种信用业务。储蓄存单质押贷款的起点一般为5000元，每笔贷款不超过质押面额的80%，在一般情况下，到银行网点当天即可取得贷款。除此之外，以国库券、人寿保险保单等也可以轻松地在银行得到贷款。当然，如果征得亲朋的书面同意，并同时出示本人和亲朋的有效身份证件，还可以用亲朋的存单、凭证式国债和人寿保险单办理质押贷款。

拓展知识

抵押与质押的区别

1. 标的物不同

抵押的标的物原则上以不动产为主，但不限于不动产，法律允许某些动产如机器、交通工具等可以设定为抵押物；

质押的标的物通常是动产、权利。例如票据、股票等有价证券都可以质押。

2. 方式不同

抵押不转移标的物的占有，仍由标的物所有权人占有；

质押的出质人必须转移质押物的占有，占有权归质权人。

3. 设置次数不同

在抵押担保中，可以在同一担保物上设置两个以上的抵押权。

《中华人民共和国担保法》第三十五条规定："抵押人所担保的债权不得超出其抵押物的价值。财产抵押后，该财产的价值大于所担保债权的余额部分，可以再次抵押，但不得超出其余额部分。"

抵押顺序在登记档案中会按登记时间顺序进行排序，先顺序的抵押权人优先于后顺序的抵押权人受偿。

在质押担保中，多次质押的问题目前尚无明确的法律规定，具体要根据不同的质押物适用不同的法律法规。一般来说，一物只能设立一个质押权，因为重复质押有可能导致在先的质权人实现质权后，后顺位的质权人无法实现完整的质权。

《中华人民共和国担保法》若干问题的解释第七十九条规定，同一财产法定登记的抵押权与质权并存时，抵押权人优先于质权人受偿。

4. 设立方式不同

抵押权的设立分为登记设立和抵押合同生效时设立两种模式。建筑物和其他土地附着物、土地承包经营权和在建的建筑物等抵押，都是以登记来成立的。而对于生产设备、原材料、半成品、正在建造的船舶、航空器、交通运输工具等则在抵押合同生效时即可设立（抵押权在抵押合同生效就设立的情况，虽然抵押权已经设立了，但未经登记则无法对抗善意第三人）。

质押一般质权在交付时设立。权利质权要到相关部门办理出质登记后设立，比如股票质押、应收账款质押等。

（三）个人信用贷款

假如既没有存单，也没有抵押物，还可以凭个人信用申请贷款，即个人信用贷款。什么是个人信用贷款呢？顾名思义，个人信用贷款就是要求个人信用状况良好，并以此为担保向银行申请贷款。这是目前比较流行的一种贷款方式。

通常情况下，贷款人要拿着二代身份证，一份拥有稳定工作的证明、合法收入证明，并且告诉银行贷到这些钱后会拿去干什么。想要拿到这笔贷款，就要求贷款申请人有稳定的收入，平均算下来，每个月的收入不能少于4000元，假如经过银行审核，批准了贷款请求，那么就能拿到大概相当于月收入5~8倍的贷款。

各大商业银行发放个人小额短期信用贷款，多是银行为解决贷款申请人临时性的消费需要发放的，期限不超过一年。

在要办理贷款前，贷款申请人首先要看看自己符不符合金融机构的贷款条件，也就是具备不具备贷款资格。一般来说，银行贷款都存在着一定的风险，贷款申请人具有按期还贷能力对于银行放贷来说是最重要的审批条件。因而，拥有连续性工资收入的人申请贷款要容易一些，银行可以以其每月工资收入作为贷款金额的基本判断依据提供贷款。

比如，即使你没有存单、国债，也没有保单，但你的妻子或父母有一份稳定的收入，那么这也能成为绝好的信贷资源。当前银行对高收入阶层比较青睐，把属于这个阶层的人员列为信用可靠的对象，这些行业的从业人员只需找一两个同事担保，就可以在中国工商银行、中国建设银行等金融机构获得 10 万元左右的保证贷款。

保证贷款是按《中华人民共和国担保法》规定的方式，以第三人承诺在借款人不能偿还贷款时，按约定承担一般保证责任或连带责任而发放的贷款。这种贷款不用办理任何抵押、评估手续。如果你有这样的亲属，可以以他的名义办理贷款，在准备好各种材料的情况下，当天即能获得创业资金，贷款速度非常之快。

（四）创业贷款

创业贷款是指具有一定生产经营能力或已经从事生产经营的个人，因创业或再创业提出资金需求申请，经银行认可有效担保后而发放的一种专项贷款。

个人投资创业贷款适用的范围广泛，只要符合一定贷款条件，能够提供银行认可的担保方式的个人、个体工商户、个人独资企业，都可申请个人投资创业贷款。另外，各银行还会有具体规定。

1. 个人创业贷款条件

（1）年龄在 18～60 周岁（含）之间，在贷款银行所在地有固定住所，有常住户口或在该地居住一年以上，具有完全民事行为能力的中国公民。

（2）具有良好的信用记录和还款意愿，在相关贷款银行或人民银行个人征信系统及其他相关个人信用系统中无任何不良信用记录。

（3）借款人必须具有稳定的收入来源和按时足额偿还贷款本息的能力。

（4）借款人经营实体（商铺或企业）拥有工商部门颁发的经营许可证，并正常经营一年以上。

（5）能够提供相关贷款银行认可的担保方式，包括个人房产抵押和商铺（摊位）经营权质押。

（6）在相关贷款银行开立个人结算账户。

（7）相关贷款银行规定的其他条件。

2. 个人创业贷款额度、期限和利率

（1）个人创业贷款金额最高不超过借款人正常生产经营活动所需流动资金、购置（安装或修理）小型设备（机具）以及特许连锁经营所需资金总额的70%。

（2）个人创业贷款期限一般为2年，最长不超过3年，其中生产经营性流动资金贷款期限最长为1年。

（3）个人创业贷款执行中国人民银行颁布的期限贷款利率，可在规定的幅度范围内上下浮动。

3. 贷款偿还方式

（1）个人创业贷款期限在1年（含1年）以内的，实行到期一次还本付息，利随本清。

（2）个人创业贷款期限在1年以上的，本息偿还方式可采用等额本息还款法或等额本金还款法，也可按双方商定的其他方式偿还。

（五）小微企业贷款

小微企业贷款是指小微企业在银行的贷款业务。因为小微企业的信贷需求具有"短、小、频、急"的特点，其小额、短期、分散的特征更类似于零售贷款。他们对资金流动性的要求更高。

2014年8月，中国银行业监督管理委员会发布《中国银监会关于完善和创新小微企业贷款服务提高小微企业金融服务水平的通知》，通知银行业金融机构"积极创新小微企业流动资金贷款服务模式。对流动资金周转贷款到期后仍有融资需求，又临时存在资金困难的小微企业，经其主动申请，银行业金融机构可以提前按新发放贷款的要求开展贷款调查和评审。对符合条件的小微企业，经银行业金融机构审核合格后可以办理续贷。""银行业金融机构同意续贷的，应当在原流动资金周转贷款到期前与小微企业签订新的借款合同，需要担保的签订新的担保合同，落实借款条件，通过新发放贷款结清已有贷款等形式允许小微企业继续使用贷款资金。"

1. 办理贷款的小微企业需要满足的条件

（1）依法合规经营。

（2）生产经营正常，具有持续经营能力和良好的财务状况。

（3）信用状况良好，还款能力与还款意愿强，没有挪用贷款资金、欠贷欠息等不良行为。

（4）原流动资金周转贷款为正常类，且符合新发放流动资金周转贷款条件和标准。

（5）银行业金融机构要求的其他条件。

2. 申请流程

小微企业贷款的申请和个人消费类贷款的申请流程是大同小异的，主要分为以下六个阶段，如图3－1所示。

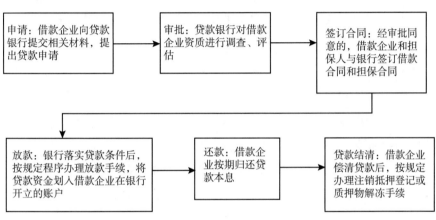

图3－1　小微企业贷款申请流程

三、银行贷款实务

（一）房屋抵押贷款

目前，由于抵押贷款的贷款方式灵活、贷款成功率较高及贷款的额度较大等特性，创业者在创业过程中遇到资金周转困难时，通常会想到通过银行抵押贷款进行融资。在众多的抵押品中，创业者接触较多的还是通过房屋抵押进行贷款。

1. 可用于抵押贷款的房屋

住房是普通大众最值钱的固定资产，由于现在房价日益见长，在抵押贷款时，房屋贷款也越来越被大众所接受，而且贷款的额度相对其他抵押品来说也较大一些。在进行房屋抵押贷款时要注意，并不是所有的住房都适合抵押，部分的住房是不可以进行抵押的，具体如下：

（1）小产权房：小产权房只有使用权，没有房产证所赋予的所有权。

银行自然也不接受抵押贷款。

（2）未结清贷款的房子：在第一次抵押贷款时，银行已经拥有了这所房产的他项权利，法律不允许两家银行获得同一所房屋的他项权，所以没有结清贷款的房子是不能够进行抵押贷款的。

（3）房龄太久，面积过小的二手房：银行对于二手房抵押贷款的条件是苛刻的，大多对房龄和面积有限制。一般房龄在 20 年以上，50 平方米以下的二手房，许多银行是不予放贷的。

（4）公益用途房屋：根据有关规定，学校、幼儿园及医院等以公益为目的公益设施，不论其属于事业单位、社会团体还是个人，都不得抵押。

（5）未满 5 年的经济适用房：未满 5 年的经济适用房是不允许上市交易的，银行无法取得他项权利证，不能办理抵押贷款。

（6）部分公房：如果无法提供购房合同（购房协议）或央产房上市证明，也无法进行抵押贷款。

（7）文物保护建筑：列入文物保护的建筑物和有重要纪念意义的其他建筑物不得抵押。

（8）违章建筑：违章建筑物或临时建筑物不能用于抵押。

（9）权属有争议的房子：权属有争议的房子和被依法查封、扣押、监管或者以其他形式限制的房子，不得抵押。

（10）拆迁范围内的房子：已被依法公告列入拆迁范围的房地产不得抵押。

那么，什么样的住房可以被用来抵押，进行融资呢?

（1）房屋的产品必须明晰，符合国家规定的上市交易条件，可以进入流通市场，事先没有进行任何抵押。

（2）从房屋竣工日起算，房龄和贷款年限相加不能超过 40 年。

（3）抵押房屋未列入当地城市改造拆迁规划，并有房产部门、土地管理部门核发的房产证和土地证。

另外，对申请住房抵押贷款的借款人也有一定的要求，必须满足以下要求才能申请贷款：

（1）在中国境内有固定住所、有当地城镇常住户口（或有效证明）及具有完全民事行为能力。

（2）有正当职业和稳定的收入来源，具有按期偿还贷款本息的能力。银行最看重的就是借款人的偿还能力，没有银行会想借款人无力偿还而对抵押的住房进行处理。

（3）没有违法行为和不良信用记录，不同的银行有不同的规定。

（4）开立银行个人结算账户，并且同意银行从其指定的个人结算账户扣收贷款本息。

当借款人抵押房产用于创业经营时，有特别的要求。在准备资料时，除身份证、户口本、婚姻状态证明及房产证原件等之外，还要准备新公司营业执照副本并加盖公章、公司章程和企业经营或资金用途证明资料。

进行住房抵押贷款时，并非住房价值 100 万元，借款人就能贷到 100 万元。住房抵押贷款用于经营时的额度最高为房租价值的 70%，不同银行有小幅波动。

拓展案例

房产抵押

小吴大学毕业参加工作几年后，跟妻子商量决定自己创业，得到家人的支持后便开始筹备创业资金。由于资金有限，所以准备将家里的房子进行抵押贷款，但是家里的房子是二手房，房龄也较老，好在房屋的面积较大且处在具有拆迁潜力的老城区，所以银行最终接受了这笔抵押贷款。银行方面进行的评估，最终给出的贷款额度为 15 万元，即住房价值的 50%。这个额度主要是结合房屋的情况、银行的政策及还款能力等各方面的原因进行综合考虑的结果。

2. 抵押具体应该怎么做

创业者进行抵押贷款进行融资时，都希望能够尽快拿到贷款，进行自己的创业计划。那么，在进行抵押贷款之前首先需要熟悉抵押贷款的相关流程，以便抵押贷款能够顺利地进行。抵押贷款的流程如图 3 - 2 所示。

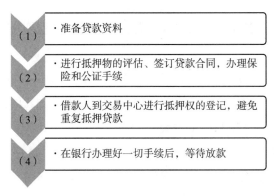

图 3 - 2　抵押贷款的流程

通过上述的流程可以了解到，办理抵押贷款需要提前准备好材料，具体如下：

（1）信贷业务申请书。在银行工作人员的指导下正确填写完毕。

（2）抵押人出具的信贷担保承诺书。

（3）抵押物权属证明及保险凭证，即房产证、户口本等资料。

（4）银行认可的资产评估中介机构出具的抵押物价值评估报告。为避免银行工作人员评估抵押物而造成的时间浪费，借款人可以找资产评估中介机构进行评估。

（5）用款计划及还款来源说明，做到真实、有效。

（6）与借款用途有关的业务合同。

在进行房产抵押贷款时，房产证上的权利人除借款人外还有其他亲属，如配偶、父母等，则需要提供以下资料：

（1）权利人和配偶的身份证。

（2）权利人和配偶的户口本。

（3）权利人的婚姻证明，若已婚需出具结婚证，若未婚需要到民政局开具未婚证明。

（4）收入证明，新开立公司的账目、银行流水等。

（5）提供其他财产证明。例如，存在的股票和基金账户、车辆等财产提高贷款申请通过率。

如果企业抵押贷款是指企业为借款人，以不动产作为担保，获得贷款的话，除了上述基本的材料外，还需要以下材料：私营企业营业执照、税务登记证及法人代码证等行政机关经营资格证明；私营企业的纳税证明；近一年度经审计的财务报表等。

3. 明白抵押过程应该注意的问题

抵押贷款的流程较为简洁，从审核到放款一般是 15 天左右，所以创业者在急需筹措资金的情况下大多会考虑抵押贷款，在抵押贷款的过程中应该注意以下问题：

（1）抵押贷款的期限：房产抵押贷款的贷款期限最长为 10 年，所以创业者一定要根据自己的实际情况确定好贷款的期限及贷款的额度，以免因为还不上贷款而造成麻烦和损失过大。

（2）他人的房产：如果是利用他人名下的房产作抵押，就需要房屋所有人出具抵押同意承诺书，并且提供同意抵押书面承诺书；如果房产属于夫妻共有，则需要房产共有人签字。

（3）评估价格问题：抵押贷款不需要借款人自己联系评估机构做房产评估公证，每个银行都有合作的评估机构上门评估做公证，自己做的评估银行一般是不会采用的。

（4）安全性问题：目前抵押贷款的民间公司越来越多，很多创业者觉得银行的程序复杂，而选择民间抵押贷款公司。虽然这些公司手续简单，放款时间快，但是创业者在进行抵押贷款的过程中要确定贷款公司的真实性，选择业界信誉较盛、有经验及证件齐全的抵押公司，避免自己遭遇损失。

在抵押贷款的过程中难免会遇到各种问题，此时需要与银行的工作人员耐心沟通，不懂就咨询贷款利率及期限等问题。不可因为手续材料较多而盲目地选择所谓手续简单的、快捷的、民间的非正规的抵押贷款公司，从而使自己遭遇骗局。

拓展知识

房产抵押注意的风险

2019年3月底，因生意急需资金，冯某随即想到了抵押贷款。由于对银行的抵押流程不熟悉，加上审核周期等情况，冯某几次抵押未成功，此时有一个自称是抵押贷款公司的工作人员联系上了冯某。当冯某表明自己要贷款，贷款期为一年的意向后，男子说："20万元金额不算大，但贷款一年需支付利息2000元。"接着，男子将"贷款"所需手续告知，冯某便按要求准备材料。

冯某准备好相关材料再次联系上对方时，对方称需要先支付2000元的利息。冯某很犹豫，这时对方称自己是民间贷款公司，办理手续没有银行那么复杂，讲究的是诚信，而且公司的工作流程是收到利息之后即会马上放款。冯某思虑过后将2000元转账过去了，但是贷款却迟迟没有下来，反而被要求收取另外的所谓保障金。此时，冯某才反应过来受骗了，随即报警。

（二）信用贷款

个人信用在我们的日常生活中常常用到。比如，信用网购、信用卡和信用贷款等。但是许多人并不清楚，个人信用也可以在银行中进行贷款。

个人信用是整个社会信用的基础。市场主体是由个体组成，市场交易中所有的经济活动，与个人信用息息相关。一旦个人行为失之约束，就会发生个人失信行为，进而出现集体失信。因此，个人信用体系建设具有极其重要的意义。

1. 明确个人信用的重要性

在当今的社会中，个人信用已经融入我们生活、工作中的方方面面，比如房贷、车贷及留学贷款等。这些都与我们的个人信用有关，同时维护个人信用也变得尤为重要。

拓展案例

信用贷款

有一位女士打算购入第二套房，购买第一套房时每个月还款 2000 元左右，对于他们较高的家庭收入来说也不算多，因此对于按揭还款没有足够的重视，每月 6 号还款，她有时会 7 号或 8 号才将现金存入账户中。因此，被列入了公积金贷款的黑名单，无法进行公积金贷款。

在二次购房贷款时，由于国家规定要对二套房贷利率上浮，虽然同样都是在基准利率基础上上浮 10%，但公积金贷款的利率要比商业贷款利率低很多，因此这位女士和她先生毫不犹豫地选择公积金贷款，结果却出人意料，她先生的申请通过了，而她却被拒绝了，原因是她被查出 2 年内有超过 6 次逾期还款。

信用是指守信方与授信方之间遵守契约能力的约定，通过履行约定的能力来决定信用的高低，信用越高，越容易贷款成功，同时贷款的额度也就越大。

创业者如果需要信用进行贷款，信用记录中就不能有违约的情况。银行会根据信用消费的偿还情况来判断信用的高低，从而决定是否贷款。那么，银行是通过什么方式查询到贷款人的信用情况呢？

个人信用报告是个人信用的体现。现在，无论是贷款买房、创业或者买车，还是办理信用卡，银行都会查询个人信用报告。根据个人信用报告查询贷款人或申请人的逾期情况，从而决定是否贷款。创业者可以通过中国人民银行征信中心来查询自己的信用报告。

拓展知识

个人信用报告

个人信用报告主要包括以下内容：

(1) 个人身份以及反映个人家庭、职业等情况的个人基本信息；

（2）个人与金融机构或者住房公积金管理中心等机构发生信贷关系而形成的个人信贷信息；

（3）个人与商业机构、公用事业服务机构发生赊购关系而形成的个人赊购、缴费信息；

（4）行政机关、行政事务执行机构、司法机关在行使职权过程中形成的与个人信用相关的公共记录信息；

（5）其他与个人信用有关的信息。

2. 怎样利用个人信用进行贷款

在创业融资的过程中，创业者没有钱，也没有抵押物，这时该怎么申请银行贷款呢？个人信用贷款就可以解决这一难题，通过创业者的信用向银行进行创业融资。

信用贷款是依照借款人的信用和信誉来发放的贷款，这就意味借款人不需要提供担保。信用贷款最典型的特征就是债务人无须提供抵押品或第三方担保，仅凭自己的信誉就能取得贷款，并以借款人信用程度作为还款保证。看起来虚无缥缈的信用，其实也是需要经过实打实的考察，因为放款方会对借款方的经济效益、经营管理水平、发展前景等情况进行详细的考察，以降低信用风险。

信用贷款既然与我们的个人信用紧密相关，那么怎样才能提高我们的个人信用以便获得贷款呢？

（1）首先偿还大额债务：如果在贷款之前已经有部分的债务，需要首先关注大额债务，偿还这类债务不仅会缩减最大债务漏洞，同时也最能节省利息费用。个人信用评分很大程度基于循环关系，并且循环债务总额越小信用评分越高。通常规则是，保持信用余额在额度30%以内，最低不要超过10%。

（2）准时偿还债务：没有什么方法比准时偿还能更好地提升信用评分。还贷记录在信用评分系统中占高达35%的份额，即使错过一次还款期限，也会严重影响个人信用。

（3）办一张信用卡：没有信用卡是不是信用就是好的呢？答案是否定的。没有信用记录，银行无法查询核实你的信用情况，所以银行贷款给你的可能性较小。信用卡的还款记录最能体现个人信用，只有办理了信用卡，才能在信用机构里留下自己的记录成为一个有信用的人。

（4）办几张难办的卡：这里讲的难办的卡是指审核严格的银行发行的

卡。比如，工商银行、建设银行和农业银行等。由于其审核严格，所以一旦你拥有这类卡，足以说明你的个人资信情况和财力情况。

（5）不用的信用卡要及时注销：睡眠卡久放不用，欠了年费，也会出现逾期和欠款。所以，不用的卡要及时注销。

（6）不要立即注销已还清的旧账户：还清最后一笔贷款后，就立马注销并扔掉信用卡看起来很合理，但实际上对于信用积累毫无益处。对于已还清全款的旧账户，将良好的还款记录整理出来向银行展示，可以提高自己的贷款成功率。

通过前面提到的方法进行个人信用提升之后就可以利用个人信用向银行申请贷款了，具体流程如图 3-3 所示。

图 3-3　信用贷款流程

3. 个人信用贷款需要的材料

通过前面提到的信用步骤了解到，在信用贷款之前需要提前准备好所需的材料。创业者申请企业贷款的申请条件应该满足以下四点：

（1）企业客户信用等级至少在 AA-（含）级以上，经国有商业银行省级分行审批可以发放信用贷款。

（2）经营收入核算利润近 3 年持续增长，资产负债率控制在 60% 以下的良好值范围，现金流充足、稳定。

（3）企业承诺不以其有效经营资产向他人设定抵（质）押或对外提供保证，或在办理抵（质）押等及对外提供保证之前征得贷款银行同意。

（4）企业经营管理规范，无逃废债、欠息等不良信用记录。

确认了企业申请条件之后，创业者想要进行个人信用贷款，还需要满足一定的条件，具体如下：

（1）在中国境内有固定住所、有当地城镇常住户口和具有完全民事行为能力的中国公民。

（2）有正当且有稳定经济收入的良好职业，具有按期偿还贷款本息的能力。

（3）遵纪守法，没有违法行为及不良信用记录。

（4）在银行取得 A－级（含）以上个人资信等级。

（5）在银行开立个人结算账户。

（6）银行规定的其他条件。

除了具备上述基本条件外，还具备特定准入条件之一的借款人为信用贷款特定准入客户，下面以工商银行为例进行介绍。

拓展知识

工商银行信用贷款条件

还具备特定准入条件之一的借款人为信用贷款特定准入客户：

（1）为银行优质法人客户的中高级管理人员及高级专业技术人员。

（2）个人拥有自有资产达 200 万元（含）以上。

（3）为牡丹白金卡客户。

（4）持有银行个人理财金账户 1 年（含）以上且账户年度存款平均余额 20 万元（含）以上。为工商银行个人赞誉客户，贷款金额在 50 万元（含）以上且连续 2 年以上没有违约还款记录（含贷款已结清客户）。

满足申请条件之后，需要准备好以下的资料向银行申请贷款：

（1）有效身份证件。

（2）常住户口证明或有效居住证明，以及固定住所证明。

（3）婚姻状况证明。未婚者提供未婚证明，已婚者提供配偶及家庭成员的相关资料。

（4）收入证明或者个人资产状况证明。

（5）拥有申请贷款银行的固定账户。

上述五点是基本的信息，由于每个创业者申请贷款的机构不同，所以每个金融机构除了上述几条基本的条件外，还应该选择一些符合自己机构的相对具体的条款。

由于创业者信用贷款对银行来说贷款风险较大，银行需要对创业者的企业的经济效益、经营管理水平及发展前景等情况做一个详细的考察，以降低风险。所以创业者除了银行规定的材料信息之外，可以尽量多地准备能够证明自己良好信用记录的文件、自己资产情况的文件及自己还款能力的文件，可以大大地提高自己的贷款成功率。

(三) 小额贷款

创业过程中，有时候会急需小额资金进行周转，然而又不想通过抵押贷款或是信用贷款等周期稍长的方式进行融资，此时创业者可以选择通过小额贷款来进行融资创业。

小额信贷是指向低收入群体和小型企业提供的额度较小的持续信贷服务，基本特征是额度较小、无担保、无抵押、服务于贫困人口。小额信贷可由正规金融机构及专门的小额信贷机构或组织提供。

对于小额贷款，很多人对它有很深的误解，主要原因来源于高利息，以及违规的追偿行为。但是仔细了解小额贷款之后，就会发现其实小额贷款并非现象中那么可怕。

1. 小额贷款的种类

银行小额贷款是以个人或家庭为核心的经营类贷款，其主要的服务对象为低收入群体和微型企业，提供贷款的金额一般为 20 万元以下，1000 元以上。小额贷款在国内主要是服务于"三农"和小企业。小额贷款公司的设立，合理地将一些民间资金集中了起来，规范了民间借贷市场，同时也有效地解决了"三农"和中小企业融资难的问题。

由此看来小额贷款非常适合中小企业的贷款需要，同时由于银行小额贷款的种类较多，可以根据不同的用途和不同的类别进行不同的划分，创业者在贷款之前需要了解小额贷款的具体种类，以便能够提高自己贷款的成功率。

(1) 按照贷款期限划分。可以分为中长期贷款、中期贷款、短期贷款和透支。因为小额贷款没有担保或者抵押，所以并不支持长期贷款。

(2) 按照贷款主体划分。可以分为经济组织贷款、企业单位贷款、事业单位贷款和个人贷款。创业者以企业或者个人的名义都可以进行贷款。

(3) 按照贷款用途划分。可以分为固定资产投资、项目融资贷款、流动性资金贷款、临时资金周转贷款、个人经营类贷款、个人消费贷款和其他用途贷款。

(4) 按照贷款利率划分。可以分为固定利率贷款、浮动利率贷款和混合利率贷款。选定不同的贷款利率主要是通过选择贷款方式用途的不同进行判断。

(5) 按照贷款渠道划分。可以分为流动资金贷款和固定资金贷款，创业者根据自己的行业不同，而选择不同的贷款资金形态。

2. 怎样进行小额贷款

小额贷款根据贷款的渠道不同，贷款方式也不同。比较传统的是线下贷款方式，许多平时和网络接触较少的创业者会选择线下贷款方式，即到银行办理小额贷款。

银行办理小额贷款的流程主要包括以下 4 个步骤，如图 3-4 所示。

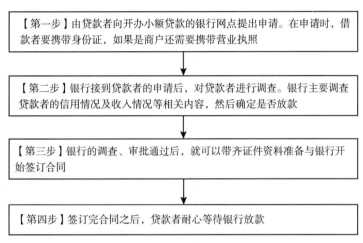

【第一步】由贷款者向开办小额贷款的银行网点提出申请。在申请时，借款者要携带身份证，如果是商户还需要携带营业执照

【第二步】银行接到贷款者的申请后，对贷款者进行调查。银行主要调查贷款者的信用情况及收入情况等相关内容，然后确定是否放款

【第三步】银行的调查、审批通过后，就可以带齐证件资料准备与银行开始签订合同

【第四步】签订完合同之后，贷款者耐心等待银行放款

图 3-4 银行小额贷款的流程

随着互联网金融的发展，小额贷款也可以在线上和手机应用软件（App）中进行。相对于线下，线上小额贷款和手机 App 有着更加简便、时间更短，也更为便利的特点，所以更容易被青年群体所接受。

现在各大银行都有自己的官网和手机 App，但是不同的银行操作流程上会有些许不同。

3. 留心小额贷款

小额贷款在支持着经济发展的同时也存在着一定的风险，所以创业者在进行小额贷款前，调查和关注一些注意事项必不可少。那么，小额贷款之前需要做些什么呢？其具体介绍如下：

（1）申请个人贷款额度要量力而行，月还款额为企业总收入的 30% 较为适宜，最高不宜超过 50%。

（2）根据企业的还款能力和未来收入预期，选择适合企业的还款方式，并制订还款计划。

（3）向银行提供真实准确的资料，公司的地址、法人代表及创业者的联系方式等信息，并在变更时及时通知银行。

（4）认真阅读合同条款，了解自己的权利及义务。

（5）按时还款，避免产生不良信用记录和经济损失。

（6）保存好借款合同和借据，对于抵押类贷款，还清贷款后及时撤销抵押登记。

有时部分贷款者选择小额贷款时，由于银行的审核严谨，周期较慢，会考虑选择民间的小额借贷公司。但是，现在国内的贷款公司质量参差不齐，为避免贷款时遇到骗局，在贷款之前就需要对这些公司进行审核。

（1）申请小额贷款仍需借款人有还款能力：小额贷款虽然额度并不高，但也不是"借款人无须任何条件"就能获得贷款，所以若看到一些贷款公司声称单凭身份证或户口本即可获贷的就需要引起高度注意。

（2）正规贷款公司在未放款前不会收取任何费用：眼下随着超前消费的深入人心，申请小额贷款的人越来越多。在这种情况下，一些骗子乘虚而入，大肆捞金。正规贷款公司在未发放贷款前是不会向借款人收取任何费用的，创业者在小额贷款时需要牢记这一点。

（3）计算好贷款成本：因为贷款公司门槛低，为了控制信贷风险，这类贷款机构在收费标准上略高于银行。正因如此，借款人找贷款公司办理小额贷款前，应根据自身情况认真计算贷款成本，以便确定贷款额度、期限。

（4）向贷款机构申请小额贷款并成功获贷后，借款人还需要记得每月按时足额还款，避免出现逾期而导致个人信用记录有"污点"。对于创业者而言尤其要注意及时还款，在创业过程中经常会需要资金周转，企业信用良好与否会直接影响到企业之后的借贷是否成功、借贷的利率高低及借贷的额度大小等。

拓展知识

银行贷款省息全攻略

向银行贷款有没有小窍门呢？答案是肯定的，在向银行贷款的时候掌握一些小技巧，必定能节省不少利息。

1. 货比三家选择银行贷款

有些人可能会认为，所有银行的贷款利率、所要求的贷款条件以及服务策略都是相差无几的。其实不然，尤其是贷款利率，按照金融监管部门的规定，不同的银行面向贷款人发放贷款的时候，可以在一定范围内对贷款利率进行调控，比如许多地方银行的贷款利率可以上浮30%。

国有商业银行的贷款相比地方银行的利率会低一些，但是贷款手续比较严格，如果你的贷款手续完备，不妨多比较一下各家银行的贷款利率，并且计算其他额外收费情况，考察一下根据自身条件哪家银行的贷款成本比较低，再办理贷款手续。

当前，银行竞争非常激烈，各自为了争取到更多的市场份额，都会按照国家规定贷款利率范围进行贷款利率的调整。因此，贷款申请人在贷款时，要做到货比三家，选择低利率银行去贷款。例如，同样是贷款 10 万元，借款期限都是 1 年，一个执行基准利率，一个执行上浮 20% 的利率，如果选择了后者，1 年就会多付出 1000 多元利息。

2. 合理计划选择期限

对于贷款申请人而言，需要用款的时间有长有短，因此，为避免多付利息，在银行贷款时，就应合理计划用款期限长短。

银行提供的贷款并不是只有一个期限，不同的贷款期限利率也不尽相同。同样是贷款，选择贷款档次期限越长的利率就会越高。也就是说，选择贷款期限档次越长，即使是同一天还贷款利息也不尽相同。

比如，银行融资贷款在贷款期限方面，现行短期贷款分为 6 个月以内（含 6 个月）、6~12 个月（含 1 年）两个利率档次，对 1 年期以下的短期贷款，执行合同利率，不分段计息；中长期贷款分为 1~3 年、3~5 年及 5 年以上 3 个档次，对中长期贷款实行分段计息，遇到贷款利率调整时，于下一年度 1 月 1 日开始执行同期同档贷款新利率。

如果贷款申请人贷款期限为 7 个月，虽然只超过半年期时间点 1 个月，但按照现行贷款计息的规定，只能执行 1 年期贷款利率，这样无形中就增加了贷款申请人的贷款利息负担。

3. 选择合适的贷款时机

值得注意的是，利率的走势也不是一成不变的，会受到经济形势、国家政策各方面的影响。因此，融资也要关注利率的走势，如果利率趋势走高，应抢在加息之前办理贷款，这样可以在当年度内享受加息前的低利率；如果利率走势趋降，在资金需求不急的情况下则应暂缓办理贷款，等降息后再适时办理贷款手续。

4. 选择适宜的贷款方式

银行有抵押贷款和质押贷款等不同的方式。因此，银行在执行不同的贷款方式时，对贷款利率的上浮也会有所不同。

同样是申请期限一样长，数额又相同的贷款，如果选择错了贷款方式，贷款申请人就可能会承担更多的贷款利息支出，让自己白白多掏钱。

因此，贷款申请人在向银行贷款时，关注和弄清不同贷款方式下的利率差非常重要。比如，银行执行利率最低的贷款有票据贴现和质押贷款，如果自己条件允许，那么通过这两种方式进行贷款，肯定再合适不过了。

5. 关注留置存款余额和预扣利息

有些银行的贷款方式会让贷款人在无形中多付利息。例如，留置存款余额贷款和预扣利息贷款。

所谓留置存款余额贷款，即贷款人向银行取得贷款时，银行要求其从贷款本金中留置一部分存入该银行账户，以制约贷款人在贷款本息到期时能如期偿还。

但就贷款人来讲，贷款本金被打了折扣就等于多支付了利息。

所谓预扣利息贷款，即有些银行为确保贷款利息能够按时归还，在贷款发放时从贷款人所贷款的本金中预扣掉全部贷款利息。由于这种方式会让贷款人可用的贷款资金减少，客观上加大了贷款人的融资成本。

第三节　内部融资

知识导图

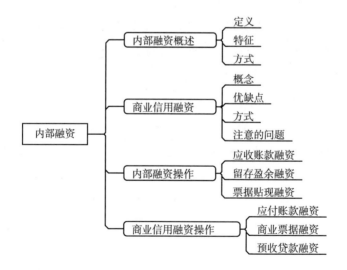

知识目标

1. 掌握内部融资概念、特征与方式；

2. 学会通过应收账款、留存盈余、票据贴现融资；

3. 了解商业信用融资方式。

📖 案例讨论

是内部融资，还是员工持股？①

21 世纪什么最难得？——那一定是人才。对于创业者来说为了挖掘人才、留住人才、激励人才，往往需要授予员工一定股权，但是对于创业者来说又不想将自己辛辛苦苦打下的江山拱手让人，于是就出现了"虚拟股"的概念。激励对象可以享受"虚拟股"的分红权和股价升值收益，但没有表决权，不能转让和出售，这真是一举两得。

1. "虚拟股"激励方案实施

本次案例的主角陈黎 2000 年 9 月进入德发公司工作，后一路升为高级管理人员。根据德发公司内部激励政策，高级管理人员可以购买公司的"虚拟股"，但是购买"虚拟股"后的"股东身份"非经工商登记，仅享有公司部分利润的分红权，不享有股份所有权和股东表决权。2008 年 3 月 24 日陈黎向德发公司支付了 89437.78 元用于购买德发公司的 20000 股"虚拟股"，并在之后每年领取了分红。

2. 《2012 股改方案》通过

德发公司在 2012 年由全体股东大会签名通过了《2012 股改方案》，陈黎也签署同意了该方案。根据《2012 股改方案》载明："股东退出规则之一：因自身原因被开除、被解聘，即任何股东包括已退休股东，如果发现有侵犯公司利益的行为（如泄露公司机密、收受回扣、盗窃公司财产、将公司业务转移到其他公司，参与经营与公司有竞争业务的公司，由于渎职对公司造成重大损失等行为），非因为公司事务被控告或判处有罪，受到刑判者，一律坚决勒令退出，退出价格按当时购买价。"

3. 争议发生

时间到了 2013 年，陈黎因被发现有严重损害德发公司的行为与德发公司解除了劳动合同关系。但陈黎认为其仍是德发公司股东，要求德发公司回购其所持有股份并向其支付分红款项。而德发公司认为陈黎并不是公司股东，其持有的实质是基于员工激励方案的虚拟股权，而其向公司支付 89437.78 元的行为实质是内部融资行为。

---

① 案例来源：朱昌明. 是内部融资，还是员工持股？[EB/OL]. (2018 – 08 – 07) [2022 – 05 – 01]. https://mp. weixin. qq. com/s/2D1fwJe1tuiWV4kUGIgE2w.

4. 分析："虚拟股"的定义

"虚拟股"是指公司授予激励对象的一种虚拟的股票，激励对象可以据此享受一定数量的分红权和股价升值收益，但没有所有权，没有表决权，不能转让和出售，在离开企业时自动失效。德发公司的激励方案及《2012股改方案》的内容"（一）出资人购买'虚拟股'的款项未计入德发公司注册资本；（二）出资人所持的'虚拟股'不能自行转让；（三）出资人在退出德发公司时由公司退还对价款项"正体现了"虚拟股"的上述特点。

"虚拟股"的性质：

根据《中华人民共和国公司法》（以下简称《公司法》）的规定，公司股东依法享有资产收益、参与重大决策和选择管理者等权利，股东之间可以相互转让其全部或者部分股权，公司应当向股东签发出资证明书、置备股东名册，股东按照实缴的出资比例分取红利。而本案例中"虚拟股"的"未登记、不能自行转让、离职后退还价款"的特点与上述法律规定存在较大差异。由此认定《2012股改方案》及"虚拟股"激励方案实际上是德发公司为激励股东及员工参与公司经营、管理，由各出资人就筹集的资金用于公司经营并按一定比例分红而达成的协议，实质为德发公司的内部融资行为。陈黎也非《公司法》意义上的股东。根据《2012股改方案》德发公司仅应向陈黎退还银股本金89437.78元。

相比于传统的"实际股权"激励，"虚拟股"激励有什么优势呢？

"虚拟股"激励的优势："实际股权"激励需要改变股权结构，将根本性地改变原股东的利益，尤其是国有企业，对于股权结构改变非常敏感，很难实施。而对于很多初创企业，股份的稀释也是企业创始人很不愿意接受的，而虚拟股权不会改变股权结构，一般只需拟定一个内部协议即可，也无须考虑激励股票的来源问题。是不是很棒呢？

请思考：如何辨析内部融资、员工持股、虚拟股的概念？

一、内部融资的概述

资本是企业经营和发展的一大要素，企业资本分为内部资金和外部资金。对企业而言，内部资金是企业的基本，外部资金是内部资金的补充。因此，挖掘企业的内部资金资源，提高内部资金的使用率，通过内部的资金进行融资计划是新创企业的一大任务。

目前，国内处于创业初期的中小企业最突出的问题是资金困难，大多数的创业者在这样的情况下选择依靠外部融资，虽然可以缓解一时的资金短缺，但是从长久来看依靠内部融资才是生存之道，同时由于融资渠道的局限性，外部融资相较于内部融资的失败率更高。

（一）内部融资的定义

内部融资指的是公司利用内部自有资金，即累积未分配利润筹集投资项目所需的资金的行为。内部融资是企业依靠其内部积累进行的融资，具体包括三种形式：资本金、折旧基金转化为重置投资和留存收益转化的新增投资。

内部融资具有原始性、自主性、低成本性和抗风险性等特点。相对于外部融资，它可以减少信息不对称问题及与此相关的激励问题，节约交易费用，降低融资成本，增强企业剩余控制权。但是，内部融资能力及其增长，要受到企业的盈利能力、净资产规模和未来收益预期等方面的制约。

事实上，在很多经济发达国家的市场上，内部融资是企业首选的融资方式，同时也是企业资金的重要来源。

企业融资成本是决定企业融资效率的决定因素，对刚刚成立不久的新创企业来说，选择哪种融资方式对企业有着重要意义。在多种融资方式中，内部融资不需要对外支付利息或者是股息，不会减少企业的现金流量，融资成本较低。正是由于这些优势，所以，在具体的融资方式中，内部融资成为大多数初创企业创始人的首选，具体原因及内容如表3-3所示。

表3-3   内部融资的原因及内容

原因	内容
公司资金结构	关于企业融资顺序，美国经济学家提出了啄食理论，指出当企业要进行融资时，将首先考虑使用内部盈余，其次是采用债券融资，最后才考虑股权融资。也就是说，内部融资优于外部债权融资。当企业的外部投资人和企业创业人之间的信息不同时，外部投资人因为不了解公司的实际情况，而按照自己对公司的期望值来对公司进行投资，这时候公司采取了外部融资的方式为公司融资，反而会引起公司价值的下降
融资成本	各个融资方式之间的中介成本差异也是影响创业者选择融资方式的一个原因。从中介成本方面来说，由于内部经理人和外部投资者之间信息的不对称，进行任何的外部融资都会产生成本，引起公司的价值下降。而如果采用内部融资的方法则不会增加公司的代理成本，因此内部融资是比外部融资优先的融资方式

原因	内容
企业未来发展	就企业长期发展的角度来看，内部融资优于外部融资。融资不是一朝一夕的，随着企业的发展，融资会成为一个长期的过程，同时随着企业的发展，融资的资本也会不断地壮大。外部融资可以优化融资的结构，但是不能够依赖，所以需要企业尽可能地选择内部融资

（二）内部融资的特征

内部融资还具有以下四个方面的特征：

（1）内部融资属于企业权益性融资，可以增强企业的偿债能力，提高企业的信誉和形象。

（2）内部融资在数量上不能满足企业巨大的资金需求，但可以减少企业的融资成本。

（3）股份公司的企业，进行内部融资可以使股东获得免税利益。

（4）对中小股份公司而言，如果企业内部留存过多，而不发放股利，将影响企业进行外部融资。

综上所述，企业内部融资不仅是最直接的资金来源，而且是提高外部融资能力的先决条件，一个企业的资金结构是内部资金占主导地位，对金融机构和其他投资者来说都具有很大的吸引力。

（三）内部融资的方式

由于内部融资的资金来自企业的内部，内部融资的方式多种多样，所以创业者需要详细了解每种内部融资的方式特点，根据企业的性质特点，然后选择适合的内部融资方式。下面具体介绍几种常见的内部融资方式：

1. 应收账款融资

以自己的应收账款转让给银行并申请贷款，银行的贷款额一般为应收账款面值的50%～90%，企业将应收账款转让给银行后，应向买方发出转让通知，并要求其付款至融资银行。

2. 留存盈余融资

企业内部正常经营形成的现金流，是企业内部融资的重要方式，新创企业的收益分配包括向投资者发放股利和企业保留部分盈余两个方面，企业利用留存盈余融资，对税后利润进行分配，确定企业留用的金额，为投资者的长远增值目标服务。

3. 票据贴现

票据贴现指票据持有人在资金不足时，将自己手中未到期的商业票据转让给银行，银行按票面金额扣除贴现利息后将余额支付给收款人的一项银行授信业务，是企业为加快资金周转促进商品交易而向银行提出的金融需求。票据贴现融资是新创企业可供利用的一条重要融资渠道。

4. 内部的员工集资

内部的员工集资指通过企业内部的职工并在职工个人意愿下进行的集资，然后按照协议内容通过返息或者分红等方式返还给职工。

5. 商业信用融资

商业信用融资指利用商业信用，在销售商品、提供服务的经营过程中向客户筹集资金的行为，包括收取客户的预付款、押金、订金，给客户赊款、开具商业汇票等。它是企业之间的直接信用行为，是商业交易中由于钱与货物在时间和空间上分离而产生的。

6. 资产典当融资

资产典当融资是初创企业融资渠道的有效补充，当新创企业把有关物品用来质押典当时，典当行就会根据该物品的市场零售价及新旧程度、质量优劣，尽可能做出公平、合理的评估，然后在此基础上确定典当发放的额度，并向初创企业提供资金。

7. 资产变卖融资

资产变卖融资指将企业的某一部门或部分资产（非产成品存货）作价出售以筹集生产经营所需资金的一种筹资方式。

通过上述的融资方式了解到，内部融资主要是企业依靠其内部积累进行的融资，具体包括3种形式：资本金、折旧基金转化为重置投资和留存收益转化为新增投资。创业者通过合理地运用内部资源帮助进行创业融资，可以得到较好的回报。

拓展知识

内部融资的优劣势

企业融资的方式有内部融资和外源融资两种。内部融资是将自己的储蓄资源转为投资，外源融资是通过其他的经济主体筹集资金。一般而言，企业融资，首要考虑内部融资，只有当内部融资无法满足企业的融资需求时，才会考虑外源融资。与外源融资相比内部融资具有以下一些特点。

1. 内部融资的优势

内部融资不发生融资费用。企业外源融资长期资本，不管是采用发行股票、发行债券、资本租赁又或者通过银行贷款融资都需要支付大量的融资费用，然而通过企业保留实现的融资则无须发生额外的开支。同时，这些开支也是较为高额的，节省这部分的开支对企业融资来说也是非常有利的。

企业的股东在税收上面可以得到利益。如果公司将税后利润全部分配给股东，则需要缴纳个人所得税；相反，少发股利可能引发公司股价上涨，股东可出售部分股票来代替其股利收入，而所缴纳的资本利得税一般远远低于个人所得税。所以股东往往更愿意将收益留存在企业内而通过股票价格上涨获得利益。

内部融资在融资性质上面来看，属于主权融资。可以用作偿债为债权人提供保障，相应加强了企业获得信用的能力。企业内部融资之后，其资产负债率下降，借贷的能力也会提高，从而获得外源融资的机会也会加大。

2. 内部融资的局限性

当然内部融资与外源融资相比也存在着很多方面的局限性，如保留盈余的数量限制。保留盈余的数量常常会受到股东的一些限制。对股东而言，有的人依靠股利生活，希望多发股利，有些股东惧怕风险，宁愿维持现状，不愿意冒风险去收将来可能存在的较多的股利。

另外，保留盈余数量会影响外源融资。有的股东会认为过多的利用内部融资，限制现金股利的发放，对以后的外源融资会存在较大的影响，认为股利支付比率较高的企业普通股票要比支付股利较少的企业更容易出售。对一般的投资者而言一个企业如果能够较多地为普通股支付股利，那么也能准时地为优先股支付股息。因此，总的来说，较多地支付股利，虽然不利于内部融资，但是会有力地说明企业具有较高的盈利水平和较好的经营水平。

保留盈余过多，股东的股利支付过少，在一定的程度上面来看，不利于股票价格的上涨，从而影响企业在证券市场上的形象，也影响企业的外源融资。

二、商业信用融资

（一）商业信用融资的概念

商业信用融资是指企业之间在买卖商品时，以商品形式提供的借贷活动，是经济活动中的一种最普遍的债权债务关系。商业信用的存在对于扩大生产和促进流通起到了十分积极的作用。

在创业热潮涌入国内市场的这几年，企业对融资需求量大幅提升，而商业信用融资也在这几年的创业热潮中兴起。

（二）商业融资的优缺点

1. 优点

（1）筹资便利。利用商业信用等筹集资金非常方便，因为商业信用与商品买卖同时进行，属于一种自然性融资，不用做非常正规的安排，也无须另外办理正式筹资手续。

（2）筹资成本低。如果没有现金折扣，或者企业不放弃现金折扣，以及使用不带息应付票据和采用预收货款，则企业采用商业信用筹资没有实际成本。

（3）限制条件少。与其他筹资方式相比，商业信用筹资限制条件较少，选择余地较大，条件比较优越。

2. 缺点

（1）期限较短。采用商业信用筹集资金，期限一般都很短，如果企业要取得现金折扣，期限则更短。

（2）筹资数额较小。采用商业信用筹资一般只能筹集小额资金，而不能筹集大量的资金。

（3）有时成本较高。如果企业放弃现金折扣，必须付出非常高的资金成本。

所以，虽然商业信用融资的门槛较低，但企业还是要谨慎使用商业信用融资，融资的额度需规划在一个合理的范围内，千万别超出了企业的承受的能力，一旦到期信用无法兑现，会给企业带来信用危机，更甚演变成商业诈骗。

（三）商业信用融资的方式

（1）应付账款融资，对于融资企业而言，意味着放弃了现金交易的折扣，同时还需要负担一定的成本，因为往往付款越早，折扣越多。

（2）商业票据融资，也就是企业在延期付款交易时开具的债权债务票据。对于一些财力和声誉良好的企业，其发行的商业票据可以直接在货币市场上筹集到短期货币资金。

（3）预收货款融资，这是买方向卖方提供的商业信用，是卖方的一种短期资金来源，信用形式应用非常有限，仅限于市场紧缺商品、买方急需或必需商品、生产周期较长且投入较大的建筑业、重型制造等。

（4）易货贸易融资，企业与企业之间运用自有产品或其他商品进行等价交换，基本不涉及资金往来，但产生等同于资金购买的效应，称为易货贸易融资。

（四）运用商业信用融资应注意的问题

商业信用融资就是企业借用上下游企业的资金、广大消费者的资金为自己的生产经营服务。这样企业要想借用别的企业的资金或者别人的资金去做自己的事，必须具备以下三个前提条件：

1. 有一定商业信用基础

企业有一定商业信用基础，企业提供的服务或者产品在市场上、在人们心目中具有较高的价值，别的企业和别人信得过，也是他们迫切需要的，这样他们才会借钱给你，否则寸步难行。对小企业来说，培育融资信誉最重要，因为一个企业要办下去就不得不与金融机构打交道，与客户打交道。为培育自己的信誉，有时候宁愿借些高利贷，也要把到期的债还了，因为信誉可以帮助你再融资。人民普遍相信大企业，小企业只能靠具体的事实让人信服，而这是需要多付成本才能做到的。

2. 让合作方也能收益

企业要利用商业信用融资，就要让别的企业和个人也能有所收益，企业通过商业信用获得别的企业和别人的资金，除了要让自己获利，更要让利给别的企业和个人，要达到借钱双方的"双赢"，才能使商业信用得以延续。

香港新华集团的总裁蔡冠深的父亲作为集团创始人，小小年纪就到一家鱼类批发行打工。直到 20 世纪 50 年代，才开始自立门户当小鱼贩，他善于经营，赚了一点钱就"放水养鱼"，即用合理的价格收购渔民的鱼，获得利润以后，开始贷款给渔民造船扩大再生产，所欠款项由渔民用捕捞的鱼分批偿还。由于其价格比鱼市的收购价格要高，渔民踊跃为他供货，他的生意也越做越大。再后来，他有了自己的船队和冷库，组建了新华集团，成为闻名东南亚的"海产大王"[①]。

---

① 昔日海产大王，如今百亿富豪 [EB/OL]. （2020 - 01 - 01）[2022 - 05 - 30]. 砍柴网 https：//www.sohu.com/a/364125037_104421.

3. 谨慎使用"商业信用"

值得一提的是，既然是商业信用，就要求企业在运用时一定要言而有信，言出必行，同时一定不要超出企业的债务承受能力。否则，企业如果滥用商业信用，无故拖欠或者恶意占用业务合作单位的资金，这样短期内可能会有一定的效果，但路遥知马力，日久见人心，时间长了，难免会信誉扫地，人人敬而远之，最终受害的还是企业自身。所以，企业要谨慎使用"商业信用"，千万不要超出企业的债务承受能力，否则一旦到期信用无法兑现，不但让别人受到损失，更会破坏企业自身的信誉，给企业带来支付危机，严重的会变商业诈骗，惹出大麻烦。

拓展案例

商业信用融资

王先生在市内的闹市区开了一家理发店，吸引了附近一大批稳定的客户，店内的生意较好，利润可观。但是由于经营的场地有限，始终不能够扩大经营，王先生一直想能够开一家分店。由于这个店面开张几个月，投入的资金较多，现在手里的余额不足以另开一家分店。

王先生想到不如推出 10 次卡和 20 次卡，一次性预收客户 10 次理发的钱，对购买 10 次卡的顾客 8 折的优惠；一次性预收顾客 20 次理发的钱，对购买 20 次卡的顾客 7 折的优惠。平时一次理发是 30 元，如果一次性支付 10 次的话就是 240 元，平均每次只需 24 元；如果一次性支付 20 次的话就是 420 元，平均每次 21 元。对于顾客来说，可以得到很大的优惠，所以这次的优惠活动吸引了大批顾客的关注，王先生也顺利筹集到了资金。

案例分析：案例中王先生的融资方式就是商业信用融资的预收货款融资典型案例。最终王先生通过预收货款的形式筹集到了资本，也可以看出商业信用融资主要具有以下特点：

（1）融资便利：商业信用融资是通过商品买卖进行的融资，是一种自然性的融资，只存在于顾客与企业之间，不需要过多的融资流程或者手续等。

（2）融资的成本低：如果企业不采用现金折扣及不带息应付票据等方式，对企业来说没有实际成本的支出。案例中的王先生，是通过预收货款进行融资，实际上是以降低自己的利润为融资成本进行的融资。

（3）限制条件较少：与其他的融资方式相比，商业信用融资的限制条件较少，选择的余地较大，条件相对优越。

当然，创业者想要通过商业信用进行融资，那么企业就需要具备一定的商业信用基础，企业提供的服务能够在顾客心中具有一个价值，并且愿意为此来埋单。同时，企业在进行商业信用融资时，除了让企业本身筹集到资本之外，也需要给顾客获益，从而达到双赢，这样才能够使企业得到进一步的发展。

三、内部融资的实务

（一）应收账款融资

应收账款融资是以资产为基础的融资形式之一，与企业其他融资方式相比拓宽了企业的融资渠道。应收账款融资是将其应收债权作为质押或出售给金融机构以获得资金的一种方式，是目前最适合中小企业融资的方式之一。

在市场经济条件下，为了行业之间的竞争，大量的新创企业将赊销作为竞争的重要手段，这样就形成了大量的应收账款，使得企业的利润都停留在应收账款的状态，妨碍了新创企业的生产经营和发展。在对应收账款进行融资时有两种常见的方式，分别是应收账款质押融资和应收账款让售融资。

1. 将应收账款进行质押融资

应收账款质押融资是应收账款融资方式中的一种，是指企业与银行以及其他金融机构签订合同，用应收账款作为质押品，在合同上规定的期限和信贷限额条件下，采取随用随还的方式向银行等金融机构取得短期借款的融资方式。

某古典家具制造厂，生产的主要产品是仿古家具。该厂所生产的家具产品对原材料的要求较高，采购原料时必须现货付款。而销售产品后，货款回收期较长，一般为30～90天付款。由于工厂自有资金有限，且没有固定资产可以融资，造成资金缺乏，无力接受大的订单，在扩大经营规模时造成阻碍。就在该企业为了资金一筹莫展时，一次偶然的机会，该厂管理者听说某商业银行有专门针对中小企业的信贷业务，随即与该银行进行沟通。银行对该企业的融资需求和经营特点进行调查了解。该企业的固定客户均为高档家具的销售公司，与该企业已有两年以上的业务往来，付款能力较强也能按时付款，而且一般单笔订单的金额较高。通过这些了解，银行向企业提出了应收账款质押融资的方案，即企业将未来销售家具产生的应收账款质押给银行作为贷款的担保。2007年10月份该企业尝试做了第一笔应收账款质押融资业务，贷款金额500万元。

10月初，该企业接到了一笔金额为850万元的订单意向，企业管理层随即与银行联系，银行对下订单的客户公司实际情况进行了调查，认为该客户实力雄厚，该笔订单符合融资的条件。于是企业提交了基本资料、订单的详细信息及质押融资的书面申请。之后，银行与该企业签订了融资协议与应收账款质押合同，并在中国人民银行征信中心的应收账款质押公示系统将该笔业务进行了登记，随后银行发放了500万元贷款。该企业在获得贷款后随即开始采购原材料，并加班加点开始生产，在11月中旬生产完毕并交货，比合同约定时间提前了一个星期。12月中旬客户将款项支付给该古典家具制造企业。企业按照贷款合同的规定，在12月底将银行贷款还清。至此该企业首次通过应收账款质押获得贷款的尝试获得了成功，并且银行与企业之间也建立了良好的合作关系。

通过上述应收账款质押融资的案例，可以看出应收账款质押融资一般需要经过以下几个步骤：

（1）创业者提出贷款申请。

（2）接收到申请之后，银行或金融机构做调查。

（3）审核和确定合格的应收账款，确定融资额度。

（4）签订合同与三方协议，并在征信中心进行应收账款质押权利登记。

（5）等待放款通知。

应收账款质押贷款是一个新型的贷款品种，与其他动产不动产的抵押贷款相比，应收账款质押贷款也存在着一些不能够忽略的风险性：

（1）信用风险。应收账款质押融资是一种自偿性或者封闭性的授信业务，银行对于还款来源的考虑更多的是商品能不能够顺利完成，第三方债务人到期偿还能力是否可靠。

（2）法律风险。我国法律上虽然对应收账款质押融资有明确的规定，但是由于应收账款质押的特点和应收账款自身的特点都决定了这种融资方式在法律上仍有一定的风险。

（3）操作风险。应收账款质押融资业务与商业银行其他传统业务最大的一个区别是其操作流程相对较多。在具体的操作流程中操作的风险较多，主要表现在质押登记无效、不及时和不规范等。

2. 通过应收账款让售来融资

应收账款让售是指企业将应收账款出让给专门以收购应收账款为主业的金融公司，从而取得资金的融资方式。

例如，某企业于 2004 年 1 月 1 日将 50 万元的应收账款以无追索权方式出售给当地某家银行，该银行按应收账款面值的 4% 收取手续费，并按应收账款面值的 5% 预留账款，以备抵可能发生的销售折扣、折让或退回。2004 年 5 月 10 日，该银行实收账款 48 万元，发生销售折扣、折让和销售退回 17550 元，实际发生坏账损失 2450 元。2004 年 6 月 1 日该企业与银行进行最后结算。

（1）应收账款让售融资的具体操作。

企业在发货前，向金融公司申请贷款，金融公司根据客户的信用等级按应收账款净额的一定比例收取手续费，从预付给让售方的款项中抵扣。客户到期的应收账款，直接支付给金融公司，同时金融公司承担坏账的风险。

应收账款让售方式，由于金融公司要对客户进行资信调查，无形中为企业提供了专业咨询。且金融公司信息灵活、专业化程度高，有利于坏账的收回。另外，企业不需要承担"或有负债"的责任。因此，该方式对企业而言是较好的一种融资方式。

（2）应收账款让售融资的优势。

长期以来，大多数企业都面临着一个销售难、收账更难的局面。一方面，市场的竞争日益激烈，为了争取较多的客源，企业提供优惠的条件，降低利润；另一方面，客户随意拖欠账款、销售人员催收不力，所以产生了大量的呆账和坏账。此时，创业者通过应收账款来进行让售融资就显得尤为重要了。应收账款让售融资主要存在以下一些优势。

应收账款让售融资，能够提前筹措到短期资金，降低了现金短缺等资金链风险，而且没有增加企业的负债，这种融资方式的融资费用往往是低于银行贷款的资金成本，可以带来资金使用效率和效益的提高。

应收账款的让售融资带来收入的及时变现，降低坏账率，同时也减少了企业在信用调查和应收账款开支等应收账款方面的账务费用。

应收账款让售融资实际上也是一个企业追账的外包过程，可以交给专业的应收代理机构和报收商去完成，这些机构往往更专业、更及时和有效，也减少了企业用在追账上的管理费用。

（二）对留存盈余的巧融资

对于成立不久的企业来说，资金成本较少，如果全部依赖外部融资难度较大。所以，可以根据企业内部的盈余情况，考虑通过留存盈余的方式来进行融资。

1. 留存盈余融资

留存盈余融资主要源自企业内部的正常经营所形成的现金流，是企业内部融资的重要融资方式。对中小企业而言，收益主要是向投资者发放股利分配收益和企业保存盈余两个部分。

创业者利用留存收益进行融资，对税后的利润进行分配，确定企业的留用金额，为投资者实现长期的增值目标。而留存盈余融资最大的特点在于，可以在企业不负债的情况下增加企业的资本，进行投资项目，使得企业得到发展。同其他的融资方式相比，留存盈余融资主要有以下一些优势，如表 3 – 4 所示。

表 3 – 4　　　　　　　　　　　留存盈余融资的优势和内容

优势	内容
无实际的现金支出	不同于负债筹资，不必支付定期的利息，也不同于股票筹资，不必支付股利，同时还免去了与负债、权益筹资相关的手续费、发行费等开支。但这种方式存在机会成本，即股东将资金投放于其他项目上的必要报酬率
维持企业负债能力	留存收益实质上属于股东权益的一部分，可以作为企业对外举债的基础。先利用这部分资金筹资，减少了企业对外部资金的需求，当企业遇到盈利率很高的项目时，再向外部筹资，就不会因企业的债务已达到较高的水平而难以筹到资金
企业控制权不受影响	增加发行股票，原股东的控制权分散；发行债券或增加负债，债权人可能对企业施加限制性条件，而采用留存收益筹资则不会存在此类问题

虽然留存盈余具有上述的一些优势，但是不可避免地在一些方面也存在一定的局限性。如时间期限上面，企业必须经过一定时期的积累才可能拥有一定数量的留存收益，从而使企业难以在短期内获得扩大再生产所需资金。另外，在股利政策上面也存在限制，如果留存收益过高，现金股利过少，则可能影响企业的形象，并给今后进一步的筹资增加困难。利用留存收益筹资须要考虑公司的股利政策，不能随意变动。

2. 留存盈余融资的模式分析

留存盈余融资是对企业税后利润的重新分配，主要取决于企业的股利分配政策。一般中小企业采用的股利分配政策有以下几种方式：

（1）剩余股利政策：指最大可能地使用企业留存的收益完成融资，实现投资。

（2）固定股利支付政策：指公司先确定一个股利占净利润（公司盈余）的比例，然后每年都按此比例从净利润中向股东发放股利。

（3）固定股利政策：固定股利政策是指公司在较长时间内每股支付固定股利额度股利政策。

（4）稳定股利额政策：以确定的现金股利分配额作为利润分配的首要目标优先予以考虑，一般不随资金需求的波动而波动。这一股利政策有以下两点好处：

①稳定的股利额给股票市场和公司股东一个稳定的信息。

②许多作为长期投资者的股东（包括个人投资者和机构投资者）希望公司股利能够成为其稳定的收入来源，便于安排消费和其他各项支出，稳定股利额政策有利于公司吸引和稳定这部分投资者的投资。

采用稳定股利额政策，要求公司对未来的支付能力作出较好的判断。一般来说，公司确定的稳定股利额不应太高，要留有余地，以免形成公司无力支付的困境。

（5）正常股利加额外股利政策：是指企业除每年按一固定股利额向股东发放称为正常股利的现金股利外，还在企业盈利较高，资金较为充裕的年度向股东发放高于一般年度的正常股利额的现金股利。其高出部分即为额外股利。

根据股利支付方式分类，股利政策可以分为现金股利、股票股利、财产股利及负债股利，具体内容如表3-5所示。

表 3-5　　　　　　　　　　　　股利政策的分类

类型	内容
现金股利	以现金的方式支付的股利，是企业普遍的一种股利发放方式。这种股利分配方式可以满足大多数的投资者实现收益上的要求。但是这种股利的分配方式在一定的程度上减少了公司的现金量
股票股利	公司用增发股票的方式代替现金作为股利的支付方式。虽然通过送股的方式，股东手中的股票数量增加，但是股票的价格也相应地降低，所以股东的财富保持不变。对于股东来说，股票股利没有直接的收益，但是往往具有间接的收益
财产股利	股利也可以通过现金以外的资产支付，主要是以公司所拥有的其他企业的有价证券，如债券及股票等作为股利分配给股东。这种支付方式，不仅股东可以得到股利收益，同时也增加了股东对外投资，实现了股利再投；另外不减少公司财产，不影响公司的现金流量
负债股利	在某些情况下，公司用应付的票据或发行的公司债券进行支付的股利。这种类型的股利一般是带息的票据，并且具有一定的期限性。通常在公司的现金不足，但是又不准再增加公司资本的情况下，可以采用发放负债股利的方式

（三）票据贴现如何实现融资

票据贴现融资是中小企业可供利用的一条重要的融资渠道，票据一经贴现便归贴现银行所有，贴现银行到期可以凭票直接向承兑银行收取票款。

票据贴现融资是指票据持有人在资金不足时，将商业票据转让给银行，银行按票面金额扣除贴现利息后将余额支付给收款人的一项银行授信业务，是企业为加快资金周转促进商品交易而向银行提出的金融需求。

1. 关于你不知道的票据贴现

目前我国众多初创不久的中小企业，在普通贷款中往往因为资本金规模不够，或无法找到合适的担保人而贷不到钱。因此，票据贴现无须担保、不受资产规模限制的特性对他们来说就更为适用。票据融资被众多企业接受的原因，主要有以下三个方面。

（1）与企业的规模大小无关：通过票据贴现融资，银行不会按照企业的资产规模来放款，而是依据市场情况（销售合同）来放款。企业收到票据至票据到期兑现之日，往往是少则几十天，多则300天，资金在这段时间处于闲置状态。企业如果能充分利用票据贴现融资，远比申请贷款手续简便，而且融资成本很低。票据贴现只需带上相应的票据到银行办理有关手续即可，一般在3个营业日内就能办妥。对于企业来说，这是"用明天的钱赚后天的钱"，这种融资方式值得中小企业广泛、积极地利用。

（2）利率低：据了解，企业票据融资利率一度低至1.5%～1.6%，3个月期定期存款利率就达到1.71%，一年期定期存款利率是2.25%，票据贴现利率的倒挂给企业带来了套利机会。

（3）提高企业的资信：企业签发的银行承兑汇票到期后银行必须保证支付，企业可以借助银行的信誉，一方面证明自己的资信得到了银行的认可，另一方面通过银行对企业的监督，特别是财务资金的监督、审查，提高了企业的经营管理水平。

除此之外，由于企业持票贴现，只需考察其票据的真实性及交易背景的真实性而不用考察企业本身的情况。如企业的负债能力、资产状况及商业信用等条件。

所以票据贴现可以从实质上解决中小企业在资金上面的困难，中小企业收到票据之后，按照票据的付款期通过贴现，可以尽早地实现货款回流，取得资金。

同时，票据贴现融资还具有如图3-5所示的特点。

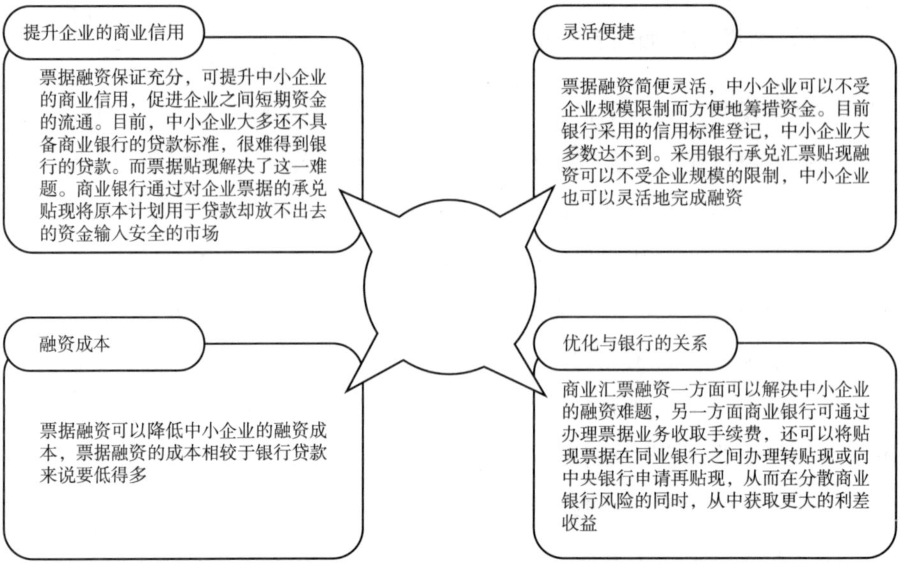

图 3-5 票据贴现融资的特点

票据贴现融资的种类分为三种，如表 3-6 所示。

表 3-6 票据贴现的种类

名称	内容	特点
银行承兑汇票贴现	中小企业有资金需求时，持银行承兑汇票到银行按一定贴现率申请提前兑现，以获取资金的一种融资业务	银行承兑汇票贴现是以银行的信用为基础的融资，是客户较为容易取得的融资方式，操作灵活、简便。贴现利率市场化程度高，资金成本较低，有助于中小企业降低财务费用
商业承兑汇票贴现	商业承兑汇票贴现是指当中小企业有资金需求时，持商业承兑汇票到银行按一定贴现率申请提前兑现，以获取资金的一种融资业务。在商业承兑汇票到期时，银行则向承兑人提示付款，当承兑人未给予偿付时，银行对贴现申请人保留追索权	商业承兑汇票的贴现是以企业信用为基础的融资，如果承兑企业的资信非常好，相对较容易取得贴现融资。对中小企业来说以票据贴现方式融资，手续简单、融资成本较低
协议付息票据贴现	协议付息商业汇票贴现是指卖方企业在销售商品后持买方企业交付的商业汇票（银行承兑汇票或商业承兑汇票）到银行申请办理贴现，由买卖双方按照贴现付息协议约定的比例向银行支付贴现利息后银行为卖方提供资金的票据融资业务。该类票据贴现除贴现时利息按照买卖双方贴现付息协议约定的比例向银行支付外，与一般的票据贴现业务处理完全一样	票据贴现利息一般由贴现申请人（贸易的卖方）完全承担，而协议付息票据在贴现利息的承担上有相当的灵活性，既可以是卖方又可以是买方，也可以双方共同承担。与一般的票据相比，协议付息票据中贸易双方可以根据谈判力量以及各自的财务情况决定贴现利息的承担主体及分担比例，从而达成双方最为满意的销售条件

2. 怎样进行票据贴现

准备票据贴现的创业者在进行票据贴现融资之前，首先需要提前准备好所需的材料，具体的材料如下：

（1）申请人营业执照副本或正本复印件、企业代码证复印件（首次办理业务时提供）。

（2）经办人授权申办委托书（需要加盖贴现企业公章及法定代表人私章）。经办人身份证、工作证（无工作证提供介绍信）原件及经办人和法定代表人身份证复印件。

（3）贷款卡原件及复印件。

（4）加盖贴现企业财务专用章和法定代表人私章的预留印鉴卡。

（5）填写完整、加盖公章和法定代表人私章的贴现申请书。

（6）加盖与预留印鉴一致的财务专用章的贴现凭证。

（7）银行承兑汇票票据正反面复印件。

（8）票据最后一手背书的票据复印件，填写《银行承兑汇票查询申请书》，由客户经理持银行承兑汇票复印件和填写完整的《银行承兑汇票查询申请书》交清算岗位办理查询。

准备好资料之后就可以开始到银行申请票据贴现贷款，具体的步骤如图 3 - 6 所示。

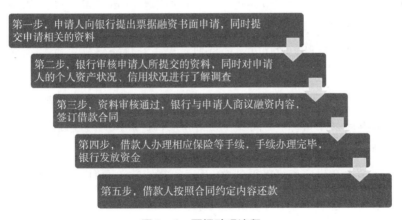

图 3 - 6　票据贴现流程

3. 票据贴现融资有哪些潜在的风险

创业者在通过票据贴现进行融资的过程中也需要警惕票据贴现可能会带来的一些风险，做到提前预防。

首先是票据逾期可能会导致的违约风险。中小企业在进行票据贴现融资时，可能会面临票据到期然后无法按时履行约定而产生的逾期风险。那么，企业将承担高额的利息，从而增加财务费用。根据我国现行的法律法规，如果企业到期没有支付，银行不会自己垫付，企业就必须足额履约付款，那么银行将对企业收取"逾期贷款利率"，票据事项也将成为银行的被迫放款。高额的贷款利息对企业来说，无疑加大了企业的资金压力。

然后票据贴现融资也存在一些潜藏的诈骗风险。票据贴现融资不仅能够给企业解决融资上面的难题，还能够给银行带来一定的收益，越来越受到中小企业的欢迎。随着票据业务的增多，也渐渐出现了潜在的风险。银行的违规操作和诈骗行为也时常能够见到。创业者在通过票据贴现融资的过程中，需要警惕诈骗的风险。

（四）通过商业信用进行融资

1. 应付账款融资

A企业本身从事冰箱内部架构及组件生产，今年从供应商B处购买钢材4000吨，用于冰箱内部组件生产。按理在钢材入库后，A企业应该马上付款给供应商B，并将钢材用于生产内部组件，售出后能获得80万元的利润。但是在当时，市场上冰箱畅销，假若A企业延迟付款时间，可以将这笔资金用来购买冰箱外部组件，通过组装后销售冰箱可获取较大的利润。于是，他就与供应商B签订商业信用合同，以到期补偿资金占用费10万元作为补偿，延期付款。这样就能在短期内获得钢材的应付款，并用于购买冰箱外部组件，借此获取了150万元的利润，除去补偿给供应商的10万元，相当于额外获取了60万元的利润，有效提高了生产收益。

案例中企业所使用的就是应付账款融资，A企业约定付款期限，在信用期间，双方还会订立一个时间段作为折扣期，在折扣期内进行付款，则能享受供应商给予的某项优惠措施。比如，获取更多商品、服务或是减免部分款项等。案例中B供应商可以得到10万元的补偿款。同时，A企业延迟交付款项让这笔应付账款投入购买冰箱外部组件，产生更大的收益。从而使得合作的双方达到共赢的局面。

2. 商业票据融资

商业票据融资是企业通过商业票据进行融资的一种商业自用工具，由债务人向债权人开出的、承诺在一定时期内支付一定款项的支付保证书，即由无担保、可转让的短期期票组成，如支票、汇票及本票等。

企业商业票据融资需要满足以下一些条件：

（1）信誉卓著，财力雄厚，有支付期票金额的可靠资金来源，并保证支付。

（2）非新设立公司，发行商业票据的必须是原有旧公司，新开办的公司不能用此方式筹集资金。

（3）在某一大银行享有最优惠利率的借款。

（4）在银行有一定的信用额度可供利用。

（5）短期资金需求量大、筹资数额大，资金需求量不大的企业不宜采用此方式筹集资金。

商业票据主要通过两种方式进行：一种是委托经纪人发行，又称为经纪人市场。在经纪人市场上，发行商业票据的企业委托经纪人将商业票据出售给投资人，同时支付给经纪人部分的佣金，另一种是发行公司直接发行，不用通过经纪人。目前商业票据融资是中小企业较为普遍的融资方式之一。

3. 预收货款融资

预收货款融资前面通过案例简单地介绍过，它主要就是买家在收到货物或者接受服务之前先支付部分款项或者全部款项的一种预收行为。预收货款融资的步骤较为简单，分为 3 个步骤：查看货物或者了解服务、收取定金及开具证明。

预收货款融资的企业需要满足以下基本条件：

（1）经营效益好，信誉高。

（2）好的生产计划和足够的产品产量做保证。

（3）供货样品质量与产品一致。

（4）真实的广告宣传。

（5）购销双方应签订合同，从法律上保障购销双方合法权益。

在应付账款融资中最为重要的就是合同，一般包括以下一些内容：

（1）当事人双方名称、地址、电话。双方都是能承担法律责任和义务的公民或企业法人。

（2）标的名称（购销商品）。

（3）数量与质量。

（4）商品价格。

（5）预交定金的比例与数量，定金利息率。

（6）交货日期、地点和方式。

（7）违约责任。

（8）合同签证、仲裁机关及担保单位。

对于中小企业及初创企业来说，应收账款融资是商业信用融资中运用得最多的，也是最为常见的一种融资方式。因为应收账款融资具有较大的弹性，融资方式较为灵活并且方式简单，容易得到融资。

本节具体介绍了几种内部融资的方式，但是对于创业者来说融资不应该局限于这几种方式，而是需要根据企业的具体情况和未来的发展情况选择适合自己企业的融资方式。同时，需要创业者注意的是内部融资优于外源融资，内部融资也有利于发展企业日后的外源融资。

本章实训题

实训一，情节：今 A（身份证号：×××）借给 B（身份证号：×××）人民币 10 万元整，自 2020 年 10 月 1 日至 2022 年 10 月 1 日。要求：请帮 B 写一张借条给 A，补充相关借条内容。

实训二，借款合同的书写：今 A（身份证号：×××）借给 B 公司人民币 10 万元整，自 2020 年 10 月 1 日至 2022 年 10 月 1 日。要求：请帮 B 写一份借款合同给 A，补充借款合同相关内容。

实训三，查找 2~3 家银行关于创业贷款的信息，进行总结比较。

实训四，根据中国人民银行网站个人征信信息，设计如何用信用进行融资的方案（需要哪些资料、如何申请、估计额度为多少）。

第四章

股权融资

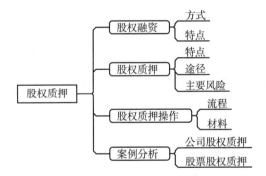

第一节 股权质押

知识导图

股权质押
- 股权融资
  - 方式
  - 特点
- 股权质押
  - 特点
  - 途径
  - 主要风险
- 股权质押操作
  - 流程
  - 材料
- 案例分析
  - 公司股权质押
  - 股票股权质押

知识目标

1. 掌握股权融资定义、特点，股权质押途径与主要风险；

2. 学会股权质押流程、提交资料；

3. 了解公司股权质押、股票股权质押案例。

📖 案例讨论

A 股现年内首起股权质押强平案例[①]

A 股市场出现了 2017 年以来首起上市公司股权质押被迫平仓案例。近

---

① 案例来源：A 股现年内首起股权质押强平案例 [EB/OL]. (2017 - 08 - 10) [2022 - 05 - 01]. https：//www.sohu.com/a/163527182_161623.

日，洲际油气发布公告称，控股股东广西正和实业集团有限公司质押给长江证券的8680万股被强制平仓，拟在6个月内减持8680万股股票，占公司总股本的3.83%。值得注意的是，本次减持属于资金方平安银行的强制平仓行为，不是广西正和的主动行为。

根据洲际油气发布的一季报显示，广西正和持有洲际油气6.65亿股，占上市公司总股本的29.38%。广西正和质押比例高达99.99%，此次遭强制平仓的股份只占其持股的13.05%。受此消息影响，洲际油气的股票出现大幅下挫。

"股权质押是指出质人以其所拥有的股权作为质押标的物而设立的质押。股权质押的质押方为上市公司的大股东，质权方为银行、券商等金融机构。"国泰君安分析师孙金钜表示，股权质押类似于抵押贷款，只是抵押物是股票。由于股票的价格波动性很大，出于风险控制考虑，质权方不得不设定质押率、警戒线、平仓线等指标。

请思考：股权质押应该注意什么，风险点有哪些？

股权融资是指企业为了新的项目向原股东和新股东发行股票来筹集资金，可以称为权益融资。股权融资的股利分红是根据企业的经营情况来确定的，在企业盈利时支付给股东股利，经营不善或者盈利较少时，可以少支付或者不支付股东股利，相比其他融资方式来说具有很大的优势。

一、什么是股权融资

股权融资作为企业主要的融资方式之一，在资本市场中起着重要的作用。股权融资是指企业的股东愿意让出部分企业所有权，通过企业增资的方式引进新股东的融资方式，总股本同时增加。股权融资所获得的资金，企业无须还本付息，但新股东将与老股东同样分享企业的盈利与增长。

（一）股权融资的主要方式

在企业融资的多种方法中，股权增资扩股融资、股权交易增值融资、股权质押融资和股权私募融资逐渐成为中小企业利用股权实现融资的主要方式。随着市场大环境的改变，越来越多的中小企业将融资的目光转向了股权融资，通过股权来缓解企业融资困难的压力。

1. 股权增资扩股

增资扩股也称为股权增量融资，是一种权益性的融资，是指企业向社会募集股份、发行股票、新股东投资入股或原股东增加投资扩大股权,从而增加企业的资本金。对于有限责任公司来说,增资扩股一般指企业增加注册资本,增加的部分由新股东认购或新股东与老股东共同认购,企业的经济实力增强,并可以用增加的注册资本,投资于必要的项目。对于股份有限公司来说,增资扩股指企业向社会募集股份、发行股票、新股东投资入股或原股东增加投资扩大股权从而增加企业的资本金。

2. 股权交易增值

企业的发展演变,主要分为家族式企业、家族控股式企业、现代企业制度和私募股权投资4个阶段,每一个发展阶段都围绕着资本的流动与增值。企业经营者可以通过溢价出让部分股权来吸纳资本、吸引人才,推动企业进一步扩张发展。从企业发展的4个阶段可以看出,股权交易增值融资相较于债权融资和银行贷款等方式对于企业信用、还款期限等方面的限制,是最直接、快速、有效的手段,在促进企业扩张性发展,提高社会资本的流动性和增值性等方面具有最现实的实际意义。

3. 股权质押

股权质押融资是指公司股东将其持有的公司股权出质给银行或其他金融机构,获取贷款的融资方式。主要是以取得现金为目的,公司通过股票质押融资取得的资金通常用来弥补流动资金不足,股票质押融资不是一种标准化产品,在本质上更体现了一种民事合同关系,在具体的融资细节上由当事人双方合意约定。正常情况下,无论股票是否处于限售期,均可作为质押标的。限售股质押,在限售期先于行权时间结束的,应当认定质押合同有效。

4. 股权私募

私募股权融资从广义上来说,是为涵盖企业首次公开发行前各阶段的权益投资,即对处于种子期、初创期、发展期、扩展期及成熟期的企业进行的投资。而从狭义上来说,主要是指对已经形成一定规模的,并产生稳定现金流的企业的私募股权投资部分,主要是指创业投资后期的私募股权投资部分,而其中并购基金和夹层资本在资金规模上占最大的一部分。在中国,私募股权投资(PE)主要是指这一类投资。

(二)股权融资的特点

股权融资广泛受到企业的追捧,为企业解决了融资困难的这一难题,股权融资相较于其他的融资方式来说主要有以下几个特点:

(1)长期性。股权融资筹措的资金具有永久性,没有到期日,无须归还。

（2）不可逆性。企业采用股权融资无须还本，投资人想要收回本金，需要借助流通市场。

（3）无负担性。股权融资没有固定的股利负担，股利的支付与否和支付多少根据企业的经营情况来定。

股权融资除了具有上述的特点之外，在企业的投资与经营管理方面还具有以下优势：

（1）股权融资需要建立较为完善的公司法人治理结构。公司的法人治理结构一般由股东大会、董事会、监事会、高级经理组成，相互之间形成多重风险约束和权力制衡机制，降低了企业的经营风险。

（2）在现代金融理论中，证券市场又称公开市场，它是指在比较广泛的制度化的交易场所，对标准化的金融产品进行买卖活动，是在一定的市场准入、信息披露、公平竞价交易、市场监督制度下规范进行的。与之相对应的贷款市场，也称为协议市场，也即在这个市场上，贷款者与借入者的融资活动通过直接协议进行。在金融交易中，人们更重视的是信息的公开性与可得性。所以证券市场在信息公开性和资金价格的竞争性两方面来讲优于贷款市场。

（3）如果借贷者在企业股权结构中占有较大份额，那么他运用企业借款从事高风险投资和产生道德风险的可能性就将大为减小。因为如果这样做，借款者自己也会蒙受巨大的损失，所以借款者的资产净值越大，借款者按照贷款者的希望和意愿行事的动力就越大，银行债务拖欠和损失的可能性就越小。

尽管如此，股票融资在融资的过程中也存在着一定的风险劣势性：

（1）当企业在通过股权融资对外筹集资金的时候，企业的经营管理者可能会产生进行各种非生产性的消费，采取有利于自己而不利于股东的投资政策等道德风险行为，导致经营者和股东的利益冲突。

（2）代理人利用委托人的授权为增加自己的收益而损害和侵占委托人的利益时，就会产生严重的道德风险和逆向选择。

（3）当企业负债融资时，如果企业经营不善，经营状况恶化、债权人有权对企业进行破产清算，这时企业经营管理者将承担因企业破产而带来的企业控制权的丧失。

二、股权质押

股权质押融资是指公司股东将其持有的公司股权或者第三人持有依法可

以转让的公司股权出质给银行或其他金融机构，获取贷款的融资方式。

在当前中小企业资金普遍比较紧张的背景下，股权质押融资将大大增加企业的融资机会，有助于这些企业创新能力的提高，加速其产品更新换代及产业化进程，成为企业，尤其是高科技中小企业融资的高效手段。

（一）股权质押的特点

股权质押一般具有下列特征：

1. 权利性

股权质押的标的是股权。股权属于财产权，它既非债权，亦非物权。一种权利要成为质押的标的，必须满足两个基本的条件。首先，它必须是一种财产权，能够转移占有、适于设质，即具有物质性；其次，它应当具有交换价值并可以转让，即具有可转让性。股权兼具这两种属性，因而可以遵循法定程序进行质押融资。

2. 象征性

股权质押的象征性，是指作为股权质押标的的价值实体并没有转移占有，实际转移占有的仅仅是代表股东权益的股权凭证。但是由于股权所代表的仅仅是股东所享有的"一种观念上的抽象意义的财产权利"，其难以为股东所实际控制和掌握，因此股东所拥有的权利并不像实体物那样，可以任意地自由处分。

3. 便利性

一般质押以转移标的物占有为要件，以持续占有标的物为必要，质权人对于出质物负有妥善保管的义务。

4. 风险性

股权与其他不动产，动产及权利相比，其价值具有较大的波动性，因此股权质押的担保功能具有相对不稳定性。在设质股权贬值之时，股权担保主债权的功能相应减弱，质权人就该股权所享受的担保利益便会受到影响。

（二）股权质押融资的途径

目前，中小企业股权质押融资较多采用以下几个途径：

（1）中小企业直接与银行等金融机构进行股权质押融资。在具体操作中，中小企业通常由公司股东等股权出质人出面，以其所拥有的有权处分并可以依法转让的公司股权作为标的，通过订立书面出质合同，将自己持有的公司股权质押给银行、农村信用社等金融机构，用以担保债务履行，向金融机构申请贷款。

（2）由公司股东采用股权质押形式，向担保公司提供反担保，进行股权质押融资。这类中小企业多为公司制企业。在进行股权质押融资时，中小企业会先向银行提出贷款申请，由担保公司向银行作出担保，然后再由公司股东采用股权质押形式，向担保公司提供反担保，最终达到融资目的。据调查，由于此种形式比较符合中小企业实际情况，在风险控制方面能够得到金融机构和担保公司的认可，因此受到中小企业的普遍欢迎。

（3）在公司与公司之间，基于股权转让款项交付条件进行担保，实施股权质押融资。随着公司制企业的迅速发展，公司之间的相互转让股权事项也越来越多。根据工商机关的调查和统计，中小企业基于股权转让款项交付条件进行担保，实施股权质押融资的数量近年来迅速增多。具体操作步骤如下：

甲公司控股股东将持有的甲公司股权转让给乙公司，双方在协商后签订股权转让协议和还款协议。为确保还款协议顺利履行，甲公司的股权转让方以股权出质登记方式进行反担保。乙公司的股权受让方先将股权质押给转让方，作为付款的担保，待还款结束后双方再办理股权质押注销登记。

（三）股权质押融资的主要风险

1. 股权价值波动下的市场风险

股权设质如同股权转让，质权人接受股权设质就意味着从出质人手里接过了股权的市场风险。而股权价格波动的频率和幅度都远远大于传统用于担保的实物资产。无论是股权被质押企业的经营风险，还是其他的外部因素，其最终结果都转嫁在股权的价格上。

2. 出质人信用缺失下的道德风险

所谓股权质押的道德风险，是指股权质押可能导致公司股东"二次圈钱"，甚至出现掏空公司的现象。由于股权的价值依赖于公司的价值，股权价值的保值需要质权人对公司进行持续评估，而未上市公司的治理机制相对不完善，信息披露不透明，同时作为第三方股权公司不是合同主体，质权人难以对其生产经营、资产处置和财务状况进行持续跟踪了解和控制，容易导致企业通过关联交易，掏空股权公司资产，悬空银行债权。

3. 法律制度不完善导致的法律风险

现行的股权质押制度因存在诸多缺陷而给质权人带来如下风险：一是优先受偿权的特殊性隐含的风险。当出质公司破产时，股权质权人对出质股权不享有对担保物的别除权，因为公司破产时其股权的价值接近于零，股权中所包含的利润分配请求权和公司事务的参与权已无价值，实现质权几无可能。二是涉外股权瑕疵设质的风险。

4. 股权交易市场不完善下的处置风险

在股权质押融资中，如果企业无法正常归还融资款项，处置出质股权的所得将成为债权人不受损失的保障。

三、股权质押实务

股权质押作为权利质押中的一种典型形式，与其他权利质押相类似，其生效的关键在于履行法律规定的登记或记载义务。通过登记设定具有公示作用，其意义在于通过股权质押的公示作用达到安全、公平、效率交易的目的。

股权质押融资的流程如下：

（1）股权出质的企业召开董事会或者股东会并作出股权质押决议。

（2）股权质押贷款的借款人和贷款人双方应以书面形式签订贷款合同。

（3）出质人和贷款人双方应以书面形式订立股权质押合同；股权质押合同可以单独订立，也可以是贷款合同中的担保条款。

（4）股权质押合同签订之日起 15 日内，股权质押贷款当事人须凭股权质押合同到工商管理机关登记办理股权出质登记，并在合同约定的期限内将股权交由工商管理机关登记保管。股权出质登记事项包括：出质人和质权人的姓名或名称；出质股权所在公司的名称；出质股权的数额。

（5）贷款人根据贷款合同和《股权质押登记证明书》办理贷款。

（6）股权质押贷款的利率、期限根据中国人民银行的有关规定确定。

股权质押贷款的借款人向贷款人申请质押贷款需提供下列资料：

（1）股权质押贷款申请书。

（2）质押贷款的借款人上一季度末的财务报表（资产负债表、损益表等）。

（3）股权出质公司上一个会计年度的资产评估报告。

（4）股权出质公司同意质押贷款证明。股份公司股权出质的，需提交董事会或者股东会同意质押的决议。有限责任公司股权出质的，需出具股权出质记载于股东名册的复印件。

企业应向工商管理机关申请股权出质设立登记，应当提交下列材料：

（1）申请人签字或者盖章的《股权出质设立登记申请书》。

（2）记载有出质人姓名（名称）及其出资额的有限责任公司股东名册

复印件或者出质人持有的股份公司股票复印件（均需加盖公司印章）。

（3）质权合同。

（4）出质人、质权人的主体资格证明或者自然人身份证明复印件（出质人、质权人属于自然人的由本人签名，属于法人的加盖法人印章，下同）。

（5）国家市场监督管理总局要求提交的其他材料。

注意：指定代表或者共同委托代理人办理的，还应当提交申请人指定代表或者共同委托代理人的证明。申请人应当对申请材料的真实性、质权合同的合法性和有效性、出质股权权能的完整性承担法律责任。

拓展案例

公司股权质押

B集团公司是一家资产规模大、颇具实力的集团公司，旗下有一家国内A股的上市公司及多家有实力的公司。公司为了盘活集团资产，补充流动资金，将持有的某商业银行3000万股股权在某省产权交易所办理了质押融资业务，将3000万股的股权质押给另一家银行，成功融资2000万元人民币。

这种模式是属于将公司股权质押给商业银行。

A集团是一个大型集团有限公司，旗下拥有一家A股的上市公司和多家公司。为了解决集团新项目融资问题，于2007年7月在某省产权交易所办理了股权质押业务，成功地将旗下一家公司的47.5%的股权（计6440万元）质押给了内部职工，完成了内部融资2692.5万元人民币，盘活了集团资产。

这种模式属于将公司股权质押给自然人或股东。

拓展案例

股票股权质押

要弄清股权质押，我们要先了解什么是质押。质押是针对动产的，举个例子，有一天A某手头紧张了，想去相关机构借钱，但是相关机构又担心A某欠债不还，于是A某就把自己的车拿去作担保，由相关机构代为保管，如果到期还不了钱，车就会被拿来抵债。

股权质押就是想要借钱的人换成了上市公司的股东，相关机构一般是券商或银行这样的金融机构，A某的汽车则换成了上市公司的股票。

但是故事是不变的，股权质押的目的是借钱。这种借钱方式方便、便宜，而且能规避许多以上市公司为主体来筹资的各项监管要求。

它的缺点也很明显，作为抵押物的股票的价格是变动的，券商等机构为了避免赔本，当股票价格下跌到一定程度时，会启动保护机制：（1）预警——借款人需要拿更多股票作抵押或归还部分借款；（2）平仓——券商将抵押股票在市场上低价抛售。

一旦券商抛售，会引发股票的其他投资者恐慌，加入抛售，从而引发股价跳水。跳水又导致更多的质押股权被抛售，从而形成"自身强化的股价下跌"，而控股股东的股权质押被卖掉后，会同时失去对公司的控制权，可能引发公司治理问题，进一步加速股价下跌。

我国股市股权质押规模大，股权质押到期流动性不足。截至 2018 年 10 月，A 股质押总市值占比达 10%。据野村证券测算，股权质押融资带来的流动性压力将在未来一年持续性释放，到 2019 年末，平均每个季度将有 7260 亿元被质押股权释放。一旦股价下跌，将产生较大冲击。

第二节　增资扩股

知识导图

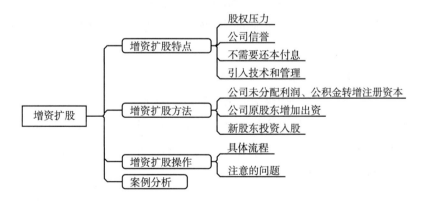

知识目标

1. 掌握增资扩股的特点、方法；

2. 学会增资扩股具体操作以及融资过程中需要注意的问题；

3. 了解增值扩股案例。

📖 案例讨论

增资扩股后，股东的持股比例怎么算？

老张的公司注册资金为 100 万元，是与原同事合伙注册的，老张占 60% 的股份，同事占 40%。经营两年后盈利颇丰，公司前景相当好。在一次聚会中，老张的朋友表示想向老张的公司投入 100 万元作为注册资本，成为老张公司的股东之一。这次资金的注入能为老张的公司带来一次不错的发展机会，老张也欣然接受了朋友的提议，但老张的同事却觉得一旦这 100 万元注入公司，他们身为创始人的股权将被稀释。为此，两个人产生了分歧。

请思考：老张公司增资扩股后，股东的持股比例究竟怎么算比较合适？

一、增资扩股的概述

虽然股权融资的方式众多，但是对于初创不久的中小型企业来说，能够扩大企业规模的增资扩股融资才是接触较多，也是比较适合的一种股权融资。

（一）增资扩股融资的方法

对于一些中小微企业来说，增资扩股是企业融资需要经历的一个过程。增资扩股是指企业增加注册资本，增加的部分由新的股东认购或新股东与老股东共同认购，以此来增强企业的经济实力。企业在进行增资扩股融资时一般常用的有以下几种方式：

1. 以公司未分配的利润和公积金转增注册资本

依据《公司法》第一百六十七条之规定，公司税后利润首先必须用于弥补亏损和提取法定公积金（提取比例为 10%，公司法定公积金累计额超过公司注册资本 50% 的，可以不再提取），有剩余的，方可在股东之间进行分配。分配公司利润时，经股东会决议，可将之直接增加注册资本，增加股东的出资额。依据《公司法》第一百六十九条之规定，增加公司资本是公积金的用途之一，需要注意的是，法定公积金转为注册资本时，所留存的该项公积金不得少于转增前公司注册资本的 25%。另外，公司以未分配利润、公积金转增注册资本的，除非公司章程有特殊规定，否则有限责任公司应当按照股东实缴的出资比例（详见《公司法》第三十五条）、股份有限公司应当按照股东持有的股份比例（详见《公司法》第一百六十七条）增加股东的注册资本。

2. 公司原股东增加出资

公司股东还可以依据《公司法》第二十七条的货币或者其他非货币财产作价投入公司，直接增加注册资本。需要注意的是，作为出资的非货币财产应当评估作价，核实财产，不得高估或者低估作价；作为出资的货币应当存入公司所设银行账户，作为出资的非货币财产应当依法办理其财产权的转移手续（详见《公司法》第二十八条）。

3. 新股东投资入股

增资扩股时，战略投资者可以通过投资入股的方式成为公司的新股东。新股东投资入股的价格，一般根据公司净资产与注册资本之比确定，溢价部分应当计入资本公积。另外依据《公司法》第一百六十二条的规定，上市公司发行的可转换债也可转换为公司注册资本，转换后公司注册资本增加，债券持有人身份从公司债权人转换成为公司股东。

值得一提的是，企业在通过增资扩股融资的时候可以将上述的 3 种方式进行混合使用。

（二）增资扩股融资的特点

中小企业增资扩股融资时可以发现增资扩股融资是权益性的融资，它具有股权融资的部分特点，如表 4 – 1 所示。

表 4 – 1　　　　　　　　　企业增资扩股融资的特点

特点名称	内容
股权压力	公司在经营良好的情况下，可以向股东分配股利；如果公司经营不善，盈利较少，可以少支付或者不支付股利。没有股权支付上的压力
提升公司的信誉	增资扩股融资能够给企业带来资本，改善公司的财务结构，扩大公司规模，降低公司的资产负债率，提升公司的信誉
不需要还本付息	增资扩股的资金属于企业的自由资本，不需要还本付息，即使分配红利也是根据企业的经营情况来确定的，所以没有财务上的风险
引入技术与管理	增资扩股的方式多样，除了将现金投入之外，还能引入技术、设备等作为知识产权入股，使得企业可以获得先进技术，设备和管理等，可以使企业尽快形成生产经营能力

当然增资扩股融资也存在着两个方面的缺点：一方面是资金成本较高，从利益分配的角度来看，无论是战略投资者还是资本投资者最终都会分配企业利益，原股东的收益也会下降，融资成本较高；另一方面由于增资扩股融

资是通过股权进行的融资，使得原有股权分散，从而丧失控股权。

二、增值扩股实务

(一) 增资扩股的具体流程

企业增资扩股是一个比较复杂的过程，了解这个流程能够让创业者更加方便地进行融资创业，下面来详细介绍增资扩股的具体步骤。如图 4 - 1 所示，企业增资扩股一般包含五个步骤。

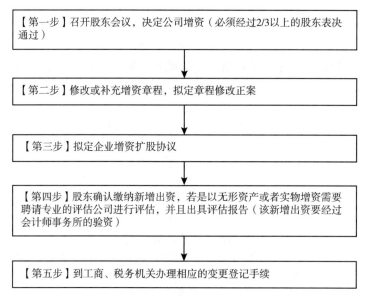

【第一步】召开股东会议，决定公司增资（必须经过2/3以上的股东表决通过）

【第二步】修改或补充增资章程，拟定章程修改正案

【第三步】拟定企业增资扩股协议

【第四步】股东确认缴纳新增出资，若是以无形资产或者实物增资需要聘请专业的评估公司进行评估，并且出具评估报告（该新增出资要经过会计师事务所的验资）

【第五步】到工商、税务机关办理相应的变更登记手续

图 4 - 1 增资扩股的流程

签署股东协议书等法律文件到原工商登记机关申请变更登记，办理变更登记所需提交的材料如下：

（1）由公司加盖公章的申请报告。

（2）公司委托代理人的证明（委托书）及指定代表或委托代理人的身份证复印件（本人签字）。

（3）公司法定代表人签署的变更登记申请书。

（4）股东会或董事会做出的增资扩股决议，涉及章程变更的应相应修改公司章程。①注册资本变更：提供有合法资格的验资机构出具的验资证明或国有资产管理部门出具的《国有资产产权登记表》，减少注册资本需公告三次。②股东变更：需重新提交公司章程、股东会决议、董事会决议、投资协议（股东协议书）、新股东的身份证或营业执照复印件。

（5）工商登记机关所发的全套登记表及其他材料。

（6）提交公司《企业法人营业执照》正副本和电子营业执照（IC卡）提交复印件的，应当注明"与原件一致"并由股东加盖公章或签字。

上述需股东签署的，股东为自然人的，由本人签字，自然人以外的股东加盖公章。

（二）增资扩股融资过程中需要注意问题

增资扩股过程中由于入股分为以知识产权入股、实物入股及货币入股过程较为复杂，所以应当注意以下一些问题。

（1）货币入股：开立银行临时账户投入资本时，可以在银行单据"用途缺项来源摘要备注"栏中注明投资款项，避免后期纷争；各股东按各自认缴的出资比例分别投入资金，分别提供银行出具的进账单原件。

（2）以实物或者知识产权入股：投资实物的所有权为投资人所有且未做过担保或者抵押；实物或知识产权的评估报告；注册资本中以无形资产作价出资的，其所占注册资本的比例应当符合国家有关规定；有限责任公司全体股东的实物出资金额不得高于注册资本的70%；公司章程应当就上述出资的转移事宜做出规定，并于投资后及时办理有关规定转移过户手续，报公司登记机关备案。

（3）投资比例：投资人如果为法人代表，其投资总额不能超过公司章程规定的净资产投资比例。

（4）未分配利润转增：如果是以未分配的利润转增注册资本，转增的比例不宜过高。

（5）公积金转增：如果是以公积金转增注册资本，由于公积金的种类不同，转增的比例也不同。

虽然前面提到增资扩股的众多特点及方式方法，但是运用到实际的企业融资中，该具体怎么去操作？下面通过一个实例来具体地分析。

拓展案例

增资扩股

公司简介：A公司是从事城市运营及房地产营运的专业性顾问服务机构，公司汇集城市规划、市场研究、房地产规划设计、房地产策划、品牌策划、投资分析、市场营销、项目及物业评估、二手楼交易等领域的专业人士，为客户提供增值服务。

2008年初A公司更名B公司，并增资扩股，注册资本增至600万元。C公司入主B公司，成为战略投资者。A公司原来股权比例：王某50%，张某30%，李某20%。

融资情况：2007年12月26日，A公司召开股东大会通过《股东会决议》，同意公司股东王某、张某、李某以D会计师事务所公司2007年12月1日出具的评估报告确定A公司2003年10月31日整体资产价值366.12万元的80%为依据，向C公司、杨某、王某、谢某转让部分股权。同意股东王某将其合法持有的50%股份中的25%转让给C公司，保留25%的股份；同意股东张某将其持有的30%股份中的3%转让给C公司，13%转让给杨某，13%转让给王某，1%转让给谢某，转让后张某不再持有公司股份；同意公司股东李某将其合法持有的20%股份中的11%转让给谢某，保留9%的股份。同意将公司注册资本由人民币200万元增资到人民币600万元。

合同主要内容：

（1）2008年1月10日，C公司与A公司签署了《股权转让协议》，协议约定：同意王某转让25%的股权给C公司，张某同意转让3%的股权给C公司，该项股权转让以会计师事务所公司评估报告确定的A公司2003年10月31日整体资产价值366.12万元的80%为依据，即人民币82万元（366.12×25%×80%+366.12×3%×80%）。

（2）2008年1月10日，C公司、王某、杨某、王某、谢某、李某等6名出资人（法人1名，自然人5名）签署了《出资人协议书》。根据协议，各出资人一致同意将A公司注册资本由人民币200万元增至人民币600万元，增资额为400万元，根据持股比例，C公司需支付增资额112万元（400×28%）。

（3）根据上述股权收购及增资事宜，C公司共需出资人民币194万元。本次股权转让及增资后，C公司持有A公司28%的股权，为该公司第一大股东。

（4）交易各方签字盖章并经C公司董事会批准后，C公司先支付总价款的30%，即82×30%=24.6（万元），待C公司其他5位出资人出资到位之后，再支付价款的20%，即16.4万元，其余50%的价款，即41万元（82×50%），在办理完工商登记等相关手续后3日内支付。

（5）C公司其他出资人增资款到位并取得A公司开具的出资证明书后，C公司一次支付增资额112万元。

增资扩股经常发生在股权出让之后。新的控股股东在接管企业之后，为了扩大生产，加快企业发展步伐，会和其他股东协商进行增资扩股。如果企业的股份出让进行得当，企业的重组进行得顺利，新的股东和管理层被市场所看好，这会是增资扩股的好时机。

企业在确定增资扩股之前需要做好市场调查。考虑好企业当前的经营状况和发展需要、形势和投资者对企业的信心，明确融资的具体金额。融资额要能够支持企业的发展，同时还要支付大量的融资成本。但是如果增发超过企业发展需要的股票，不仅会稀释企业管理权，增加企业管理的压力，还有可能增发失败，大大影响企业的声誉。

第三节　私　募　股　权

知识导图

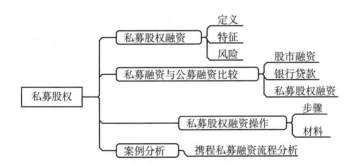

知识目标

1. 掌握私募股权融资定义、特征和风险；

2. 学会辨析私募与公募区别，掌握私募股权融资的流程；

3. 了解案例携程私募融资流程。

📖 案例讨论

资本市场上进行私募股权投资的魅力①

1. 阿里巴巴

当年 1 元原始股，现在变成 161422 元！2014 年 9 月 21 日，阿里巴巴上市

---

　　① 案例来源：在资本市场上进行股权投资的魅力 ［EB/OL］. （2016 - 06 - 11）［2022 - 05 - 01］. 个人图书馆，http：//www.360doc.com/content/16/1010/08/17045591_597226944.shtml.

不仅造就了马云这个华人首富，还造就了几十位亿万富翁、上千位千万富翁、上万名百万富翁，这是一场真正的天下财富盛宴。阿里巴巴上市前注册资本为1000万元人民币，阿里巴巴集团于美国时间2014年9月19日纽约证券交易所上市，确定发行价为每股68美元，首日大幅上涨38.07%收于93.89美元，现股价102.94美元，股本仅为25.13亿美元，市值达到2586.90亿美元，收益率达百倍以上。相当于当年上市前1元原始股，现在变成161422元。

2. 腾讯

当年1元原始股，现在变成14400元！2004年6月16日，腾讯上市，造就了5位亿万富翁、7位千万富翁和几百位百万富翁。腾讯上市前公司注册资本6500万元人民币，2004年6月腾讯在香港挂牌上市，股票上市票面价值3.7港元发行；第二年，腾讯控股开始发力飙升，年底，其股价便收在了8.30港元附近，年涨幅达78.49%；到2009年时，腾讯控股以237%的年涨幅成功攀上了100港元大关，为香港股市所瞩目。

2012年2月，该股已站在了200港元之上，此后新高不断。2014年3月该股股价一举突破600港元大关，2014年5月将一股拆为五股，现单股股价为136港元，总市值达到1500多亿美元。相当于当年上市前投资1元原始股，现在变成14400元。

3. 百度

当年1元原始股，现在变成1780元！2005年8月5日，百度上市，当天创造了8位亿万富翁（包括李彦宏、刘建国、徐勇、梁冬、朱洪波等）、50位千万富翁、240位百万富翁。所有的股东一夜无眠，彻夜庆贺。百度一位前台小姐的手机被打爆，因为她也随着百度上市成了百万富翁，这在常人眼里几乎是不可能的事情，但却发生了！

百度上市前注册资本为4520万美元，2005年8月5日，百度成功登陆纳斯达克，股价从发行价27美元起步，一路飙升，开盘价66美元，收于122.54美元，上涨95.54美元。

4. 格力电器

当年1元原始股，现在变成1651元！珠海格力电器股份有限公司于1996年11月18日在深圳证券交易所挂牌交易，当时总股本为7500万元，每股净资产为6.18元，如今股价达到41.19元，总市值达到1238.94亿元。相当于当年上市前投资1元原始股，现在变成1651.92元。

5. 贵州茅台

当年1元原始股，现在变成1095元！贵州茅台酒股份有限公司于2001年

8月27日在上海证券交易所上市，每股发行价 31.390 元，上市首日开盘价 34.51 元，上市时注册资本为人民币 18500 万元，现今股价 177.47 元，总市值达到 2026.7 亿元，相当于当年上市前 1 元原始股，现在变成 1095.5 元。

这样的例子在当今中国可以说数不胜数。每天通过电视、报刊、互联网的传播涌现到我们面前。我们不禁感叹，资本市场倍增的魅力如此之巨大。在我们传统行业里需要几十年甚至几代人创造的财富，在资本市场中经常一夜之间美梦成真。这就是资本市场的魅力，这就是在资本市场上进行私募股权投资的魅力。这也是在中国催生的，一个全新的商业模式对我们的召唤。

以上这些真实发生的以及在我们这个社会中无数的案例证明：私募股权投资是当今中国最赚钱的行业之一。

请思考：私募股权融资的企业一般在企业发展的哪个阶段？

为涵盖企业首次公开发行（IPO）前各阶段的权益投资，即对处于种子期、初创期、发展期、扩展期、成熟期和上市前（Pre-IPO）各个时期企业所进行的投资，相关资本按照投资阶段可划分为风险投资（venture capital）、发展资本（development capital）、并购基金（buyout/buyin fund）、夹层资本（mezzanine capital）、重振资本（turnaround），Pre-IPO 资本（如 bridge finance），以及其他如上市后私募投资（private investment in public equity，PIPE）、不良债权（distressed debt）和不动产投资（real estate）等。

一、私募股权融资的概述

全球管理咨询公司贝恩公司发布《2021 年中国私募股权市场报告》显示，2020 年中国私募股权的交易金额达 970 亿美元，在亚太地区的私募交易市场格局中占据主导地位，同期内亚太地区的私募股权退出交易额和基金数量双双下降至 460 亿美元和 179 家。私募股权基金起源于美国，最早的雏形是 1976 年华尔街著名投资银行贝尔斯登的三家投资银行家成立了一家投资机构科尔伯格·克拉维斯·罗伯茨（KKR），专门从事并购业务，这就是最早的私募股权投资公司。

（一）私募股权融资定义

私募融资（private placement）是指有融资需求的企业在相关中介的协

助下，直接与特定的投资人（包括跨国公司、产业投资基金、风险投资基金等）接触，经过双方协商一致，以出让部分股权的形式获得投资人投资的一种融资行为，私募融资是与上市融资相对应的。

私募股权投资（private equity，PE）指以非公开的方式向少数机构投资者或者个人募集资金，主要向未上市企业进行的权益性投资，最终通过被投资企业上市、并购或管理层回购等方式退出而获利的一类投资基金，如图 4-2 所示。

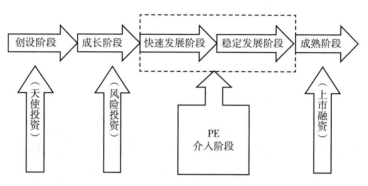

图 4-2　PE 在企业生命周期中的位置

风险投资（venture capital，VC），也称创业投资，根据全美风险投资协会的定义，风险投资是由职业金融家投入到新兴的、迅速发展的、有巨大竞争潜力的企业（特别是中小型企业）中的一种股权资本。

首次公开发行（initial public offering，IPO），是指企业第一次将它的股份向社会公众出售的行为。

首次公开发行前投资（Pre-IPO），是指投资于企业上市之前，或预期企业可近期上市时，其推出方式一般为：企业上市后，从公开资本市场出售股票推出。

有限合伙人（limited partner，LP），有限合伙人作为真正的投资者，投入绝大部分资金，但不参与经营管理，并且只以其投资的金额为限承担有限责任。

普通合伙人（general partner，GP，又称无限合伙人）作为真正的管理者，只投入极少部分资金，但全权负责经营管理，并要承担无限连带责任。

（二）私募股权融资的特征

（1）在资金募集上，主要通过非公开方式面向少数机构投资者或个人募集，它的销售和赎回都是基金管理人通过私下与投资者协商进行的。另外在投资方式上也是以私募形式进行，绝少涉及公开市场的操作，一般无须披露交易细节。

（2）多采取权益型投资方式，绝少涉及债权投资。PE 投资机构也因此对被投资企业的决策管理享有一定的表决权。反映在投资工具上，多采用普通股或者可转让优先股，以及可转债的工具形式。

（3）一般投资于私有公司即非上市企业，绝少投资已公开发行公司，不会涉及要约收购义务。

（4）比较偏向于已形成一定规模和产生稳定现金流的成形企业，这一点与 VC 有明显区别。

（5）投资期限较长，一般可达 3 ~ 5 年或更长，属于中长期投资。

（6）流动性差，没有现成的市场供非上市公司的股权出让方与购买方直接达成交易，通常只能通过兼并收购时的股权转让和 IPO 时才能退出。

（7）资金来源广泛，如富有的个人、风险基金、杠杆并购基金、战略投资者、养老基金、保险公司等。

（8）PE 投资机构多采取有限合伙制，这种企业组织形式有很好的投资管理效率，并避免了双重征税的问题。

（9）投资退出渠道多样化，有 IPO、售出（trade sale）、兼并收购（M&A）、标的公司管理层回购等。

（三）私募股权融资的风险

企业进行私募股权融资会遇到各种法律风险，应该从私募股权融资的各个阶段规避法律风险，步步为营，使企业私募股权得以顺利进行和圆满完成。

（1）企业首先应当明确私募的目的，是为了单纯的融资、部分股权套现、引入战略伙伴，还是为了最终上市。私募股权目的不同，所选择的投资者也不同。如果没有事先确定私募的目的而跟风进行私募，会在今后的私募进程中丧失方向感并处于被动地位。

（2）若企业是为了上市而私募，那么最好不要选择那些同自己有上下游业务关系的战略投资者。一方面，战略投资者可能会成为控制企业股权的潜在竞争者；另一方面，对战略投资者的选择往往会在上市的进程中遭遇法律风险，从而阻碍上市的实现，典型的法律风险就是关联交易。因此，在企业选择投资时就应该从减少关联交易的角度考虑对股东的选择，调整股权结构，尤其是减少与控股股东及其下属机构之间的关联交易。

所以，选择投资者的法律风险控制点主要在于企业必须明确私募股权融资的目的，这里可以区分为以上市为目的的私募股权融资与不以上市为目的的私募股权融资。而最好的方式是聘请擅长私募股权融资业务的律师做私募融资顾问，对企业做出综合评估后，确定投资者。律师私募融资顾问有广泛的融资视野和投资者可供企业选择，在私募融资的准备阶段，可以引导企业发掘自身的价值，明确企业私募的目的，并结合企业的实际情况和该私募目的进行可行性分析。

二、私募融资与公募融资比较

融资方式有私募融资和公募融资，资本形态包括股权资本和债务资本。结合融资方式和资本形态，融资可以分为四种类型：私募股权融资、私募债务融资、公募股权融资、公募债务融资。银行贷款属于私募债务融资，股市融资属于公募股权融资。私募股权融资是指融资人通过协商，招标等非社会公开方式，向特定投资人出售股权进行的融资，包括股票发行以外的各种组建企业时股权筹资和随后的增资扩股。如表4-2所示，私募债务融资是指融资人通过协商，招标等非社会公开方式，向特定投资人出售债券进行的融资，包括债券发行以外的各种借款。

表4-2 融资方式比较

项目	股市融资	银行贷款	私募股权融资
主要融资人	（待）上市	所有企业	中小企业
一次融资平均规模	较大	较小	较小
对企业的资格限制	较高	较低	最低
表面会计成本	最低	最高	较低
实际经济成本	较高	较低	最高
投资人承担风险	较高	较低	最高
投资人是否分担企业最终风险	平等分担	不分担	部分分担
投资人是否分享企业最终利益	分享	不分享	部分分担
融资对公司治理的影响	较强	较弱	最强

三、私募股权融资实务

私募股权融资是指以股权转让或增资扩股的方式引入特定投资者，通过增加新股东来获取资金的融资方式。这里需要注意的是：第一，引入的特定投资者的数量不能超过 200 人；第二，私募是相对于股票公开发行来说的。

（一）私募股权融资的步骤

私募股权融资步骤包括前期筹备工作（项目立项），尽职调查，公司价值评估，投资条款谈判和法律文件的签署与交割。在融资过程中，前期筹备工作最为重要，现在我们就来了解一下，前期要准备的一些资料。

（1）首先，企业方和融资顾问签署服务协议。

（2）开始和融资企业组建专职团队，准备专业的私募股权融资材料。

（3）与企业共同为企业设立一个目标估值，即老板愿意出让多少股份来获得多少资金。通常建议，企业出让不超过 25% 的股份，尽量减少股权稀释，以保证老板对企业的经营控制权。

（4）准备私募股权融资材料。

（5）投资银行会把融资材料同时发给多家 PE，并与他们就该项目的融资事宜展开讨论。这个阶段的目标是使最优秀的 PE 合伙人能够对公司产生兴趣。

（6）过滤、筛选出几家最合适的投资者。这些投资者对企业所在行业非常了解，对公司非常看好，会给出最好的价钱。

私募股权融资材料包括：

（1）私募股权融资备忘录——关于公司的简介、结构、产品、业务、市场分析、竞争者分析等（这份备忘录以幻灯片形式出现，共 20~30 页）。

（2）历史财务数据——企业过去三年的审计过的财务报告。

（3）财务预测——在融资资金到位后，企业未来三年销售收入和净利润的增长（PE 通常依赖这个预测去进行企业估值，所以这项工作是非常关键的）。

（二）PE 对企业发展的重要性

（1）解决企业的融资需求。

（2）改善企业的资产结构及财务状况。

（3）帮助企业改善公司治理结构，帮助公司建立产权清晰、权责明确、政企分离、管理科学的现代企业结构，使之达到上市标准。

前面我们学习了私募股权融资指对具有高成长性的非上市企业进行的股权投资，是创业公司股权融资的主要方式之一。私募股权投资是一种权益性投资，在交易过程中附带考虑了将来的退出机制，即通过上市、并购或管理层回购等方式退出变现。下面我们通过携程私募股权基金的进入和退出所涉及的融资等相关问题作简要评析。

拓展案例

携程私募融资流程分析①

第一步：创建携程，吸引技术创业投资基金（IDG）第一笔投资 50 万美元。

1999 年 4 月，创始人梁建章、沈南鹏、范敏、季琦四人成立携程香港公司 [Ctrip. com（Hong Kong）Limited]，注册资本约 200 万元人民币，公司的股权结构完全以出资的比例而定。1999 年 10 月，在携程网站还没有正式推出的情况下，基于携程的商业模式和创业团队的价值，最早进入中国市场的美国风险投资公司之一———IDG 凭借携程一份仅 10 页的商业计划书向其投资了 50 万美元作为种子基金。作为对价，IDG 获得了携程 20% 多的股份。在携程随后进行的每轮融资中，IDG 都继续跟进。

第二步：吸引软银等风险投资 450 万美元，携程集团架构完成。

2000 年 3 月，携程国际（Ctrip. com International, Ltd）在开曼群岛成立。由软银中国创业投资有限公司（以下简称软银）牵头，技术创业投资基金、兰馨亚洲投资集团（以下简称兰馨亚洲）、Ecity Investment Linited（以下简称 Ecity）、上海实业创业投资公司（以下简称上海实业）五家投资机构与携程签署了股份认购协议。携程以每股 1.0417 美元的价格，发售 432 万股"A 类可转可赎回优先股"。随后，携程国际通过换股 100% 控股携程香港。这样，携程的集团架构完成，为携程以红筹模式登陆海外证券市场扫平了道路。

第三步：引来美国凯雷集团等机构的第三笔投资。

2000 年 11 月，凯雷等风险投资机构与携程签署了股份认购协议，以每股 1.5667 美元的价格，认购了携程约 719 万股"B 类可转可赎回优先股"。

---

① 携程旅行网私募融资案例［EB/OL］.（2011 - 11 - 05）［2022 - 05 - 01］. 豆丁网, ht-tps：//www. docin. com/p - 282802709. html.

至此，携程完成了第三次融资，获得了超过 1000 万美元的投资。

第四步：吸引老虎基金。

Pre - IPO 投资 1000 万美元，提升国际投资者的认可度。2003 年 9 月，携程的经营规模和盈利水平已经达到上市水平，此时取得了上市前最后一轮 1000 万美元的投资，携程以每股 4.5856 美元的价格向老虎基金发售 218 万股"C 类可转可赎回优先股"。携程以每股 4.5283 美元的价格赎回普通股和 A 类可转可赎回股票共约 122 万股，以每股 6.7924 美元价格赎回约 64 万股 B 类可转可赎回股票。对于准备在美国上市的携程来说，能在上市之前获得重量级的美国风险投资机构或者战略投资者的投资，对于提升国际投资者的认可度有着非常大的帮助。

第五步：登陆纳斯达克市场，私募完成增值。

2003 年 12 月 9 日晚 11 时 45 分（美国东部纽约时间 12 月 9 日上午 10 时 45 分），携程国际（股票代码：CTRP）以美国存托股份（ADS）形式在美国纳斯达克股票交易所（NASDAQ）正式挂牌交易。

携程的私募历程如表 4 - 3 所示。

表 4 - 3　　　　　　　　　携程的私募历程

投资机构	第一轮私募融资（创业投资）		第一轮私募融资（创业投资）		第一轮私募融资（创业投资）		Pre - IPO 上市前私募		上市后股比分布（%）
	金额（万美元）	股比（%）	金额（万美元）	股比（%）	金额（万美元）	股比（%）	金额（万美元）	股比（%）	
IDG	50	20	50		64				5.21
软银			150		100				
兰馨亚洲			96		28				
Ecity			100						2.29
上海实业			50		130				4.12
凯雷					750				18.3
老虎基金							4584	8.03	6.7
合计	50		446		1072		4584		

携程的成功实际上是"产业经营＋资本市场支持"模式的成功，既归因于管理团队的超强执行力，也归因于其极善于利用私募股权投资，借助资本的力量来快速完成产业的扩张。

第四节 风险投资

知识导图

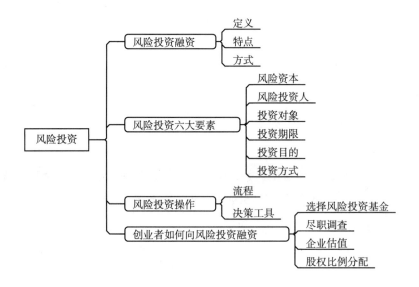

知识目标

1. 掌握风险投资融资定义、特点、方式和六大要素；

2. 学会风险投资操作流程、创业者如何向 VC 融资；

3. 了解风险投资决策工具。

📖 案例讨论

京东的风险投资融资①

2006 年，中国电商公司京东的创始人刘强东寻求 200 万美元的资金支持。为此，他向中国私募资本公司今日资本（Capital Today）寻求帮助。结果，Capital Today 决定投资 1000 万美元。这笔增至 5 倍的投资最终证明了是一个明智的选择。当京东在 2014 年上市的时候，Capital Today 的股权价值 24 亿美元。在 Capital Today 投资之后的这些年里，中国电商行业迎来了

---

① 案例来源：全球风投史上最成功的 28 起投资，中国占 6 起［EB/OL］. （2018 - 04 - 13）［2022 - 05 - 01］. 猎云网，https：//baijiahao. baidu. com/s？id=1597590206324572095&wfr=spider&for=pc.

发展高峰——许多其他公司都开始注意到了京东。在 2011 年，沃尔玛参与了京东 15 亿美元的融资轮。之后，这家零售巨头将其在中国的整体电商运营业务都交给京东负责。到 2017 年 2 月，沃尔玛在京东的股份已经达到12%。安大略省教师退休基金会（Ontario Teacher's Pension Plan Board）也参与了 2012 年 11 月份 4 亿美元的私募融资轮。在京东上市之后，所持股份价值增至 6.3 亿美元。

请思考：风险投资与私募股权融资有什么不同？

风险投资资助和培育出很多极具影响力的公司，我们都耳熟能详，他们通常投资于初创阶段的公司，那些尚未实现盈利往往还没有取得收入，甚至是没有形成产品或服务的创业组织。风险投资可凭借雄厚的资本、丰富的经验、深厚的知识和优质的人脉资源推动这些组织的发展。他们通常会专注于投资某个特定阶段，因而有早期、中期或后期的风险投资融资之分。

风险投资不需要抵押，也不需要偿还。如果投资成功，投资人将获得几倍、几十倍甚至上百倍的回报；如果失败，投进去的钱就算打水漂了。对创业者来讲，使用风险投资创业的最大好处在于即使失败，也不会背上债务。这样就使得年轻人创业成为可能。总的来讲，这几十年来，这种投资方式发展得非常成功。

一、风险投资的概述

风险投资（venture capital，VC）在我国是一个约定俗成的具有特定内涵的概念，其实把它翻译成创业投资更为妥当。广义的风险投资泛指一切具有高风险、高潜在收益的投资；狭义的风险投资是指以高新技术为基础，生产与经营技术密集型产品的投资。

根据美国全美风险投资协会的定义，风险投资是由职业金融家投入到新兴的、迅速发展的、具有巨大竞争潜力的企业中的一种权益资本。

天使投资是自由投资者或非正式风险投资机构对原创项目构思或小型初创企业进行的一次性的前期投资，天使投资是风险投资的一种，是一种非组织化的创业投资形式。天使投资是风险投资的先锋。当创业设想还停留在创业者的笔记本上或脑海中时，风险投资很难眷顾它们。此时，一些个体投资人如同双肩插上翅膀的天使，飞来飞去为这些企业"接生"。投资专家有个比喻，好比对一个学生投资，风险投资公司着眼大学生，机构投资商青睐中学生，而天使投资者则培育萌芽阶段的小学生。

拓展案例

天使投资助推创业梦想的实现——谷歌（Google）的创立①

1998 年，两位还没毕业的穷学生去向太阳计算机系统（Sun）公司的共同创始人安迪·贝托尔斯海姆讲述他们的创业梦想，讲了半天，老头不是很理解，但是被两个年轻人的激情和梦想所感动，对他们说："我听不懂你们的商业模式，先给你们一张支票，半年之后告诉我你们在做什么。"于是，靠着这 20 万美元支票起家，两个人一步步打造出了今天的 Google。这就是贝托尔斯海姆的 20 万美元后来演变成近 3 亿美元的传奇故事。

这样的传奇在美国屡见不鲜，很多颇具规模的公司都是在种子期得到天使投资后蓬勃发展的。这类传奇也让存有创业梦想但又缺乏资金的创业者们看到了曙光，试图创造条件通过寻找青睐自己项目的"天使"来渡过创业的艰难时期。

（一）风险投资特点

1. 高回报和高风险并存

常听到某个著名案例某风险投资获取了惊人的超级回报，但实际上，风险投资的全部投资项目中，亏损项目的比例很高，风险投资要实现自身层面的目标收益率，在多个项目中至少需要一两个业绩斐然的项目才能弥补，换句话说，被投资公司至少要为风险投资投入的资本创造出 10 倍乃至百倍的收益率。这些超级投资项目，决定了投资的最终成败。这种分布不均、时好时坏的收益特性凸显了风险投资的高风险性。

2. 投资期限长，低流动性

风险投资在企业创立初期就投入，当企业发展成熟后，才有可能实现退出，因此投资期都较长，投资退出的时间没有保障，这也导致其流动性低。

3. 一般缺乏控股权

在每个融资轮中，创业者要释放一定数量的持有股份，以换取投资者投入的新资本，放弃的比例主要取决于需要筹集的资金数量以及新投资者的收益预期，一般情况下，初创企业创始人基于创业情结不会放弃控股权。

① 毛志辉. 学会让别人"豪赌"你的理想 ［J］. 投资与理财，201（17）：73－74.

（二）风险投资方式

（1）股权转让投资，即以目标公司部分股东拟转让的全部或部分股权作为投资标的投资。

（2）增资扩股投资，即在目标公司原股东之外，吸收风险投资作为股东入股，并相应增加目标公司注册资本的投资。

（3）具有贷款或者委托贷款性质的风险投资，以及其他依法可行并经投融资双方认可的风险投资。

二、风险投资六大要素

风险资本、风险投资人、投资目的、投资期限、投资对象和投资方式构成了风险投资的六要素。

1. 风险资本

风险投资的运作，即从投资风险企业到上市成功退出的整个运作过程，无论是从投资还是从被投资企业的角度来看，始终围绕着"资本"的问题展开。资本的来源深刻地影响着资金投入的目的、时间、结果及退出，因此，资金来源在本质上就决定风险投资产业发展的方向、绩效和成果。

2. 风险投资人

风险投资人大体可以分为以下四类：

（1）风险资本家。他们是向其他企业家投资的企业家，与其他风险投资人一样，他们通过投资来获得利润。但不同的是风险资本家所投出的资本全部归其自身所有，而不是受托管理的资本。

（2）风险投资公司。风险投资公司的种类有很多种，但是大部分公司通过风险投资基金来进行投资，这些基金一般以有限合伙制为组织形式。

（3）产业附属投资公司。这类投资公司往往是一些非金融性实业公司下属的独立风险投资机构，他们代表母公司的利益进行投资。这类投资人通常主要将资金投向一些特定的行业。和传统风险投资一样，产业附属投资公司也同样要对被投资企业递交的投资建议书进行评估，深入企业作尽职调查并期待得到较高的回报。

（4）天使投资人。这类投资人通常投资于非常年轻的公司以帮助这些公司迅速启动。在风险投资领域"天使投资人"这个词指的是企业家的第一批投资人，这些投资人在公司产品和业务成型之前就把资金投入进来。

风险投资人一般积极参与被投资企业的经营管理,提供增值服务。风险投资家在风险企业持有约30%的股份,他们的利益与风险企业的利益紧密相连。风险投资家不仅参与企业的长期或短期的发展规划、企业生产目标的测定、企业营销方案的建立,还要参与企业的资本运营过程,为企业追加投资或创造资金渠道,甚至参与企业重要人员的雇用、解聘。

3. 投资目的

风险投资虽然是一种股权投资,但投资的目的并不是为了获得企业的所有权,也不是为了控股,更不是为了经营企业,而是通过投资和提供增值服务把投资企业作大,然后通过公开上市、兼并收购或其他方式退出,在产权流动中实现投资回报。

4. 投资期限

风险投资人帮助企业成长,但他们最终寻求渠道将投资撤出,以实现增值。风险资本从投入被投资企业起到撤出投资为止所间隔的时间长短就称为风险投资的投资期限。作为股权投资的一种,风险投资的期限一般较长。其中,创业期风险投资通常在7~10年内进入成熟期,而后续投资大多只有几年的期限。

5. 投资对象

风险投资的投资对象:主要是不具备上市资格的小型的、新兴的或未成立的高新技术企业,特别是中小企业。

6. 投资方式

从投资性质看,风险投资的方式有三种:一是直接投资;二是提供贷款或贷款担保;三是提供一部分贷款或担保资金,同时投入一部分风险资本购买被投资企业的股权。但不管是哪种投资方式,风险投资人一般都附带提供增值服务。风险投资还有两种不同的进入方式:第一种是将风险资本分期分批投入被投资企业,这种情况比较常见,既可以降低投资风险,又有利于加速资金周转;第二种是一次性投入,这种方式不常见,一般风险资本家和天使投资人可能采取这种方式,一次投入后,很难也不愿提供后续资金支持。

三、风险投资实务

(一) 风险投资流程

由于风险投资的投资目标是尚未成熟的公司,这就为风险投资的投资过程引入一系列独特元素。识别未来的"独角兽"是一门艺术,而通过构建投资交易架构减轻相关投资风险则是一门科学,通过对创始人进行接触,开展尽职调查，取得估值，就相关条款进行谈判，对投资轮的出资额作出承诺，最终完成签约。

1. 标的筛选，寻找投资机会

投资机会可以来源于风险投资自行寻找、创业者自荐或第三人推荐（通过创业加速器组织的各种展示活动或行业会议寻找潜在投资目标），风险投资根据创业者交来的商业计划书，对项目进行初次审查，并挑选出少数感兴趣者作进一步考察，初步确定目标公司后进行尽职调查、可行性分析工作；根据第三人推荐的项目进行调查评估，根据所掌握的各种情报对投资专案的管理、产品与技术、市场、财务等方面进行分析，以作出投资决定。

2. 确定投资意向

风险投资与目标公司或目标公司股东进行洽谈，初步了解情况，一旦投、融资双方对项目的关键投资条件达成共识，作为牵头投资者的风险投资家就会起草一份"投资条款清单"，向创业者做出初步投资承诺。投资条款清单作为风险投资融资的主要谈判工具，一旦商定，它们就明确了投资者在新一轮优先股发行中的权利和义务。随后，条款清单的具体事项通过股份认购协议、修订或重新起草的股东协议以及目标公司的章程等方式正式确立。建议首次创业的创业者应该在签署投资条款清单前认真审阅双方谈判的条款，尤其是考虑到早期投资轮为未来融资奠定了基本规则，因而有可能会让这个过程复杂化。有经验的创业者或保持友好关系的合伙人提供的指导，无疑有利于缩小企业创始者与经验老到的风险投资投资者在知识上的差距。

3. 开展尽职调查

风险投资在目标公司的协助下，对目标公司进行尽职调查，包括但不限于：对目标公司的管理架构、职工情况、资产、债权、债务进行清查、评估。风险投资会花大约六周到八周的时间对投资建议进行十分广泛、深入和细致的调查，以检验创业者所提交材料的准确性，并发掘可能遗漏的重要信息；在从各个方面了解投资项目的同时，根据所掌握的各种情报对投资项目的管理、产品与技术、市场、财务等方面进行分析，以做出投资决定。

4. 确定估值

确定一笔早期投资的估值显然是一个高度主观的过程。尽管公司当前的业务和未来现金流量预测是确定其价值的关键要素，但管理团队的稳健性、商业模式的优势以及潜在市场的规模同样至关重要。由于处于早期发展阶段的公司通常是没有利润的，因此，投资者采用乘数及其他关键业绩指标得到的是"投资后估值"，这个估值也决定了投资之后的股权分配比例。此外，未来融资轮的预期数量也会影响公司估值，因为随后的融资会稀释创业者和此前出资风险投资投资者的股权比例。

这里要注意，一定要追求合理的估值，不要过分强调高估值，因为最终如果不能够赢，一切都是虚的，估值往往变成一个虚荣指标，"独角兽"称号是双刃剑，钱太多反而死得快。

5. 寻求共同出资者

风险投资一般都会寻求其他投资者共同投资。这样，既可以增大投资总额，又能够分散风险，还能分享其他风险投资在相关领域的经验，互惠互利。

6. 决策、签约

风险投资与创业者进行谈判，双方根据公司章程、《公司法》及相关配套法规的规定，提交各自权利机构，就投资事宜进行表决。双方根据法律法规要求，将投资协议交有关部门批准或备案。

7. 履行

投资协议生效后，双方按照协议约定履行资产转移、经营管理权转移手续，除法律另有规定外，还要办理股权变更登记手续。

拓展案例

阿里巴巴上市之前的风投融资①

创业伊始，第一笔风险投资救急。阿里巴巴面临资金的瓶颈：公司账上没钱了。当时马云去见一些投资者，但是他并不是有钱就要，而是精挑细选。即使囊中羞涩，他还是拒绝了38家投资商。这时，蔡崇信的一个在高盛的旧关系为阿里巴巴解了燃眉之急。以高盛为主的一批投资银行向阿里巴巴投资了500万美元。这一笔"天使基金"让马云喘了口气，解了燃眉之急。

第二轮投资，挺过互联网寒冬。1999年秋，日本软银总裁孙正义约见了马云。马云最终确定了2000万美元的软银投资，阿里巴巴管理团队仍绝对控股。

第三轮融资，完成上市目标。2004年2月17日，马云在北京宣布，阿里巴巴再获8200万美元的巨额战略投资。这笔投资是当时国内互联网金额最大的一笔私募投资。

在投资人投资阿里巴巴的案例中，显然是运用了联合投资、分段投资的

---

① 阿里巴巴融资案例：看阿里的成长历程［N/OL］.（2021 – 06 – 28）［2022 – 05 – 30］. 个人图书馆，http://www.360doc.com/content/21/0628/13/185554_984174074.shtml.

策略。分段投资体现在阿里巴巴在上市前共进行了三轮融资；联合投资体现在阿里巴巴在上市前的第一轮和第三轮融资，都是投资者一起投资的，如第一轮是高盛、富达投资、新加坡政府科技发展基金等 4 家投资者一起投资，第三轮是软银、富达投资、华盈创投（TDF）、雅虎一起联合进行投资的（第二轮是软银单独进行投资的）。

（二）风险投资决策工具

1. 传统的常用方法

（1）净现值法（NPV）。净现值的计算方法是将项目寿命期内发生的资金流量用流入量减去流出量得出年净额，然后按某一折现率用现值复利公式逐一计算其现值，再加和累计其值。单一项目评价时，NPV 大于零，方案可取；多方案比较时，NPV 越大，方案越优。

（2）内部收益率法（IRR）。内部收益率法指的是使方案在研究期内一系列收入和支出的现金流量净现值为零时的折现率。方案评选中，内部收益率大于基准收益率，方案可行，且 IRR 越大越好；反之不可行。

用传统方法对风险投资决策分析评价时有一定的缺陷。首先，折现率或基准收益率的选取具有主观盲目性，风险投资的回报率要求远高于传统项目，不适合用行业平均收益率来确定风险投资收益率。其次，风险投资具有高度的不确定性，运用传统评价方法不确定性越高，折现率越大，投资项目的价值越小，否认了风险投资的特点。风险投资是一种高风险伴随高收益的投资形式，它带来的预期现金流不确定，就是十倍、百倍的投资回报也是常有的事，很难获得准确的收益值。

2. 实用期权法

实用期权法（realoptions）指投资项目的价值不仅来自单个投资项目所直接带来的现金流量，还来自成长的机会。实用期权法在国外逐渐成为风险投资的重要依据，已有较为成功的案例。风险投资家在进行风险投资时，由于所投资项目一般来说多属于不成熟产业，项目不确定性极高，风险投资家不可能一投到底，他们具有在什么阶段投资、是否再进行下一轮投资以及是否加强或减弱投资，还有以什么方式投资的选择权。也就是说，风险投资家具有相机选择权，他们通常在每一投资阶段结束后对项目进行评估，以决定是否进行下一轮投资或终止投资。是否进行风险投资仅是风险投资家的一种期权，一个投资项目是若干个不同阶段上的实物期权的组合，投资问题也就转化为对实物期权的定价问题。风险投资项目的价值应该由项目的净现值和灵活性价值构成。即：期权调整 NPV = 传统（NPV）+ 选择权价值（VO），其中"选择权价值"因素可以用期权溢酬（即期权价值和期权费用之差）表示。在实际操作中，风险投资家对实物期权法的运用有五种形式。第一种形式：投资延迟期。在投资环境不佳、项目状况不好时，可推迟投资时间，持观望态度。第二种形式：投资缩减期权。在项目运营状况出现问题时，可减少投资。第三种形式：投资撤销期权。在项目运营状况极差时，可退出投资。第四种形式：投资转换期权。当新情况出现时，可将原投资转换为合适的新状态。第五种形式：投资扩展期权。当项目出现利好状况并且市场预期较乐观时，可以扩大投资。

3. 层次分析法（AHP）

前两种评价方法均是从项目的利润水平方面考虑的，然而如果仅从利润方面考虑，风险投资项目是难以成功的。层次分析法是一种多目标评价决策方法。其基本原理是：将复杂的问题分解为若干要素，据他们的相互关联度和隶属关系组成一个多层次分析结构模型，并在各要素中比较、判断、计算，以获得不同要素的权重，为方案决策提供依据。例如，美国风险投资家首先考虑项目的管理能力，还会考虑产品技术的独特性、市场潜力的大小、回报率等因素。风险投资项目的影响因素有：产品新意、市场前景、管理能力、环境适应性等四大因素。层次分析法根据所列的四大类因素建立起层次分析模型，然后求出各因素的权重，最后进行层次总排序，从而得到结果。

具体决策流程如图 4 - 3 所示。

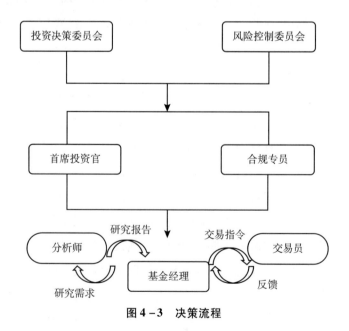

图 4 - 3　决策流程

（三）创业者如何向 VC 融资

1. 选择需要接洽的风险投资基金

首次创业的创业者往往会认为，不管是哪个行业，也不管是处于存续期中的哪个阶段，只要是好的创意和创新性企业，风险投资公司就会毫不犹豫的掏腰包，但事实远非如此，所有风险投资公司都有自己的投资重点，都会高度专注于某个特定的板块、技术、地域以及不可逾越的投资限额或融资轮次。如果公司与他们的焦点或偏好互不匹配，再好的创意，他们也可能会视而不见。因此，创业者应认真选择需要接洽的风险投资基金。

2. 尽职调查

尽职调查对双方来说都至关重要，创业者在选择风险投资基金之前，应要求对方提供以前被投资公司的推荐信；而和 VC 进行面对面的交流，可以让他们更清楚地体验与某个 VC 合作并接受其出资的感受。

除了专注于如何为自己的创业企业融资之外，创始人还要确定各轮融资的具体时间和规模。创业者必须权衡向外部投资者募集资金的需求和由此需要放弃的股权。

3. 企业估值融资金额

随着创业企业估值的提高，创业者可以用相同比例的公司股份筹集到更多的资金。通过资金使用速度，创业者可以筹划为实现下一个里程碑所需的资金数量，并优化各融资轮次之间的时间。

4. 股权比例分配

在每一轮融资之后，创业者股权比例的减少可以清晰表明对外融资带来的稀释效应。

VC 或是风险投资公司并不存在单一样式的模板。相反，每一家 VC 和风险投资公司都各不相同。有些风险投资家是小精灵，有些是兽人，还有一些则是巫师、法师或者食人妖。每个角色都有一套只属于自己的技能、武器、金钱和体验点。随着时间的推移，这些特征也会发生调整，增减或是演变。VC 的形态多达几十种，每一种类型的 VC 都有不同的技能。它们在风格、信仰和个性方面差别甚大。它们的行事方法和理念都会受个性化既往经验的影响。更重要的是，它们的行为时时刻刻都在变化，而且会随着时间的推移而变得面目全非。

一家风险投资公司就是拥有不同原型的个别 VC 的集合。这些公司在形态和规模上差别很大。有些公司侧重于业务经营（合伙人有强大的业务背景），另外一些公司则强调财务金融（合伙人中多为 MBA 和银行家），还有一些公司则属于混合型。

风险投资公司对被投资公司的进入点相去甚远。有些 VC 善于早期投资，有些公司倾向于后期投资。有些风投公司声称自己投资于"种子之前"的公司，有些公司则称自己是种子及公司的早期投资者。有些公司在公司已进入市场并开始扩大产品规模时便出手投资，而有些通常被称为成长型投资者的 VC 公司则喜欢在公司已明显成功且已进入扩张期时才会涉足。也有的公司喜欢在 IPO 之前成为最后一轮投资者，因而被称为后期投资者。当然，还有些公司则兼具多种风格。公司投资的类别及其自我描述的方式同样也千差万别。当你面对不同类型的个别 VC 时，你必须意识到，它们可能有着完全不同的技能和经验水平，因此，将这些类型组合到一家公司中，也就是说，你必须意识到，在这个领域，不存在代表性的所谓通用型 VC 或 VC 公司。作为创业者，你必须认真研究你正在接近或沟通的人和公司。理解他们的动机、他们关心什么，你就可以更好地把握他们，并且与之展开更有效的对话，记住找投资人如同找队友。

在实现盈利能力和达到稳定运行状态之前，每个创业企业都要经历三个独特的发展阶段：概念的验证、商业化和扩大规模。需要指出的是，绝大多数初创企业永远都不会达到扩大规模加速增长这一最后阶段。经过多年投资行业的摸爬滚打，我们认为最好的风险投资应善于利用自身的优势，因为他们不仅对被投资公司所面临的挑战有着深刻感悟，而且还可以凭借他们久经沙场得到的宝贵经验提供有价值的建议。创业合伙人可以为管理团队提供指导，帮助创业者将产品或服务推向市场，识别和弥补管理团队的缺陷和漏洞，推动创业者开发出扩大规模所需要的业务流程，引领企业走向成功。

拓展知识

选择投资目标关注的要素

1. 企业成功的条件

任何一家投资公司都不会选择那些不具备成功条件的企业进行投资。通常，企业成功的条件是：

（1）有较高素质的风险企业家，他必须有献身精神，有决策能力，有信心，有勇气，思路清晰，待人诚恳，有出色的领导水平，并能激励下属为同一目标而努力工作。

（2）有既有远见又符合实际的企业经营计划。这个计划要阐明创办企业的价值，明确企业的发展目标和发展趋势，明确企业的市场和顾客，明确企业的优势和劣势，同时指明创办或发展企业所缺少的资金。

（3）有市场需求或有潜在市场需求的新技术、新产品，有需求，就会有顾客；有顾客，就会有市场；有市场，就有了企业生存发展的空间。

（4）有经营管理的经验和能力，有技术和营销人员配备均衡的管理队伍，有能高效运转的组织机构。

（5）有资金支持。任何没有资金支持的企业都只能是空想。

2. 高科技公司

风险投资人特别偏爱那些在高技术领域具有领先优势的公司，比如软件、药品、通信技术领域。如果风险企业家能有一项受保护的先进技术或产品，那么他的企业就会引起风险投资公司更大的兴趣。这是因为高技术行业本身就有很高的利润，而领先的或受保护的高技术产品/服务更可以使风险企业很容易地进入市场，并在激烈的市场竞争中立于不败之地。因此，这些企业常常可以筹集到足够的资金以渡过难关。

3. "亚企业"

仅仅依靠新思想或新技术是不能形成一个风险企业的。事实上，只有极少数的项目在资金投入前就已经有了实际上的收入，即具备了初步经营条件。风险投资公司并不会单给一项技术或产品投资。风险投资家资助的是那些"亚企业"，即只有那些已经组成了管理队伍、完成了商业调研和市场调研的风险企业才可能获得投资。

4. 区域因素

一般的风险投资公司都有其投资区域，这里的区域有两个含义：一是指技术区域，风险投资公司通常只对自己所熟悉行业的企业或自己了解的技术领域的企业进行投资；二是指地理区域，风险投资公司所资助的企业大多分布在公司所在地的附近地区，这主要是为了便于沟通和控制。一般地，投资人自己并不参与所投资企业的实际管理工作，他们更像一个指导者，不断地为企业提供战略指导和经营建议。

5. 小公司

大多数风险投资人更偏爱小公司，这首先是因为小公司技术创新效率高，有更多的活力，更能适应市场的变化。其次小公司的规模小，需要的资金量也小，风险投资公司所冒风险也就有限。另外，小公司的规模小，其发展的余地也更大，因而同样的投资额可以获得更多的收益。此外，通过创建一个公司而不是仅仅做一次投资交易，可以帮助某些风险投资家实现他们的理想。

6. 经验

现在的风险投资行业越来越不愿意去和一个缺乏经验的风险企业家合作，尽管他的想法或产品非常有吸引力。在一般的投资项目中，投资者都会要求风险企业家有从事该行业工作的经历或成功经验。如果一个风险企业家声称他有一个极好的想法，但他又几乎没有在这一行业中的工作经历时，投资者就会怀疑这一建议的可行性。"你可能会从一个缺少经验的风险企业家那里收回你的投资。但也许只是这一次，在很小的成功机会下，你得到了报偿。因此，我们为什么不试着利用经验去提高成功的机会呢？"这是一位风险投资家的切身体会，他同时也表明了大多数风险投资家对经验的看法。

在这种情况下，大多数年轻的风险企业家所常犯的一个错误就是，没有去寻找足够的帮助，没有和已在本行业中取得成功经验的其他风险企业家进行交流。通常，一个意识到自己缺乏经验的风险企业家会主动放弃企业的最高领导者职位，他会聘请一位已有成功经验的管理者来担任风险企业的总经理。因为多数没有经验的风险企业家都很年轻，这就使得他们有足够的时间成长为一名卓越的管理者和企业家。

本章实训题

实训一，阐述增资扩股与股权转让的区别。

实训二，制作汇报演示文稿（PPT）：找一家是以股权质押或者增资扩股或者私募股权融资的企业进行分析（公司背景、融资结构、融资过程等）。

实训三，假设你是一位风险投资公司的合伙人，在向公司的投融部推荐一个新创公司之前，你希望该公司具有什么特点？解释你的答案。

新型融资

第一节 众 筹 融 资

知识导图

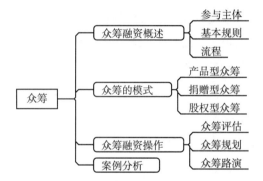

知识目标

1. 掌握众筹融资的概念、基本规则与流程；

2. 学会辨析众筹融资的模式和操作流程；

3. 了解众筹融资案例。

📖 案例讨论

一家店有114个老板，众筹变"众愁"①

大连一家咖啡店曾因有多达114位老板而引人注目。这家店的众筹发起

---

① 案例来源：创业融资新玩法 众筹别变"众愁"［N/OL］. (2015 – 05 – 08) ［2022 – 05 – 01］. 中国青年报, https：//tech. huanqiu. com/article/9CaKrnJKCZS.

人是 80 后小伙王某，他在电视上看到"很多人的咖啡馆"这种众筹模式后，和几个志同道合的意向股东一起，在网上招募股东，共筹得了约 52 万元资金。2013 年 12 月咖啡店开业了，他一度代表着众筹模式在大连餐饮界的成果，也承载着草根青年们的创业梦想。

然而自开业以来，尽管咖啡店头 3 个月的销售额一直在增长，但由于经营人员变动，咖啡店经营后劲不足，一直处于收支平衡的状态。去年 6 月，店面需要续交房租，却没有多少股东愿意继续注资，一拖再拖之后，由于缺乏流动资金，咖啡店于去年 9 月不得不转让出去，王某不但无法收回自己最初投入的资金和后来的垫资，而且面临股东们的起诉。

王某表示，众筹开店并不如预想中的那么美好。与马亮饮品店的 70 多位校内股东不同，咖啡店的上百名股东由于在最初的募资阶段没有进行筛选，很多股东身处外地，即便是在大连的一部分股东，也分布在城市的不同地方。"咖啡店不同于饭店，地理位置很重要，很少有人会为了喝一杯咖啡从城市的一头跑到另一头，咖啡店的绝大多数客人还是周边客户而非股东。"

在王某看来，股东太多导致难以组织和协调是咖啡店无法继续经营的主要原因。咖啡店没有设立核心股东，并且规定每个股东持有的股份最多只能占 2%，所有的决策都需要召开股东大会。由于股东太多，咖啡店每次要开股东大会，都是通过 QQ 群通知。会上的决定举手表决通过，所做的决策会后再通过 QQ 群通知股东。

开业以来，股东大会只组织起来两次，实际到场的股东一次十几人、一次二十几人。核心的决策圈一直在变化，不断有人进出，直至人数越来越少。并且，很多股东的态度是"有一搭没一搭"，对咖啡店前后的运营情况并不清楚。在召开股东大会时，经常遇到一个人不同意就要反复开会投票的问题。

"股东太多难以管理是众筹模式的一个缺陷。如果要做众筹，一定要对股东的职责做一个相当完整的规范和制约。股东要有能力管理公司，而且必须出席股东会议。"王某总结说。

众筹最早源于西方，进入我国也不过短短数年，但目前已经发展成为一种炙手可热的互联网金融模式。那么，众筹是什么时候进入我国的？是怎么发展起来的呢？

2010 年，在美国众筹平台（Kickstarter）发布一年以后，一位叫蒋显斌的人留意到了这个网站。蒋显斌参与过新浪网的创办，在新浪上市以后去了美国。在早期，我国互联网行业对美国的模仿是一个基本传统，于是他找到了联合创始人张某，回国创办了"点名时刻"，这是国内第一个奖赏式众筹网站。

2013 年众筹网成立，成为国内互联网众筹行业最为重要的一个事件。背靠网信金融集团的全金融业务线支撑，众筹网在 2013 年做了很多的常识普及工作，2014 年 5 月 23 日于北京召开了首届全球众筹峰会，把"众筹"概念推到了风口。众筹网刮起的劲风，引来巨头纷纷重视和进场。2014 年下半年，阿里巴巴发布了淘宝众筹、腾讯系发布了京东众筹、百度内测发布了百度众筹，并率先推出了消费板块，平安发布了平安前海众筹。2015 年初苏宁、国美各自在自己的平台上陆续推出了众筹业务。由此可以看出，虽然众筹融资方式在我国发展较晚，但因为社交互联网的普及，众筹融资发展得十分迅速。

请思考：创业融资中采用众筹融资需要注意什么？

一、众筹的概述

众筹是指通过互联网平台，将众多小额资金进行筹集，以对某一项目或者组织进行支持的行为。现代众筹指通过互联网方式发布筹款项目并募集资金。相对于传统的融资方式，众筹更为开放，能否获得资金也不再是由项目的商业价值作为唯一标准。只要是网友喜欢的项目，都可以通过众筹方式获得项目启动的第一笔资金，为更多小本经营或创业的人提供了无限的可能。

（一）众筹的参与主体

众筹参与主体主要是由筹资人、投资者、众筹平台和第三方托管平台四个部分组成。

（1）筹资人：创业初期的小企业或者创业者，他们通过自己的能力有了新的产品或服务，但是没有足够的资金做起来，因此这些小创业者就会通过众筹的模式来融资。

（2）投资者：也就是对创业项目的支持者，众筹的投资者通常属于普通草根大众，他们对创业者的项目感兴趣，或者需要他们的产品或服务，被项目的描述所吸引，就会拿出资金来支持这个项目。

（3）众筹平台：就相当于筹资人和投资者之间的桥梁，起的是中介作用。让筹资者通过平台向投资者展示自己的作品，同时有责任对筹资人的资质与真实性进行必要的审核，以保证投资的安全。

（4）第三方托管平台：为确保投资者的资金安全，以及投资人的资金能够切实用于创业企业或项目和筹资不成功的及时返回，众筹平台一般都会委托金融机构担任托管人，履行资金托管职责。

（二）众筹模式的基本规则

（1）筹资项目必须在发起人预设的时间内达到或超过目标金额才算成功。

（2）在设定天数内，达到或者超过目标金额，项目即成功，发起人可获得资金。

（3）筹资项目完成后，支持者将得到发起人预先承诺的回报，回报方式可以是实物，也可以是服务甚至无偿，如果项目筹资失败，那么已获资金全部退还支持者。

（三）众筹模式的流程

（1）筹资者在众多众筹平台中选择一个平台来发起项目，没有账号的要先注册账号成为该平台的会员。

（2）筹资者向众筹平台提交项目资料，众筹平台依据项目资料对众筹融资的可行性进行审核评估；众筹平台审核通过后，在网络上发布相应的项目信息和融资信息。

（3）投资者对众筹平台的众多项目进行筛选，选择自己喜欢或适合自己的众筹项目投资，建议投资者在自己能够承受的范围之内进行购买。

（4）目标期限截止，筹资成功的，筹资者可获得筹集到的资金，投资者则有可能获得一定的回报；筹资不成功的，资金退回各出资人。

二、众筹的模式

目前，根据投资获得的回报类型，众筹的模式在广义上可以分为三种类型：产品型众筹、捐赠型众筹、股权型众筹。

（一）产品型众筹

1. 概念

产品型众筹，产品型众筹指项目发起人向投资人提供项目产品和其他优惠作为回报进行筹资，也称预售型众筹。产品众筹型的魅力在于，一方面满足消费者优先获得独特产品的心里；另一方面测试市场反馈，使项目发起人获得早期开发和生产的资金。

京东众筹成立于 2014 年 7 月，其网站致力于在新型消费时代为用户提供独特的品质生活平台，以"审核简单、即发即筹"为核心理念帮助发展创新创业企业的筹资平台。截至 2019 年 2 月，平台上累计促成融资金额 70 亿人民币，单项最高筹集金额 1.2 亿元，单项最高支持人数 37.4 万人。平台项目类型分为科技、美食、家电、设计、娱乐、文化、公益等[1]。

下面以京东众筹其中的一个项目"智能拼插积木颠覆者（乐高）"为例：

这款产品的名字叫作好帅超霸机器人，是一款乐高产品，不仅可以搭建固态东西（车，飞机）还可以搭建成场所（港口、停车场），并通过拖拽式编程，借助传感器，实现多种智能场景（打字机）。

众筹原因：大神科技创始人钟志锋团队从 2016 年调研立项确认发展方向到 2019 年出产品，3 年的历练，造就梦想的实现。项目发起人希望承载 3 年梦想的好帅超霸机器人不仅是一套玩具，还是通过科学、技术、工程和数学（STEM）教育提升孩子综合能力的教具，寓教于乐引导孩子学习具备基础的科学、技术、工程以及数学基础能力。

承诺与回报：以好帅超霸机器人产品作为回报，共分 5 档，每档有不同的筹资金额，对应不同的产品套数。

众筹金额：5 万元项目已经筹集到 78288 元，已有 1108 个支持者，超额完成筹款目标。

案例中，京东众筹是众筹平台，大神科技钟志峰团队则是项目发起人，支持者就是投资方。项目发起人将自己的创意和产品发布在京东平台上，支持者通过京东众筹平台，了解智能拼插积木颠覆者项目，觉得他们的想法和产品特别有意义，于是预先购买产品，作为对该项目的支持。

2. 产品型众筹的流程

案例中京东产品型众筹，项目发起人先进行项目的申请，提交给京东众筹平台团审核，审核通过可以在京东众筹平台上线进行融资，若众筹项目融资成功，京东众筹平台将获得资金分两次支付给项目发起人，第一次将筹集资金的 70% 给项目发起人，若项目发起人完成指定合约回报给投资者，京东众筹平台将剩余 30% 尾款支付给发起人。若项目发起人未能按时完成指定项目，需支付罚金；发起人再次无法完成项目时，将首款退还给投资者。反之众筹项目众筹失败，资金则会返还给投资人。

---

[1] 京东众筹网，https://www.jd.com/pinpai/235031.html。

所以产品型众筹是项目发起人向众筹平台提交众筹材料，然后由众筹平台进行考核，若考核通过，项目发起人设定筹款目标，过程中，众筹平台会向项目发起人索要相关的具体资料来证明这一切的可靠性。当所有的程序都完成后，项目开始进入准备阶段，即宣传工作。项目发起人需要做宣传策划、图案设计等，然后在网络以及新闻平台开始宣传自己的产品，投资者看见之后就会前来进行投资。如果该项目在一定的时间内没有筹集到预定的资金，这个项目就会被取消，所有筹集来的资金都会都退还给投资人，那么这个项目就会宣告失败。反之，项目成功之后就给支持人发货。

（二）捐赠型融资

1. 概述

捐赠型众筹是指平台上的项目都是以捐赠形式从支持者处筹资，支持者不以获得任何回报为目的，项目发起人也无须承诺给予支持人回报。其实捐赠型众筹是传统慈善捐赠的线上版，利用互联网技术使捐赠活动更加高效和精准。

下面以水滴筹为例：

水滴筹，相信大家对它都并不陌生，这是一个在朋友圈里就可以看到的网络筹款爱心平台。水滴筹在 2016 年 7 月正式上线，是一个面向个人开放的众筹平台。截至 2018 年 9 月，平台的筹资金额已经超过 100 亿元，捐赠人数超过 3.4 亿人，已帮助家庭 80 万个。平台项目类型包括个人大病筹款、水滴公益和水滴集市，个人大病筹款是为经济困难的大病患者提供免费的筹款平台，水滴公益是为公益组织提供社交众筹服务，水滴集市是通过互联网的方式为偏远山区的农产品提供销售渠道。求助人通过网络分享到社交网络，大众通过社交网络了解发起人的情况，大众在自身承受范围内捐献小额资金，以对发起人表示认同和支持。水滴筹平台为项目提供 30 天的展示期，并不收取手续费，无论筹资是否达到目标金额，都将已筹集资金归项目发起人所有[①]。

2. 捐赠型众筹流程

案例中，水滴筹整个流程如下：（1）项目发起人先在平台建立自己的页面，阐明、填写自己的目标金额、筹资标题、求助说明和图片；（2）项目发起人在 30 天有效期内将链接分享到社交平台（微信群、朋友圈、QQ

---

① 水滴筹 ［DB/OL］. https：//baike. baidu. com/item/% E6% B0% B4% E6% BB% B4% E7% AD% B9/20396249？ fr = aladdin.

空间），同时发动亲朋好友帮助你转发并对筹款进行证明；（3）捐赠人通过分享链接看到项目发起人的个人情况、捐赠情况，同时可以看到筹款动态。

捐赠型众筹流程是筹款人（项目发起人）在众筹平台建立自己的页面，阐述自己的募资原因、数目，上传照片和视频——筹款人（项目发起人）将链接分享到社交平台不断地转发——捐款人通过众筹平台链接捐款，可以追踪项目筹集进展。

（三）股权型众筹

1. 概述

股权众筹的运行是基于融资者、众筹平台、投资者三大主体的共同协作完成的，这三大主体在股权众筹的运营中缺一不可。融资人为项目发起人或公司，通常是拥有高新技术、创新型和市场预期较好的创业者。融资人通过向众筹平台提交自己的项目资料和融资额度，在平台审核通过后即可在平台上向投资者融资。投资者是通过在众筹平台注册个人信息经审核后成为投资者，经选择后向某公司投放资金，成为企业的股东之一。股权众筹平台主要是筛选审核融资者投资者的信息，并对众筹项目跟进检查的中介机构，并从融资企业的收益中扣除服务费用。

2. 模式

股权众筹一般主要涉及三种经营模式：凭证式、会籍式与天使式。

（1）凭证式众筹是指通过互联网销售凭证或股权捆绑的形式来募集资金，凭证与创业项目或者初创企业的股权直接挂钩，该模式已被证监会叫停。

（2）会籍式众筹由不超过 200 人的股东参与认购，通常存在于开设咖啡厅、酒吧等项目。

（3）天使式众筹是投资人通过付出资金直接或者间接成为该公司的股东，投资人有明确的财物回报要求。这也是目前股权众筹平台多采用的方式，实际流程主要包括审核与约谈投资两大步骤。目前的股权众筹融资采取"领投 + 跟投"、有限合伙、代持股等方式。"领投 + 跟投"模式较为常见，主要特征为：众筹平台在众多投资者中确认拥有较为丰富的行业资源或投资经验的人来担任领投人，负责融资项目的估值、投资条款、融资额等事项，并且对项目进行投后管理、出席董事会，而跟投人则不用负责投资管理，也不参与项目公司的重大决策，仅作为投资集体中的成员而存在。

3. 案例分析

互联网分析师许单单这两年风光无限，从分析师转型成为知名创投平台

3W 咖啡的创始人。3W 咖啡采用的就是众筹模式，向社会公众进行资金募集，每个人 10 股，每股 6000 元，相当于一个人 6 万元。那时正是玩微博最火热的时候，很快 3W 咖啡汇集了一大帮知名投资人、创业者、企业高级管理人员，其中包括沈南鹏、徐小平、曾李青等数百位知名人士，股东阵容堪称华丽，3W 咖啡引爆了中国众筹式创业咖啡在 2012 年的流行。几乎每个城市都出现了众筹式的 3W 咖啡。3W 很快以创业咖啡为契机，将品牌衍生到了创业孵化器等领域。

3W 的游戏规则很简单，不是所有人都可以成为 3W 的股东，也就是说不是你有 6 万元就可以参与投资的，股东必须符合一定的条件。3W 强调的是互联网创业和投资圈的顶级圈子。而没有人是为了 6 万元未来可以带来的分红来投资的，3W 给股东的价值回报更多在于圈子和人脉价值。试想如果投资人在 3W 中找到了一个好项目，那么多少个 6 万元就赚回来了。同样，创业者花 6 万元就可以认识大批同样优秀的创业者和投资人，既有人脉价值，也有学习价值。很多顶级企业家和投资人的智慧不是区区 6 万元可以买的。

其实会籍式众筹股权俱乐部在英国的 M1NTClub 也表现得淋漓尽致。M1NT 在英国有很多明星股东会员，并且设立了诸多门槛，曾经拒绝过著名球星贝克汉姆，理由是当初其在皇马踢球，常驻西班牙，不常驻英国，因此不符合条件。后来 M1NT 在上海开办了俱乐部，也吸引了 500 个上海地区的富豪股东，以外国人为主①。

4. 股权众筹产品设计内容

（1）融资额范围设计。

股权众筹产品除了确定融资额度和出让股份外，还需定义众筹成功的融资额范围。股权众筹产品因其面向大众，所以很有可能融资少于 100%，也有可能超过 100%。如果融资额少于 100% 的情况下，多少比例是可接受范围，低于多少比例将视为募资失败，是需要在股权众筹产品设计时说明的。

举个例子，预期 100 万元出让 10% 股份，实际情况只融到 60 万元，项目方是否同意融资 60 万元，出让股份 6%。同样，融资比例的上限设定为多少，高于多少比例的认筹将不再接受，这些也需要在股权众筹产品设计时明确。

（2）股权众筹时间设计。

传统融资项目商业计划书一般都非对外公开，因此在融资时间上没有特定的要求，融资方案可以根据时间推移和项目进展随时调整内容。然而，通

---

① 案例来源："3W 咖啡馆"模式蔚然成风：不是复制，而是创新 ［EB/OL］.（2022 - 07 - 07）.（2022 - 07 - 08）. 咖啡网，https：//m. gafei. com/views - 44413.

过股权众筹的方式，其信息资料在有限时间内一般都不允许被更改，因此通常需要设定募资时间。

众筹期限一般为正式对外公布后的 2 个月内，同时还需要说明的是，如果时间到期而募资额未完成的情况下，是否支持延长众筹时间，延长的期限为多久，等等。

（3）领投人要求设计。

众筹入股项目公司的方式通常为：全部投资人共同成立一个合伙企业，由合伙企业持有项目方的股权。执行合伙人将代表有限合伙企业进入项目企业董事会，履行投资方的投后管理责任。执行合伙人一般即是众筹领投人，项目说明书上可以对其提出条件要求，例如领投人必须是某领域专家、某认证协会会长、上下游某公司老板等，除此之外，对领投人的认筹比例也可以设定一个范围值。

（4）跟投人要求设计。

除领投人之外的众筹投资人都称为跟投人，《合伙企业法》规定，有限合伙企业由 2 个以上 50 个以下合伙人设立，因此跟投人不能超过 49 人。但在实际操作中，项目方会根据自身情况来设定投资者人数范围，以及每位投资者可以认筹的额度范围。

例如，对于传播性要求较高的消费类项目，可以将每份认筹额设定低一些，投资者多，有利于传播。对于整合性要求较高的资源类项目，可以将每份认筹额设定高一些，这样门槛高些，投资者虽然少了，但相对专业些。这些都可以根据具体情况来设定。

（5）诚信管理。

投资人在确定了投资意向后，可能需要对项目进行多轮约谈，项目方也可以对投资人进行筛选，此时就涉及投资人优先权重问题。在签订了合伙企业协议之后，投资人才将投资款打入相应账户中，从意向到打款的整个周期较长，也会出现投资人变动等问题。诚信管理有效地解决了该类问题，大大增加了整个众筹过程的效率和规范性。不同股权众筹平台有不同的诚信管理机制，例如诚信评分机制、保证金制度。有些平台使用的是投资人认证制度，在众筹产品设计时可以设定通过认证审核的投资人优先权机制等。

（6）预约投资人特定权益。

投资人投资股权众筹项目，除了实现财务投资的目的，往往也是融资项目的忠实粉丝，他们通常有浓厚的兴趣参与到项目中来，成为前期种子客户或者贵宾（VIP）会员客户，或者提供特别的资源对接与帮助，这是股权众筹除了筹资金之外，极为重要的一方面。因此，如何有效地运用首批资源，给予众筹投资人特定权益，也是众筹产品设计时最引人注目的一部分。例如，产品试用权、服务终生免费权、网站金牌会员、代理分销权，等等。

三、众筹实务

（一）众筹评估

众筹评估是众筹落地的第一步骤，因此我们需要根据企业自身发展的实际情况，实事求是地根据相关数据开展众筹评估，为众筹规划提供有价值的数据和参考资料，制定正确的众筹策略，挖掘众筹的价值，创造众筹的机会，降低众筹的风险。众筹评估共分六个要点：分析自身行业的特点、分析自身的优势和劣势、分析自身的财务情况、分析项目的营销策略、分析项目的发展目标、分析众筹对象的资源。

1. 分析自身行业的特点

结合当下的经济环境，对行业的发展趋势、商业模式、业务模式、市场机会、行业的发展瓶颈和痛点、行业产品的服务人群对位和需求强度、行业的收入来源和成本结构、行业回本周期、行业的产业链、行业关键性资源等相关行业特点进行分析。

2. 分析自身的优势和劣势

结合自身情况，分析企业的优势和劣势，包括经营管理、品牌运营、人力资源、专业技术、渠道资源、战略资源等，通过分析自身的优势寻找众筹的机会，增强众筹的吸引力。通过分析劣势寻找问题所在和众筹的风险，针对问题和风险制定众筹的策略。

3. 分析自身的财务情况

通过企业的现金流情况和资金需求、资产情况、负债情况、所有者权益情况等进行分析。项目的盈利能力决定众筹的规划和众筹策略。众筹目标不一致，众筹策略也不一致。盈利项目的众筹目标是加速资金周转，通常用股权众筹或分红权益众筹的方式；亏本项目的众筹目标是提升业绩，通常用产品型众筹的方式。

4. 分析项目的营销策略

分析企业过去开展的营销策略的落地情况以及产生的营销效果，包括线下营销、线上营销、会员营销、节日营销等，通过分析营销策略找到众筹方案和营销方案的融合点，避免众筹方案和营销方案策略产生矛盾，同时找到如何通过众筹方案带动营销的价值点。

5. 分析项目的发展目标

不同的发展需求决定着不同的众筹目标，也决定着不同的众筹对象和众筹方法。发展的需求包括行业人才的需求、发展资金的需求、发展渠道的需求、行业资源的需求等，包含短期、中期和长期发展情况计划。不同发展阶段的商业模式也是不一样的，需要的人才、资源、渠道也不一样，因此众筹的策略也不一样。

6. 分析众筹的对象资源

众筹资源包含企业主的个人资源、股东的资源、核心团队的资源、企业的高端客户资源、企业的上游资源等。分析众筹对象资源能否满足企业的众筹需求，对象资源的数量决定着众筹的数量与金额。根据众筹对象资源评估众筹对象需求，结合需求制定众筹策略。

（二）众筹规划

众筹规划，是根据众筹评估开展的规划，是众筹落地的第二步骤。只有严谨的众筹规划才能设计出符合企业发展需求的众筹方案，因此众筹规划关系着众筹方案的设计，它的内容包括设定众筹目标、众筹对象、众筹主体和众筹标的四块内容组成。

1. 设定众筹目标

根据企业发展需求规划众筹目标是众筹规划的首要任务，只有明确众筹目标之后，才能决定众筹对象、众筹主体和众筹标的。因此，在设定众筹目标时，要清楚地知道众筹目标，并不是为了众筹而去众筹，要结合众筹评估和众筹目标设计符合项目的众筹方案。根据企业的众筹需求，众筹目标可分为以下几类：

（1）众筹人才，以建立核心团队为目标。运用众筹思维建立核心团队，根据公司的组织架构，寻找彼此认同、能力互补、价值理念较为一致的核心团队，将优秀的人才与核心团队建立价值共同体和命运共同体，有利于企业更健康地发展。因此，众筹的对象为资历型人才，以分红权、股权作为主要的众筹标的。

（2）众筹资源，以增加客户资源为目标。运用众筹思维增加客户资源，以提升项目营业收入为目标，以目标消费人群为主要的众筹对象，以消费权作为主要的众筹标的。根据当前的营收情况，如果营收情况良好，可以根据当前业务的接待能力设定业绩提升目标，或者以稳定业绩为目标把老客户作为众筹对象，如果营收情况不好，则需要分析客户对产品服务的满意度，分析老客户的重复消费频率。如果这两项指标分析并不是很好，需要改良之后才可以开展众筹，避免扩大负面口碑传播。

（3）众筹渠道，以建立渠道通路为目标。运用众筹思维和渠道伙伴建立利益共同体、价值共同体或命运共同体。形成紧密的合作关系，快速发展项目。选择和公司业务匹配的资源者作为众筹对象，以分红权和股权作为众筹标的。某项目需要通过招募渠道代理发展市场，在产品代理的商业模式中植入众筹的思维，以公司的分红权作为标的，让公司和代理商建立共同体。

（4）众筹资金，以加速资金周转为目标。运用众筹思维加速资金的周转，让小额资金投资者成为分红合伙人或股权合伙人，和投资对象建立利益共同体。结合项目的市场趋势、品牌定位、商业模式、盈利能力、品牌口碑和管理能力等优势，共同寻求投资回报收益，有利于加速项目的发展。

2. 设立众筹对象

根据众筹目标选择众筹对象，让众筹对象和众筹目标相匹配。不同的众筹对象可发挥不同的众筹价值。众筹对象按特点可以分为资历型、资本型、需求型、资金型、资产型。

（1）资历型：此类众筹对象拥有个人的资历和智慧，他的能力有助于项目的发展，而他也有一起创业的需求，两者达到双向众筹。其中包括外部拥有核心资历的行业专家或者是团队内部的核心人才。

（2）资本型：这类众筹对象投入的是资本价值。简单的理解就是众筹对象拥有项目所需要的无形资本，通过资本创造项目价值。比如，个人影响力、商标品牌、与项目运用的相关资质和政府批文等。

（3）需求型：这类众筹对象以消费体验或者参与感需求为导向，众筹对象本身具有较强的消费能力需求和能力，享受整个消费体验，关注项目本身与自身的关系，希望以最少的投入换回消费体验回报。

（4）资金型：是指众筹对象投入的是资金，众筹对象拥有资金，通过资金创造价值，以资金投资产生回报需求为核心。这个回报包括消费体验的回报也包括投资收入的回报。

（5）资产型：众筹对象投入的是资产。众筹对象拥有与项目发展有关的资产，通过资产合作流通创造价值。资产包括机器设备、项目资产持有权等。

3. 设定众筹主体

个体工商户指有经营能力并依照《个体工商户条例》的规定经工商行

政管理部门登记从事工商业经营的公民。若个体商户作为众筹的法律主体，在众筹操作过程中，必须注意个体工商户属于非独立法人主体，不能操作股权众筹，但可以通过资产所有权众筹招募众筹伙伴，可以用"出资份额代持协议"和"资产代持协议"作为和出资者签约的法律文书。

分公司是指业务、资金等方面受本公司管辖而不具备法人资格的分支机构。因此，分公司作为众筹法律主体在进行众筹操作上需要注意分公司属于非独立法人主体不能操作股权众筹，但可以操作分公司分红权益众筹和分公司资产所有权众筹。

子公司是指一定数额的股份被另外一公司控制或依照协议被另一家公司实际控制和支配的公司。它作为独立的法人主体，可以操作各种众筹的模式。

有限合伙企业由普通合伙人和有限合伙人组成，普通合伙人对合伙企业债务承担无限连带责任，有限合伙人以其认缴的出资额为限对合伙企业债务承担责任。在众筹操作上具有法律主体，可以操作各种众筹模式。

有限责任公司是由 50 个以下的股东出资设立，每个股东以其所认缴的出资额为限对公司承担有限责任，公司法人以其全部资产对公司债务承担全部责任的经济组织。它作为众筹法律主体在进行股权众筹操作上需要注意有限责任公司的股东总人数为 50 人以下。

股份有限公司是指以公司资本为股份所组成的公司，股东以其认购的股份为限对公司承担责任的企业法人。它作为众筹的法律主体在进行众筹操作中需要注意股份有限公司的发起人为 2～200 个人，因此在进行股权众筹招募股东的时候不能超过 200 个人。

4. 设定众筹标的

众筹标的需要和众筹目标、众筹对象、众筹主体相匹配。常见的众筹标的有消费权和股权等。

消费权是指出资人拥有项目主体的产品或者服务的资格，消费资格包括消费金额、消费数量、消费时间和消费方式等。消费权的众筹对象以对产品和服务有需求的群体为主。

股权是有限责任公司或者股份有限公司的股东对公司享有的人身和财产权益的一种综合性权利，股权比例的大小，直接影响股东对公司的话语权和控制权，也是股东分红比例的依据。

（三）众筹路演

众筹路演按路演的方式可以分为线上路演和线下路演。线上又按路演渠道可以分为第三方路演平台和社交工具自建社群渠道。线下路演按人数情况可以分为一对一路演和一对多路演，一对一路演较为简单，但众筹周期长，一对多路演众筹效率高，但细节比较多。众筹路演的内容共分为四个步骤：路演前的规划，路演前的预热，路演中的执行和路演后的跟进。

1. 路演前的规划

在实际当中，无论采用何种演讲方式，都需要进行路演的规划，科学的路演规划有助于提升众筹的成功率。

(1) 路演活动的目标。包括报名人数目标、到会人数目标、意向认购目标、实际认购目标和缴款签约目标。

(2) 路演流程设计。以目标为导向的流程设计，有助于提升路演效果，每个环节紧扣，每个环节围绕目标设计。流程通常包括主持人开场、负责人致辞、嘉宾分享、项目模式介绍、现场认购、签约仪式等。

(3) 路演主讲嘉宾。如果邀请了主讲嘉宾，嘉宾的身份和活动主题要匹配。嘉宾主讲主题可以由活动方设计，也可以由主讲嘉宾自行设计，其主讲目的是让参与者更清晰地发现项目的优势和价值。

(4) 路演主持人。主持人贯穿活动的全过程，主持人要有主持经验和表达能力，同时主持稿要与活动目标、活动主题、活动流程、主讲主题、项目品牌、项目文化等融合。

(5) 选择路演场地。分为自有路演场地和酒店路演场地。自有场地适合小规模的路演活动，费用较低，使用灵活方便。规模较大、人数较多的路演活动，需要酒店的会议场地。选择酒店场地，宜小不宜大，宁可座无虚席，会场能量比较足。场地过大而参会人数较少，会影响整个会场的气氛。因此，选择路演场地，需要预计参会人数。

(6) 布置路演场地。根据路演场地情况，对场地的座位进行摆设，对场地进行布置，要求色调整齐美观，导向牌要指引清楚，项目的优势和企业价值理念要展示到位。

2. 路演前的预热

(1) 选择预热渠道。首先需要根据预热的渠道创建媒体工具，包括项目客服微信号、QQ 号、项目粉丝群、微信公众号、新浪和腾讯微博账号等。

(2) 发布预热造势内容。通过文字、图片、小视频、短视频的方式分别展示项目的市场趋势或市场痛点、品牌形象、品牌优势、产品优势或服务优势、团队优势等相关信息。标题和内容应该具有一定的悬念。

(3) 媒体软文报道。有条件的项目方可以在项目路演前，结合项目的特点，通过第三方媒体以文字的方式对项目进行报道，为项目路演营造正面的众筹势能。

（4）引流项目粉丝。充分调动公司全体人员，通过不同的渠道发布各类传播内容，一方面可以对关注项目的粉丝引流，另一方面可增加品牌的影响力。

（5）铺垫认购客户。每个项目发起人都会有忠实的支持者或者强关系朋友，需要事先与强关系的准认购对象达成认购合作或认购意向。预认购者的影响力越大，对后续的路演越会带来影响。路演前或正式认购前，预认购者越多，后续认购的势能就越强。

（6）众筹预告。设置众筹开始倒计时，分别为 3 天、330 分钟、10 分钟、5 分钟、3 分钟、1 分钟、30 秒、10 秒倒计时，直至开始。这些倒计时以图片的形式，通过自建社群发布。启动倒计时会形成认购势能，让还在观望的准认购对象产生认购的紧迫感，提升众筹速度。

3. 路演中的执行内容

（1）执行岗位。路演活动现场的人员岗位，包括迎宾、签到、接待、守门、销售、场内服务、收款、主持等相关岗位。

（2）现场模拟演练。根据各岗位分工和会议流程进行现场模拟演练会对主持人和会议流程的配合起到重要作用。

（3）执行会议流程。根据既定的会议时间节点，把握好时间进场。针对准备会议环节的需求做好现场配合工作。

（4）众筹方案路演。项目路演是整个活动的重要环节。路演练习要事先进行模拟路演，事先熟悉路演课件，确保路演过程逻辑清晰，表达到位。路演的自信程度、表达方式决定了整体路演的效果。

（5）现场答疑解惑。众筹方案路演后，可以开放 3~5 个名额对众筹方案进行提问现场答疑，可由路演者或项目创始人、项目负责人共同负责，确保问题解答的专业性、正确性与完整性。

（6）意向报名登记并收取意向定金。现场有意向认购的人可以填写认购意向表，也可适当收取认购意向金，为其保留 5~7 天的认购资。

拓展知识

产品型众筹设计

在设计众筹方案之前，通过众筹评估和众筹规划了解产品功能属性，针对产品目标消费人群进行分析，其众筹目标是为了提升销售量；众筹对象为产品的目标客户人群；众筹法律主体为产品生产或销售公司；众筹标的为产品。众筹方案设计方式如以下步骤：

1. 产品订单成本预算

订单预算成本的公式是生产单件产品成本乘以产品订单数量，因此关于这点我们需要从两方面来考虑。一方面，关于单件产品成本，如果是自产的话应以最低生产数量来测算成本价格，如果是上游供应商生产供货的话，就需要事前谈好不同数量的供应价格，设定订货成本阶梯价格。简单的举个例子，跟供应商谈好 10000 件订货单价为 10 元，20000 件订货单件为 9 元，30000 件订货单件为 8 元，这样就能保证当你实际预售超出 10000 件的时候，就可以降低成本。

另一方面，关于众筹的产品订单数量，产品型众筹有个好处就是，无论产品生产周期长短，都需要先众筹再生产，因此我们只考虑产品生产周期较长的情况，合理设定产品交付期限，避免因超出交付期，使客户不满。如果众筹的产品是已经生产出来的产品，只需考虑产品的成本价和零售价，对产品的订单数量预算的影响较弱。

2. 设定最低众筹金额

无论是订单生产的众筹产品，还是已经生产出来的现成产品。只要通过线上平台发起众筹，原则上都会设定最低众筹金额。如果是需要订单生产的众筹产品，通常以最低"产品订单成本预算"金额作为最低众筹金额。如果众筹的产品是已经生产出来的现成产品，通常是象征性设置最低众筹金额。

3. 设定众筹阶梯价格

众筹阶梯价格一般介于零售价和成本价之间，不能高于市场零售价，又不能低于成本价，并从单一数量的价格到多个数量的价格，数量越多价格越低。举个简单的例子就是，某产品的进货成本是 10 元，市场零售价为 30元，阶梯定价就是：认购25 元获得 1 个产品，认购100 元获得 5 个产品，认购1000 元获得 55 个产品。

4. 设定业务奖励机制

设定业务奖励机制就是想让消费者变成消费商，提高客户转介绍的概率，双方实现共赢。通常设定直接推荐奖励和简介推荐奖励，让雪球越滚越大，但两者在比例设定时，不能和阶梯价格产生冲突，还需要考虑成本。

5. 设定每份享有的特权

特权通常针对认购金额较高的会员，结合项目的资源情况设定增值礼遇，可以是众筹产品的附加值，也可以是众筹产品相关的配套物料和服务。比如，扫地机器人众筹项目，当你认购金额满 2 万元时，送你 1 年上门保修服务；众筹满 5 万元时，送你 2 年上门保修服务。

第二节　供应链金融

知识导图

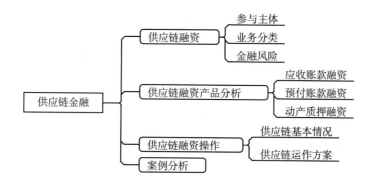

知识目标

1. 掌握供应链融资参与主体、业务分类及金融风险；
2. 学会辨析供应链融资三大产品的不同以及供应链融资操作；
3. 了解供应链融资案例分析。

📖 案例讨论

核心企业的内部金融平台①

供应商被拖欠货款的新闻并不少见，这次谣言之所以传播广泛，可能在于企业利用金融手段从供应商处赚取利息的这一情况。

近几年，很多大企业都建设了服务于内部生态的金融平台。有些企业自称应收账款服务平台，也称其为供应链金融平台。

时代财经了解到，美的平台叫"美易单"，主要功能是美的在平台上向供应商签发应收账款凭证"美易单"，供应商拿着"美易单"可以进行贴

---

① 案例来源：中小企业处境艰难，背后巨头抢滩供应链金融［EB/OL］．（2020 - 06 - 20）［2022 - 05 - 01］．新浪财经，https：//baijiahao. baidu. com/s? id = 1669997346885316474&wfr = spider&for = pc.

现、流转等融资业务。而除了美的之外，包括小米、格力、TCL、海尔等企业都有类似平台。对核心企业为何热衷于搭建供应链金融平台一事，在TCL财务公司工作的小米接受时代财经采访时解释称，"归根结底还是中小企业融资难。供应商有资金需求，从银行贷款的难度大，利率也不低，通过这些平台可以盘活手里的应收账款，而核心企业也可以从中赚点利息。"

之前，中小企业如果要盘活手里的应收账款，主要通过银行承兑汇票或者商业承兑汇票来实现，但两者都有一些痛点。"实际操作中，这两类票据流转比较麻烦，拆分很不方便，期限又都是固定的。这给了核心企业自己做金融平台的机会，能够在产品层面弥补传统票据的缺点。"小米举例说，"以TCL供应链金融平台的产品'金单'为例，以应收账款为基础，供应商可以在平台上开具金单，金单可以随意拆分金额，然后找别的供应商流转，也可以找与平台合作的金融机构融资。"（如图5-1所示）

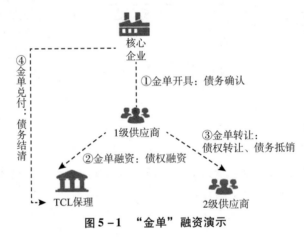

图5-1 "金单"融资演示

请思考：供应链金融融资与票据融资有何不同？

第一阶段，供应链金融发展铺垫时期，供应链金融模式统称为"1+N"，"1"指的是一个产业或者供应链中的核心企业（强势企业），而"N"指的是围绕这个核心企业的上下游企业或供应链的整体成员企业。金融机构依据核心企业"1"的信用支撑，完成对一众中小微企业"N"的融资授信支持；供应链金融的第二阶段，还是依托核心企业信用的"1+N"模式。只是将传统的线下供应链金融搬到了线上，让核心企业"1"的数据与金融机构完成对接，从而可以让金融机构随时能获取核心企业和产业链上下游企业的仓储、付款等各种真实的经营信息。线上供应链金融能够保证多方在线协同，提高作业效率。第三阶段，供应链金融3.0，线上"N+N"随着信息技术的不断推进，供应链金融也在结合前沿科技进行更新，电商云服务平台的搭建颠覆了过往以融资为核心的供应链模式，转为以企业的交易过程为核心，逐步开拓淡化核心企业信用的新模式。电商云服务平台，让中小企业的订单、运单、收单、融资、仓储等经营性行为都在上面进行，同时引入物流、第三方信息等，搭建服务平台，为企业提供配套服务。在这个系统中，核心企业起到了增信的作用，使得各种交易数据更加可信。

一、供应链金融的概念

在了解供应链金融之前，先知道什么是供应链，其实很简单，一般来说，一个特定商品的供应链从原材料采购，到制成中间及最终产品，最后由销售网络把产品送到消费者手中，将原材料供应商、制造商、分销商、零售商、直到最终用户消费者连成一个整体。

核心企业则是在这个供应链中竞争力较强、规模较大的企业。在供应链中处于强势地位，对供应链组成有决定权，对供应商、经销商、下游制造企业有严格选择标准和有较强控制力，能对供应链条的信息流、物流、资金流的稳定和发展起决定性作用。

"供应链金融"是指金融机构通过引入核心企业、第三方企业等，实现对信息、资金、物流等资源的整合，有针对性地为供应链的某个环节或全链条提供定制化的金融服务，达到提高资金使用效率、为各方创造价值，并把单个企业的不可控风险转变为供应链企业整体的可控风险。

（一）供应链金融参与主体

供应链金融源，依附于供应链上焦点企业的上下游中小微企业，通过融入供应链的产、供、销各个环节，借助焦点企业信用提升供应链上中小微企业的信用，拓展融资渠道，缓解"融资难、融资贵"问题。

供应链金融实施主体，在供应链金融发展初期，实施主体主要为商业银行。而在产业互联网大发展的背景下，银行不再是供应链金融产品与服务提供的绝对主体。掌握了供应链上下游企业真实贸易的行业龙头企业、企业对企业（B2B）平台企业、物流企业等各参与方纷纷利用自身优势，切入供应链金融服务领域。供应链金融资金方是直接提供金融资源的主体，也是最终承担风险的组织。

供应链金融基础服务，供应链金融的发展需要配套的基础设施服务提供方，如区块链技术服务提供商、电子仓单服务提供商、供应链金融信息化服务商、行业组织等。这些企业可以利用自身供应链金融基础服务的优势，连接资金提供方、供应链金融服务方、融资对象等，为整个供应链金融生态圈提供基础服务。

（二）供应链金融业务分类

1. 经销商、供应商网络融资模式

融资模式简介：利用核心企业的信用引入，对核心企业的多个经销商、供应商提供授信的一种金融服务，如图 5－2 所示，是供应链金融最典型的融资模式，目前主要运用在汽车、钢铁等供应链管理较为完善的行业，这些行业内核心企业和供应链成员关系紧密，并有相应的准入和退出制度。

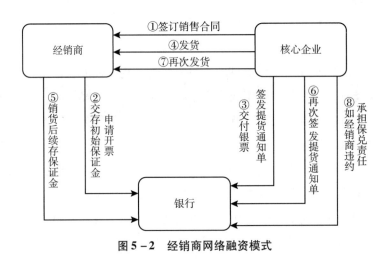

图 5－2 经销商网络融资模式

该模式的应用必须有一个重要基础，即核心企业必须有供应链管理意识，对银行授信环节予以配合。

2. 银行物流合作融资模式

融资模式简介：银行与第三方物流公司合作，通过物流监管或信用保证为客户提供授信的一种金融服务（如图 5－3 所示），主要合作形式包括物流公司提供自有库监管、在途监管和输出监管等，也有物流公司基于货物控制为客户提供担保的情形。

根据质押的标的不同，可以把中小企业通过银行物流合作融资模式分为：基于权利质押的物流银行业务和基于流动货物质押的物流银行业务。

该模式的核心在于银行借助物流公司的专业能力控制风险，银行可以通过与物流公司的合作发现并切入客户群，拓展业务空间。

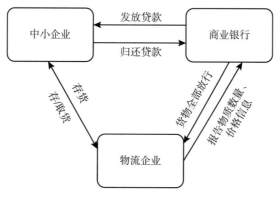

图 5-3　物流合作融资模式

3. 交易所仓单融资模式

融资模式简介：利用交易所的交易规则以及交易所中立的动产监管职能，为交易所成员提供动产质押授信的一种金融服务，如图 5-4 所示。该模式包括现货仓单质押融资和未来仓单质押融资两种形式。交易所有两类：一是上交所等三大期货交易所；二是一些地方的大型专业交易市场。

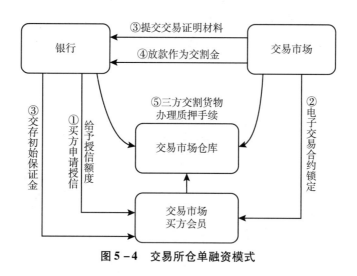

图 5-4　交易所仓单融资模式

该模式的推动力在于交易所和批发市场方具有促进交投的利益驱动，进而关心会员的资金流问题。因此商业银行可以将交易所作为"1"，会员作为"N"实施业务开发。

4. 订单融资封闭授信融资模式

融资模式简介：银行利用物流和资金流的封闭操作，采用预付账款融资和应收账款融资的产品组合，为经销商提供授信的一种金融服务，如图 5-5 所示。

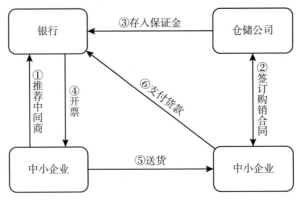

图 5 - 5 订单融资封闭授信融资模式

该种服务实际上突破了"1 + N"的模式,其主要交易特点为"两头大、中间小",即"1 + N + 1",适用于多个不同产业领域的中间商,如以煤炭企业为上游、钢铁企业为下游的经销商,以办公设备生产企业为上游、政府采购平台为下游的经销商等。

5. 设备制造买方信贷融资模式

融资模式简介:根据设备制造生产企业和下游企业签订的买卖合同,由商业银行向下游终端企业或经销商提供授信,用于购买该生产企业设备的一种金融服务,如图 5 - 6 所示。

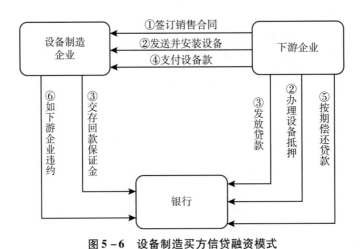

图 5 - 6 设备制造买方信贷融资模式

与传统先款后货融资模式的区别:

(1)融资主体不同。先款后货融资模式的融资主体是经销商;设备制造买方信贷融资模式的融资主体是生产企业。

(2)担保方式不同。先款后货融资模式的担保方式为动产(即存货)

质押或抵押，均需引入第三方物流企业监管；设备制造买方信贷融资模式的担保方式为设备（固定资产）抵押，在有关部门登记即可。

（3）融资工具不同。先款后货融资模式的基本融资工具为银票（期限较短）；设备制造买方信贷融资模式的基本融资工具为中长期贷款（期限较长）。

（三）供应链金融风险

供应链金融在较完善的供应链网络中可通过紧密的合作关系解决各环节资金问题，较大地缩短现金流量周期并降低企业运营成本，但如同一把"双刃剑"，供应链金融业务嵌入企业经营业务（应收账款融资、库存融资以及预付款项融资模式）或导致经营及财务状况存在一定的风险。

1. 供应链关联度风险

较为完善的供应链体系整合度较高，资金流转在供应链业务中形成闭环，供应链企业可通过对各环节的跟踪管理来控制供应链金融风险，同时要求供应链采购、生产、销售、仓储及配送等各环节在涉及的贸易业务领域上具有较高的关联度，而一旦供应链企业关联度低，融资环节出现缺口造成风险不可控，或将对供应链金融业务参与企业经营造成损失。

2. 供应链上下游企业信用风险

供应链上下游企业的信用状况在一定程度上反映出其偿债意愿以及偿债能力，良好的资信状况为供应链金融业务正常运转的前提，中小企业通常资信状况相对于大型企业较差，加之我国征信体系尚不健全导致违约成本不高，易出现债务偿还延缓或回收困难，供应链金融风险加大。

3. 供应链贸易背景风险

在虚假的供应链贸易融资背景中，通过提供虚假的业务单据和货物凭证来取得融资借款，而资金则被转移至其他投机或投资业务，导致供应链企业所提供的金融业务产生巨大资金损失。

4. 供应链运营管理风险

从供应链上企业运营管理角度来看，供应链上下游各环节企业自身运营状况决定了供应链业务的正常运作，一旦某个企业经营恶化，造成商流、物流及信息流的不连贯性，触发资金流的断裂，供应链金融业务链随之崩塌。

5. 资产流动性风险

供应链企业通过赊销和垫付的模式为链条上中小企业提供融资服务，导致企业出现较大规模的预付款项和应收账款，资金的提前支出与延迟回收降低企业资金效率并易造成企业阶段性的经营资金压力,当大规模的预付和应收类款项出现问题或将出现流动性问题时,不利于企业业务拓展。

6. 现金流风险

大量的垫资和赊销业务导致企业资金出现较大幅度的流出,且回收期限延缓,不利于流动性的积累。经营性现金流对企业债务覆盖能力较差,企业经营及债务偿还资金依赖外部融资,造成较大的筹资压力,一旦出现外部融资渠道受阻,供应链企业将面临资金流断裂风险。

二、供应链融资产品分析

对于一个企业来讲,资金流是血液,将影响一个企业的命运。通常情况下,中小企业的现金流缺口会发生在采购、经营和销售三个阶段,根据不同阶段企业对资金的需求,供应链金融有三种不同融资模式。

(一) 应收账款融资模式 (销售阶段)

1. 概念

应收账款融资模式即卖方将赊销项下的未到期应收账款转让给金融机构,由金融机构为卖方提供融资的业务模式,如图 5-7 所示。

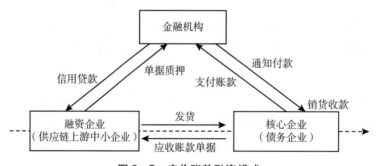

图 5-7 应收账款融资模式

应收类供应链金融模式下的金融产品包含保理业务、应收账款质押融资、订单融资、应收租赁款质押融资、票据类融资等,质押物为应收账款,主导方为核心企业,下游核心企业的反担保作用为该模式下的风控重点。

2. 目的

为供应链上游的中小企业融资。参与者包括:中小企业(上游债权企业)、核心企业(下游债务企业)和金融机构。金融机构向融资企业提供贷款前，需要对企业进行风险评估，包括：中小企业的资信、下游企业的还款能力、交易风险、整个供应链的运作状况等。

3. 作用

在整个过程中，由于核心大企业具有较好的资信实力，与银行存在长期稳定的信贷关系，在为中小企业融资的过程中起着反担保的作用，一旦中小企业无法偿还贷款，要承担相应的偿还责任，降低了银行的贷款风险。

同时，中小企业为了树立良好的信用形象，维系与大企业之间的长期合作关系，也会按期偿还银行贷款。

利用核心大企业的资信实力帮助中小企业获得银行融资，克服了中小企业资产规模和盈利水平难以达到银行贷款标准、财务状况和资信水平达不到银行授信级别的弊端，并在一定程度上降低了银行的贷款风险。

应收账款项下融资主要分为贸易项下、信贷项下、经营物业项下三类，都是基于未来可预测、稳定、权属清晰的现金流来进行融资。快速盘活了中小微企业的主体资产（应收账款），使中小微企业快速获得维持和扩大经营所必需的现金流，解决了回款慢融资难的问题。

拓展案例

应收账款融资

2015 年，保理公司为江苏工业园区内的一家光电公司（以下简称"光电公司"）提供应收账款质押贷款业务。由于光电公司从事的是生产和销售薄晶晶体管液晶显示器成品及相关部件，其上下游企业均是强大的垄断企业。

面临问题：

采购原材料时必须现货付款；销售产品后，货款回收期较长（应收账款确认后的 4 个月才支付）；应收账款已占公司总资产 45%，严重制约公司的进一步发展。

解决办法：

保理公司为光电公司提供应收账款质押贷款业务，由第三方物流企业为该项贷款提供信用担保。

案例分析：

关键在于应收账款的性质，下游企业是强大的垄断企业，也就是应收账款能否收回关键是下游核心企业的资信，核心企业的资信高，保理公司的风险小，同时第三方物流企业的担保也是光电公司获得资金的重要条件。

随着供应链融资的发展，该类应收账款的融资也可以使用核心企业的授信，无须提供第三方担保，当然这需要征得核心企业的授权。

（二）预付账款融资模式（采购阶段）

1. 概念

预付账款融资模式（又称保兑仓）是银行向处于供应链下游，经常需要向上游的核心企业预付账款才能获得企业持续生产经营所需的原材料的中小企业所提供的一种融资模式，如图 5-8 所示。

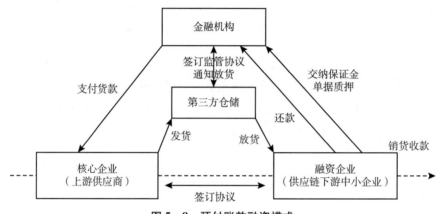

图 5-8 预付账款融资模式

预付类供应链金融模式下的金融产品包含保兑仓融资、先票后贷业务、担保提货业务、未来货权质押、开立信用证业务、卖方担保买方融资等，抵押物为预付账款，主导方为核心企业。通过签订多方协议，上游核心企业承诺对未被提取的货物进行回购，并将提货权交由金融机构控制，第三方仓储对货物进行评估和监管。

2. 流程

（1）在核心企业（供应商）承诺回购的前提下（若融资企业未能足额提取货物，核心企业须负责回购剩余货物），银行、核心企业、融资企业、第三方物流企业四方共同签订"保兑仓协议书"，允许融资企业（购货方）向银行交纳一定数额的保证金。

（2）融资企业向银行申请以供应商在银行指定仓库的既定仓单为质押，获得银行贷款支持，并由银行控制其提货权。

（3）第三方物流企业承担既定仓单的评估和监管责任，确保银行对提货权的控制。

3. 作用

预付账款融资模式实现了中小企业的杠杆采购和核心大企业的批量销售。中小企业通过预付账款融资业务获得了分批支付货款并分批提货的权利，不必一次性支付全额货款，为供应链节点上的中小企业提供了融资便利，缓解了全额购货带来的短期资金压力。

对于金融机构来说，预付账款融资模式以供应链上游核心企业承诺回购为前提条件，由核心企业为中小企业融资承担连带担保责任，并以金融机构指定仓库的既定仓单为质押，从而大大降低了金融机构的信贷风险，同时也给金融机构带来了收益，实现了多赢的目的。

拓展案例

预付账款融资

重庆某钢铁（集团）有限公司（以下简称"重庆某钢"）是一家钢铁加工和贸易民营企业，由于地域关系，重庆钢铁与四川某钢铁集团（以下简称"四川某钢"）一直有着良好的合作关系。

面临问题：

重庆某钢与上游企业四川某钢相比在供应链中还是处于弱势地位。重庆某钢与四川某钢的结算主要是采用现款现货的方式。重庆某钢由于自身扩张的原因，流动资金紧张，无法向四川某钢打入预付款，给企业日常运营带来很大影响。重庆某钢开始与商业保理公司（以下简称"保理公司"）接触。

解决办法：

保理公司与当地物流企业展开合作，短期内设计出一套融资方案：由物流企业提供担保，并对所运货物进行监管，保理公司给予重庆某钢4500万元的授信额度，并对其陆续开展了现货质押和预付款融资等业务模式，为重庆某钢的扩大经营注入了一剂"强心针"。

在取得保理公司的授信以后，当重庆钢需要向四川某钢预付货款的时候，保理公司会将资金替重庆某钢付给四川某钢。与保理公司合作以来，重庆钢铁的资金状况得到了极大改善，增加了合作钢厂和经营品种，销售收入也稳步增长。

案例分析：

该案例成功的关键首先在于融资的预付账款用途是向四川某钢进口原料，保理的融资是直接付给四川某钢，这就是在供应链的链条上借助核心企业的资信为下游企业进行了融资；其次是当地物流企业同意为其授信额度提供担保，并对所运货物进行监管，使保理公司可以降低信贷风险，在融资时通过第三方获得了物权控制。

（三）动产质押融资模式（运营阶段）

1. 概念

供应链下的动产质押融资模式是指银行等金融机构接受动产作质押，并借助核心企业的担保和物流企业的监管，向中小企业发放贷款的融资业务模式，如图5-9所示。在这种模式下，金融机构与核心企业签订担保合同或质押物回购协议，约定在中小企业违反约定时，由核心企业负责偿还或回购质押动产。

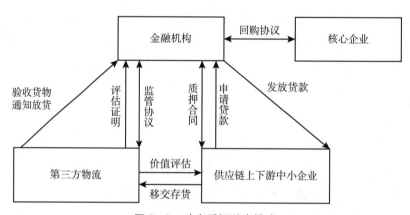

图5-9　动产质押融资模式

存货类供应链金融模式下的金融产品包括融通仓融资、标准仓单融资、现货质押融资、浮动融资等，抵押物为存货，主导方为物流公司。供应链上下游中小企业在不转移存货所有权的情况下，以核心企业为担保，第三方物流负责对存货进行监管，基于核心企业与上下游中小企业之间的真实的交易背景，金融机构依据质押的存货向中小企业提供融资。企业的历史交易情况和供应链运作情况调查，以及第三方物流对质押物验收、价值评估与监管成为该模式下的风控重点。

2. 运作模式

（1）中小企业向金融机构申请动产质押贷款；

（2）金融机构委托物流企业对中小企业提供动产进行价值评估；

（3）物流企业进行价值评估，并向金融机构出具评估证明；

（4）动产状况符合质押条件的，金融机构核定贷款额度，与中小企业签订动产质押合同，与核心企业签订回购协议，并与物流企业签订仓储监管协议；

（5）中小企业将动产移交物流企业；物流企业对中小企业移交的动产进行验收，并通知金融机构发放贷款；金融机构向中小企业发放贷款。

拓展案例

动产质押融资

深圳市某实业发展有限公司（以下简称"深实业"）是一家从事国内商业批发、零售业务的贸易公司，注册资本 1000 万元，是内蒙古伊利牛奶（上市公司，以下简称"伊利股份"）在深圳地区的总代理。

面临问题：

深实业成立时间较晚，资产规模和资本金规模都不大，自有资金不能满足与伊利股份的合作需要。同时，又没有其他可用作贷款抵押的资产，若进行外部融资，也非常困难，资金问题成为公司发展的瓶颈。

解决办法：

保理公司在了解深实业的实际需求和经营情况、结合其上游供货商伊利股份，经过研究分析，大胆设想与提供牛奶运输服务的物流企业合作，推出了以牛奶作为质押物的仓单质押业务。物流企业对质押物提供监管服务，并根据指令，对质押物进行提取、变卖等操作。保理公司给予深实业综合授信额度 3000 万元人民币，以购买的牛奶做质押，并由生产商伊利股份承担回购责任。业务实施后，销售额比原来增加近 2 倍。

案例分析：

该案例成功的关键首先在于保理公司的业务创新，同意用牛奶作为质押物对企业进行授信，牛奶属于容易变质的食品，因此操作过程中物流企业的积极配合也是密不可分的，在保理公司、物流企业、贷款客户的共同努力下，才有可能实现供应链融资的顺利开展。

三、供应链融资实务

（一）轮胎产业供应链基本情况

山东省 J 轮胎公司于 2000 年 12 月成立，地处全国规模最大、经营品种最全的专业轮胎生产基地，目前注册资本为 21789 万元。该公司是当地政府的重点扶植企业，具有良好的发展空间和市场前景，2012 年在全球轮胎企业排名中名列第 35 位。

核心企业 J 轮胎公司与其下游经销商的传统销售模式流程如下：

（1）J 轮胎公司与经销商签署年度经销协议。

（2）经销商订货时，需先将款项预付至 J 公司销售部门开立的核算账户或直接支付银行承兑汇票，J 公司销售部门开出预付款收据，形成销售订单。

（3）J 轮胎公司生产部门根据经销商的订单安排生产，生产周期为 1～3 个月。

（4）货物生产完毕后，经销商将提货单交至 J 公司指定的运输公司，货物运输到经销商指定地点，完成提货。

在轮胎产业销售供应链中，J 轮胎公司作为核心企业处于强势地位，不允许其下游经销商有赊欠行为，经销商只有先支付全部货款，才能够提到货。下游经销商若想扩大销售规模，就需要增加进货量，支付更多的预付资金，而这些经销商大多为中小企业，资金流紧张时就迫切需要向银行融资。在这种传统的轮胎销售模式中，银行只起到为核心企业开立结算账户的作用，商业银行考虑到这些经销商通常没有有效的土地、房产等抵押物作担保，信贷风险较高，往往不愿向其提供信贷融资。

（二）供应链融资运作方案

为了解决下游经销商融资难的问题，同时满足核心企业壮大其经销商队伍、提升市场占比的需求，G 银行拟采用"预付款融资 + 保证金 + 核心企业山东省 J 轮胎公司提供担保及回购承诺"的方式为 J 轮胎公司指定的下游经销商办理小企业信贷业务，达到拓宽担保渠道、扩大客户规模、提升核心客户市场占有率、实现小企业信贷业务快速健康发展的目的。G 银行与 J 轮胎公司协商沟通后，根据历年交易量和回款情况，选择其中 16 家优质的下游经销商推荐给 G 银行，作为开展供应链融资业务的目标客户，并由 J 公司向 G 银行建议授信额度。

设计供应链融资方案时的要素主要包括：

（1）采用"预付款融资 + 保证金 + 核心企业山东省 J 轮胎公司提供担保及回购承诺"的方式办理业务。

（2）核心客户 J 轮胎公司向 G 银行推荐经销商名单并提供年度融资计

划后与经销商、G 银行签订《供货商、经销商与银行合作协议书》，明确三方的权利和义务。该协议约定，若经销商未能按时归还融资，核心客户承诺对轮胎进行回购或调剂销售，核心企业承担无限清偿责任。

（3）经销商需在 G 银行的核心客户所在地支行开立或指定专用账户，该账户作为向核心客户支付货款、归集销货款的唯一专用账户，并接受 G 银行监督管理。

（4）融资金额根据经销商年度经销协议及经销商申请金额确定，不高于预计进货总金额的 70%。

（5）融资期限一般不超过 3 个月，最长可至 6 个月。

据此，设计出该供应链上的预付账款融资的具体操作流程，主要包括 9 个步骤：

（1）核心企业 J 轮胎公司与下游经销商（借款人）签订购销合同。

（2）经销商向在 G 银行开立的保证金账户中存入合同总量金额 30% 的保证金。

（3）G 银行根据融资品种与经销商签订《预付款融资合同》，约定双方的权利义务。

（4）G 银行与核心企业签订担保合同和商品回购承诺。

（5）G 银行将贷款以受托支付的方式直接支付给核心企业，作为经销商从核心企业进货的预付款。

（6）经销商提货前向其在 G 银行开立的保证金账户中存入不少于本次提货总金额的保证金，并递交"提货申请书"，列明企业提货的相关条款。

（7）G 银行核实经销商存入的保证金足额到位，根据"提货申请书"向核心企业签发"提货通知书"，三方合作协议中约定"提货通知书"为核心企业发货的唯一凭证，不得挂失、不得补办、不得随意涂改。

（8）核心企业在接到提货通知书并确认无误后，将回执递交 G 银行。

（9）核心企业收到提货通知书后向经销商发货。

本章实训题

实训一，设计众筹产品海报：公司产品需要融资，决定通过众筹来完成对产品前期资金的需求，现在要求为该产品设计众筹海报，体现产品众筹要素。

实训二，起草《股权众筹产品计划书》：提供给有确切投资意向的股东，明确产品名称，产品定位，融资额范围，股权众筹时间，领投人要求，跟投人要求。

实训三，阐述供应链金融在企业不同阶段的运用。

实训四，比较京东金融与阿里小贷的供应链金融模式。

模块三 融资实施

融资方式是指企业融通资金的具体形式。融资方式越多意味着可供企业选择的融资机会就越多。而企业在选择好了融资方式之后，在融资实施过程从如何吸引投资人、如何更好地融到钱到如何应对尽职调查都需要做大量的调查研究工作，最终协议的达成需要融资人和投资人经过数轮，甚至几十轮的谈判、磋商。因此对于创业急需资金的融资人来说，应当全面掌握项目的融资实施过程，把可能存在的风险都要考虑到。该模块主要就是针对融资实施过程中的流程以及准备工作做详细介绍。

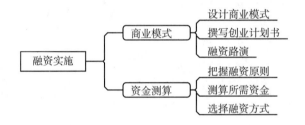

第六章
商业模式

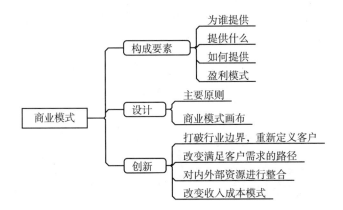

第一节　设计商业模式

知识导图

```
                          ┌── 为谁提供
                          ├── 提供什么
              ┌─ 构成要素 ─┤
              │           ├── 如何提供
              │           └── 盈利模式
              │
              │           ┌── 主要原则
  商业模式 ───┼─ 设计 ────┤
              │           └── 商业模式画布
              │
              │           ┌── 打破行业边界，重新定义客户
              │           ├── 改变满足客户需求的路径
              └─ 创新 ────┤
                          ├── 对内外部资源进行整合
                          └── 改变收入成本模式
```

知识目标

1. 掌握商业模式的构成要素；

2. 掌握商业模式设计、创新的基本思路和方法；

3. 了解常见的商业模式。

📖 案例讨论

正确的商业模式才能获得新生①

　　一家名为网络货车（Webvan）的美国公司，创业之初，将自己定位成

————————————————
①　案例来源：李光斗. 社交众筹［M］. 北京：机械工业出版社，2016.

一家"订购当日上门交货服务"的网上杂货零售商。该公司的创始人认为，他的企业的商业模式的核心在于能为消费者提供更为便捷、省心的网上购物体验。在这一理念的引导下，Webvan 的战略目标是"让公司的产品进入每一个美国家庭"，并由此深受投资人的青睐，融得 8 亿美元。

当 Webvan 拿到融资以后，立刻为企业制定了详细的战略规划，组建了精英团队，搭建起快速简洁、美观实用的网上购物平台。为了保证产品快速到达消费者的手中，Web van 更是一掷千金，建立面积超大的自动化仓储中心统一配送。对于这样的商业模式，Webvan 是非常自信的，相信企业一定会做大、做强，奔向首次公开募股。然而，仅仅不到两年的时间，Webvan 就花完了 8 亿美元的巨额投资，宣告破产。为何一家获得 8 亿美元投资的企业能在如此短的时间忽然倒下？其主要原因不是别的，正是 Webvan 引以自信的商业模式。Webvan 在设计商业模式时所提供的服务和产品只是建立在自己满意的基础上，根本没有弄清楚谁是它的客户群体。

Webvan 这个案例很好地向我们诠释了一个道理：在企业建立初期，创业者不仅需要看到商业重要性，还要清醒地认识到，盲目地相信某种商业模式未必会带来成功。商业模式并不是通往成功的充分条件，即使是同一种商业模式，也有可能带来成功和失败两种迥异的结果。创业企业现在面临的问题，不再是没有商业模式，而是不清楚选择何种商业模式——一种正确的商业模式可以给企业带来融资，获得新生。

请思考：Webvan 的商业模式是什么？其问题在哪里？

一、商业模式的构成

什么是商业模式？亚历山大·奥斯特瓦德等在《商业模式新生代》中这样揭示了商业模式的定义："商业模式描述了企业如何创造价值、传递价值和获取价值的基本原理。"泰莫斯定义的商业模式是指"一个完整的产品、服务和信息流体系，包括每一个参与者在其中起到的作用，以及每一个参与者的潜在利益和相应的收益来源和方式"。

用现代管理学之父彼得·德鲁克的话简单讲，"一个商业模式不外乎是一个组织如何（或想要如何）赚钱的陈述"，具体包括企业向谁提供产品或服务、产品或服务是什么、怎么定价和收费，以及产品或服务是如何制作与提供的等。我们可以通过 4 个视角、9 个要素来很好地描述和定义商业模式，如图 6-1 所示。

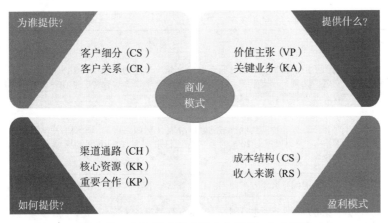

图6-1　商业模式构成的4个视角、9个要素

（一）视角一：为谁提供

视角一在于精准确定公司的目标客户群体，并寻找客户的痛点。这个视角中我们重点关注两个要素：客户细分（customer segment，CS）与客户关系（customer relationships，CR）。

1. 客户细分——客户是谁

客户是任何一种商业模式的核心，企业首先需要明确自己的目标客户群体，即企业在某个时点追求或尽力吸引的有限的个人或企业群体，企业选择的目标市场影响它所做的每件事情。企业必须做出合理的选择，到底该服务哪些客户群体，哪些客户群体是应该重点服务的，哪些客户群体是可以忽略的。企业可以根据客户的属性、行为、需求、偏好以及价值等因素的不同，提供有针对性的产品、服务和销售模式。

比如根据产品和服务是面向企业客户还是个人客户的，可以分为 to B 模式和 to C 模式，比如阿里巴巴电商分为 C 类电商和 B 类电商，C 类如淘宝、天猫、盒马等，B 类电商如 1688 等。

表6-1列举了按不同类型细分客户的例子。

表6-1　　　　　　　　　　　　　如何进行客户细分

划分类型	举例
按照地理位置	按地理特征细分市场，包括以下因素：地形、气候、交通、城乡、行政区等。例如： （1）城市、农村； （2）一线城市、二线城市、三线城市、四线城市等； （3）发达国家、发展中国家、第三世界国家等； （4）南方地区、北方地区

划分类型	举例
按照人口特征	按照年龄、性别、婚姻、收入、家庭情况等来进行细分。比如服装行业分男装、女装、儿童装、青年装、老年装，教育行业分学前教育、学前～高中（K12）教育、成人教育、职业教育等
根据客户价值	对客户进行高价值到低价值的区间分隔（比如大客户、重要客户、普通客户、小客户等），以便根据 20% 的客户为项目带来 80% 的利润的原理重点锁定高价值客户
按使用场合	在什么时间什么地方来使用。比如餐饮分早餐、午餐、晚餐、夜宵等
按行业细分	根据客户所在行业进行划分。比如软件即服务（SaaS）企业，有些只针对金融行业提供服务，有些只针对制造业提供服务，有些对所有行业提供服务

2. 客户关系——如何获取客户

客户关系是指企业为达到其经营目标，主动与客户建立起的某种联系，并具有多样性、差异性、持续性、竞争性、双赢性的特征。客户关系是在每一个客户细分市场建立和维护客户关系，企业应该清楚希望和每个细分群体建立的关系类型，客户关系管理的大致思路是：客户获取—客户维系—提升销售额（追加销售）。

客户关系的重点类型有：买卖关系、供应关系、合作伙伴、战略联盟等。

买卖关系：最为普遍的交易中客户关系，to C 的交易大多是这种模式。客户将企业作为一个普通的卖主，销售被认为仅仅是一次公平交易，交易目的简单。企业与客户之间只有低层次的人员接触，企业在客户企业中知名度低，双方较少进行交易以外的沟通，客户信息极为有限。

供应关系：也是企业与企业之间比较常见的模式，一般的企业都有自己的供应商名录，企业能进入下游客户的供应商名录即可形成供应关系。处于此种关系水平的企业，销售团队与客户企业中的许多关键人物都有良好的关系。

合作伙伴：当双方的关系存在于企业的最高管理者之间，企业与客户交易长期化，双方就产品与服务达成认知上的高度一致时，双方进入合作伙伴阶段。

战略联盟：战略联盟是指双方有着正式或非正式的联盟关系，双方的目标和愿景高度一致，双方可能有相互的股权关系或成立合资企业。两个企业通过共同安排争取更大的市场份额与利润。

（二）视角二：提供什么

企业为目标客户提供什么样的产品和服务？这个视角中我们重点关注两个

要素：价值主张（value propositions，VP）与关键业务（key activities，KA）。

1. 价值主张——核心优势是什么

企业通过其产品和服务向消费者提供的价值，通过价值主张来解决客户难题和满足客户需求。价值主张与企业使命内涵一样，揭示企业为什么存在及其要实现的目标。

2. 关键业务——主营业务是什么

关键业务活动是创造和提供价值主张、接触市场、维系客户关系并获取收入的基础，关键业务因商业模式不同而有所区别，关键业务可以分为以下几类：

（1）制造产品（production）。这类业务活动涉及生产一定数量或满足一定质量的产品，与设计、制造及销售产品有关。如就微软等软件制造商而言，其关键业务主要是软件开发。绝大部分制造业的关键活动都是制造产品，具体产品因所在行业不同而不同，如制造电脑、手机、洗护用品、药品等。

（2）问题解决（problem solving）。这类业务指的是为个别客户的问题提供新的解决方案。咨询公司、医院和一些服务机构的关键业务是问题解决。

（3）平台/网络（platform/network）。以平台为核心资源的商业模式，其关键业务都是与平台或网络相关的。网络服务、交易平台、软件甚至品牌都可以看成是平台。如淘宝、天猫的商业模式决定了企业需要持续地发展和维护其平台。

（三）视角三：如何提供

前面我们回答了为谁提供产品和服务，提供什么产品和服务，接下来我们要回答怎么样去提供产品和服务，也就是产品、服务的销售环节。这个视角我们重点关注三个要素：渠道通路（channel，CH）、核心资源（key resource，KR）、重要合作（key partnership，KP）。

1. 渠道通路——怎么卖产品

渠道通路是指企业怎么有效地、低成本地把产品和服务推向客户群体，并让客户群体购买、消费、付费。这也是我们日常所讲的销售模式，销售模式指的是把产品/服务通过某种方式或手段，送达客户的方式，完成"制造→流转→消费者→售后跟进"的一个完整环节。当下市场上运用较多的销售模式分别是直销、代销、经销。

企业的渠道通路可以是自有渠道（销售队伍、网络销售）、合作伙伴渠道（经销商、代理商渠道）或者两者混合起来。

2. 核心资源——技术、人力、资金等

核心资源和关键业务一样，是企业创造和提供价值主张、接触市场、维系客户关系并获取收入的基础，核心资源因商业模式不同而有所区别。比如茅台的核心资源是酿酒配方和工艺；微软的核心资源是专利技术；麦肯锡等咨询公司的核心资源是人力资源；银行的核心资源是资金；有色金属企业的核心资源是实体矿产资源等。

根据核心资源的不同，可以把产业分为：资本密集型、技术密集型、劳动力密集型等。

3. 重要合作——伙伴网络

重要合作指企业商业模式运转中所需的供应商与合作伙伴的网络。重要的合作关系有四类：非竞争者之间的战略联盟关系、竞争者之间的战略合作关系、合资关系、供应商关系。

（四）视角四：盈利模式

给目标客户提供了产品和服务，企业如何获得盈利呢？这里我们关注两个要素：收入来源（revenue streams，RS）和成本结构（cost structure，CS）。

1. 收入来源

收入来源可以分为两类：一次性收入和持续性收入。一次性收入主要是产品销售收入，持续性收入包括服务使用收费、租赁收费、授权收费等，如表 6 – 2 所示。一个商业模式可以包括上面两种收入模式。

表 6 – 2　　　　　　　　　　主要的几种收入模式

收入模式	定义	举例
资产销售	销售实体产品的所有权	汽车销售、房产销售等
使用收费	通过特定的服务收费，客户使用的服务越多，付费越多	电信运营商、旅馆、快递、电商平台
订阅收费	销售重复使用的服务	视频网站会员、音乐网站付费听音乐、健身房
租赁收费	针对特定资产在固定时间内的暂时性排他使用权的授权	房产租赁、设备租赁、汽车租赁
授权收费	知识产权授权给客户使用，收取授权费用	版权费、专利技术授权
经纪收费	提供中介服务而收取的佣金	金融机构中介服务、房产中介服务

资料来源：亚历山大·奥斯特瓦德，伊夫·皮尼厄. 商业模式新生代［M］. 北京：机械工业出版社，2016.

2. 成本结构

成本结构就是企业在研发、生产、销售、售后等商业模式闭环中所有发生的成本。一般商业模式的驱动类型有两种：成本驱动型和价值驱动型。成本驱动就是围绕低成本来提供产品和服务，尽可能地降低成本；价值驱动型就是围绕品质、价值来提供产品和服务，不太关注成本。

在微观经济学中我们学过成本的概念，成本可以分为：固定成本（fixed cost）和可变成本（variable cost）。固定成本是指成本总额在一定时期和一定业务量范围内，不受业务量增减变动影响而能保持不变的成本，如厂房、机器设备等固定资产的折旧，土地使用权、专利使用权等无形资产的摊销。可变成本是指成本随着销量增加而增加，典型的如各种原材料、包装成本、运输成本等。

拓展知识

魏朱（Wei–Zhu）六要素商业模式模型[①]

魏巍、朱武祥把商业模式的构成要素概括为：企业定位、业务系统、关键资源能力、盈利模式、现金流结构、企业价值。

1. 企业定位

企业定位就是企业应该做什么，决定了企业该生产什么产品和提供什么服务，定位是企业战略选择的结果，也是商业模式体系中其他几个部分的支撑点。

2. 业务系统

业务系统是指企业达成定位所需要的业务环节、各合作伙伴扮演的角色以及利益相关者合作与交易的方式和内容，业务系统是商业模式的核心。

3. 关键资源能力

关键资源能力是指业务系统运转所需要的重要资源和能力，任何商业模式构建的重点工作之一就是了解业务系统所需要的重要资源和能力有哪些，如何分布，以及如何获取和建立。

4. 盈利模式

盈利模式是指企业的收入来源、成本结构、赚取利润的方式。盈利模式是在给定业务系统价值链所有权和价值链结构的前提下，相关方之间利益的

---

① 案例来源：魏炜，朱武祥. 发现商业模式［M］. 北京：机械工业出版社，2009.

分配方式。良好的盈利模式不仅能够为企业带来利益，还能为企业编织一张稳定、共赢的价值网。

5. 现金流结构

现金流结构是指企业经营过程中产生的现金收入扣除现金投资后的状况。不同的现金流结构反映了企业在战略定位、业务系统、关键资源能力以及盈利模式方面的差异，决定了企业投资价值的高低、投资价值递增的速度以及受资本市场青睐的程度。

6. 企业价值

企业价值是指企业的投资价值，是企业预期未来可以产生的现金流的贴现值。企业的投资价值由其成长空间、成长能力、成长效率和成长速度等因素共同决定。

上述六要素之间的关系如图 6-2 所示。

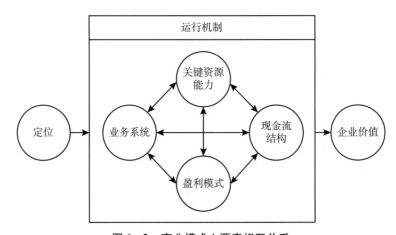

图 6-2　商业模式六要素相互关系

二、商业模式的设计

（一）商业模式设计的主要原则

1. 寻找适合自己的商业模式

商业模式是创业计划书的主体和核心，当前机会的多样性和渠道的广泛性决定了商业模式的多样性，具体到每一个创业者，应该寻找适合自己的崭新的商业模式，不要刻意模仿或生搬硬套别人的模式。

2. 进行资源整合

整合资源最主要的是把各种能够促进创业计划实现的创业要素找到、挖掘出商业价值，并且将相关的最佳要素整合。通过整合，可以是零散资源变成系统资源、潜在资源变成显在资源、一般性资源变成增量资源等。

3. 寻找和抓住创收点

商机是商业模式设计的着眼点，创收才是商业模式设计的落脚点。对于一个企业而言，不能实现创收的商业模式是得不到投资人认可的，毕竟做生意追求的是盈利。不管商业模式是何种形式，都要最大限度地创造商业价值，在商业模式设计的时候不仅要提出创收点，还要围绕创收点找到市场开拓点。

4. 认真进行市场调查

"没有调查就没有发言权"，没有经过全面的、认真的市场调查，就难以设计出好的商业模式。市场调查的资料要充实、准确、全面，了解行业的特征、需求、竞品等各方面情况，寻找可以开发和调动的资源如资本、渠道、客户等。

（二）商业模式画布

商业模式画布是一种用来描述商业模式、可视化商业模式、评估商业模式以及改变商业模式的通用语言，是现在最为流行也最受认可的商业模式工具，如图 6-3 所示。

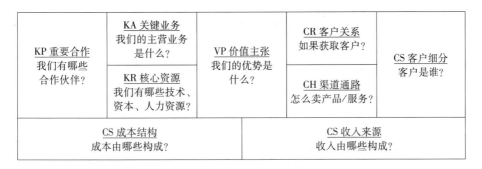

图 6-3　商业模式画布

商业模式画布的优点：高效率、可执行，同时产生不止一套方案，让每个决策者心中留下多种可能性。

典型的商业模式画布由 9 个模块构成，也就是我们前面讲到的 9 要素。按照商业模式画布设计商业模式，就是利用画布中的 9 个模块，进行充分的构想，表 6-3 展示了 9 个模块的主要构想问题和构想方向。

表 6 – 3   商业模式画布 9 个模块的构想

构想模块	主要构想问题	构想方向示例
客户细分	我们为谁创造价值； 谁是我们的最重要的客户	大众市场； 小众市场； 求同存异的客户群体； 多元化的客户群体； 多边平台
价值主张	我们该向客户传递什么样的价值； 我们正在帮助我们的客户解决哪一类难题； 我们正在满足哪些客户需求； 我们正在给客户提供细分群体哪些系列的产品和服务	创新、性能、定制、保姆式服务、设计、品牌/地位、价格、缩减成本、风险控制、可获得性、便利性/实用性
渠道通路	通过哪些渠道可以接触到我们的客户细分群体； 我们现在如何接触他们？我们的渠道如何整合； 哪些渠道最有效？哪些渠道成本效益最好； 如何把我们的渠道与客户的例行程序进行整合	渠道类型（自有渠道、合作方渠道）； 渠道阶段（知名度、评价、购买、传递、售后）
客户关系	我们每个客户细分群体希望我们与之建立和保持何种关系； 哪些关系我们已经建立了； 这些关系成本如何； 如何把我们与商业模式的其余部分进行整合	私人服务、专属私人服务、自助服务、自动化服务、社区、与客户协作，共同创造
收入来源	什么样的价值能让客户愿意付费； 他们现在在付费买什么； 他们是如何支付费用的； 他们更愿意如何支付费用； 每个收入来源占总收入的比例是什么	资产销售、使用费、会员费、租赁、许可使用费、经纪人佣金、广告费
核心资源	我们的价值主张需要什么样的核心资源； 我们的渠道通路需要什么样的核心资源； 我们的客户关系呢； 收入来源呢	实物资源； 知识性资源； 人力资源； 金融资源
关键业务	我们的价值主张需要哪些关键业务； 我们的渠道通路需要哪些关键业务； 我们的客户关系呢； 收入来源呢	生产制造； 解决方案； 平台/网络
重要合作	谁是我们的重要伙伴； 谁是我们的重要供应商； 我们正在从伙伴那里获取哪些核心资源； 合作伙伴都执行哪些关键业务	优化及规模效应； 降低风险和不确定性； 特殊资源及活动的获得
成本结构	什么是我们商业模式中最重要的固有成本； 哪些核心资源花费最多； 哪些关键业务花费最多	成本导向、价值导向、固定成本、可变成本、规模经济、范围经济

商业模式的设计步骤，先做加法，再做减法：

（1）勾勒画布的 9 个模块。按照商业模式画布依次在 9 个模块填写内容。

（2）针对每个模块进行问题构想，每个模块我们需要解决什么问题，创业团队之间可以展开头脑风暴，共同绘制、讨论商业模式。最好是以便笺纸的形式，每张纸上只写一个点，直到每个模块拥有大量可选答案。

（3）摘掉不好的便笺纸，留下最好的那些。

（4）按照顺序让这些便签上的内容互相产生联系，就能形成一套或多套商业模式。

（5）完成初步设计后，再进行逐渐的调整。商业模式画布的使用要总体把握"设计＋调整"。

图6-4展示了苹果的商业模式画布。

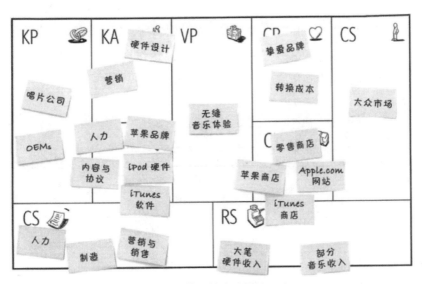

图6-4　苹果的商业模式画布

资料来源：亚历山大·奥斯特瓦德，伊夫·皮尼厄. 商业模式新生代［M］. 北京：机械工业出版社，2016.

三、商业模式的创新

在当下很多人想创业，但是又苦于没有很好的点子，有些创业者觉得自己不懂技术，不懂高科技，不知道能做什么。其实创业的新意并不只限于技术的创新，还可以是商业模式的创新，比如对于科技含量不高的行业，你可以在别人现有商业模式的基础上创新，商业模式的创新也可以使创业项目让人耳目一新。

就创新而言，商业模式的创新比产品创新和服务创新更为重要，因为它涉及整个公司的价值创造系统。商业模式创新可以改变整个行业格局，让市场重新洗牌。无论是零售巨头，还是航空公司，都有商业模式创新造就成功的典范案例。从1998年到2007年，成功晋级《财富》500强的企业有27

家，其中有 11 家认为他们的成功关键在于商业模式的创新。

商业模式创新是改变企业价值创造的基本逻辑以提升顾客价值和企业竞争力的活动。既可能包括多个商业模式构成要素的变化，也可能包括要素间关系或者动力机制的变化。

关于如何进行商业模式的创新，我们在本章第一节已经讲了商业模式构成要素（4 个视角、9 个要素），这些要素就是我们进行创新的抓手。

1. 打破行业边界，重新定义客户

商业模式的创新往往会打破行业的边界，或者会用另一个行业运作规律在本行业存活。苏宁、国美属于家电商贸流通行业，通过连锁商场的商业模式获得了巨大的成功；后起之秀京东没有一间店铺，凭借虚拟的互联网横空出世，直击网购偏好的客户，用互联网行业的运作规律直逼两大家电巨头，远远跳开传统店面卖场模式，如图 6 - 5 所示。

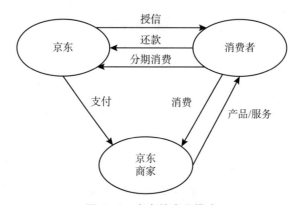

图 6 - 5 京东的商业模式

资料来源：汽车人俱乐部. 商业模式创新的五大路径［EB/OL］.（2018 - 07 - 04）［2022 - 05 - 30］. 搜狐网，https：//www.sohu.com/a/239310137_492538.

2. 改变满足客户需求的路径

同样的需求可以有不同的满足方式，导致商业模式的差异。改变满足客户需求的方式，即改变一个企业"提供什么"，具体的是改变用户价值定义、利润公式或收入模型。

企业要从确定用户的新需求入手，深刻理解用户购买你的产品预期实现的目标。有时候用户实现一个目标需要的往往不仅是产品，而是一个解决方案。一旦确认了解决方案，也就确定了新的用户价值，并可依此进行商业模式的创新。

比如同样是满足用户喝豆浆的需求，永和大王怎样提供和满足的？九阳豆浆又是如何提供和满足的？永和豆浆给用户提供现磨现卖的豆浆，而九阳

豆浆是向用户提供豆浆机让其自己制作豆浆。两种不同的满足和提供方式，导致了两种不同的商业模式。

3. 对内外部资源进行整合

内外部资源包括内部核心资源（技术、人力、资本等资源）、外部伙伴网络等，正如管理学大师彼得·德鲁克所言："哪个企业能创新协同模式，哪个企业能与整个产业价值链形成共生、共赢、利益均沾的管理，这个企业也就拥有了发展先机，这个企业就能实现持续赢利。"这就是资源整合的重要性，资源整合是非常重要的一种商业模式，不管哪个行业，都离不开资源整合。

下面通过四川航空"免费接送"的案例来讲一下资源整合的商业模式创新到底是怎么回事。

拓展案例

四川航空"免费接送"[①]

在成都双流机场，有一个非常特别的场景。当你下了飞机以后，你会发现机场的停车场停了上百部商旅车，但是每一辆车上面都写了"免费接送"。

我们先思考几个问题：（1）这车是谁买的？（2）为什么免费拉你？（3）上百部商旅车的采购成本、免费接送乘客的载人成本、如何解决？如何转化？（4）他们通过什么方式挣钱？

我们看一下这个事件所有的利益相关者（伙伴网络）：四川航空、乘客、驾驶员、汽车制造商（如图6-6所示）。

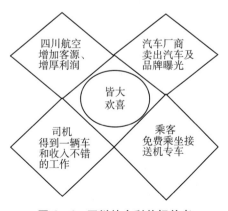

图6-6　四川航空利益相关者

① 优必上跨界盈利系统. 川航150辆商旅车免费接送乘客，如何盈利？[EB/OL].（2019-03-21）[2022-05-30].搜狐网，https://www.sohu.com/a/302775054_99892975.

1. 如何以超低价格采购车？

川航需要一次性从风行公司订购 150 台商旅车，原价一台车需要花 14.8 万元，航空公司要求汽车生产制造商以每台 9 万元的价格一次性集中采购 150 台。作为汽车生产制造公司，有这么大的团购订单，当然愿意接下这个订单。

我们以每一部车能搭载 7 名乘客计算，每天往返 3 趟，150 辆车每年带来的广告受众人数是 $7 \times 64 \times 365 \times 150$，那么这个时候我们的广告受众群体就远远超过了 200 万人，这样的精准宣传效果是非一般地惊人。

2. 如何让司机免费给川航服务

航空公司召集了一批计划要去当出租车司机的准司机，以一台商旅车 17.8 万元的价格出售给这些准司机，告诉这些司机，只要每搭载一名乘客，航空公司就会付给司机每人 25 元，那么司机就保证了他每天的收益。

一台商旅车 17.8 万元，卖给司机，进价是 9 万元，乘以 150 台，所以说航空公司这一次的净利润是 1320 万元，通过招募司机，航空公司净赚 1320 万元。

3. 乘客选择川航，会得到什么好处？

乘客不仅省下了 150 元的车费，也解决了快速从机场到市区、从市区到机场的交通问题，对乘客来说，非常划算。

4. 谁是最大的赢家？

最大的赢家，自然是川航了，这 150 台印有免费接送字样的车，每天在市区跑来跑去，将这个优惠的信息传遍大街小巷，作为要乘坐飞机出行的乘客来说，你是买 5 折以上机票免费乘坐往返来市区的接送车，还是愿意去购买其他公司的高价票，同时还没有免费的接送业务呢？当然作为我，是很愿意接受川航这样的服务的。

4. 改变收入成本模式

改变收入模式就是改变一个企业的用户价值定义和相应的利润方程或收入模型，不仅适合产品竞争激烈的行业，也适合新技术新产品的行业。新产品最初推向市场时研发成本高，导致价格较高，消费者难以接受。如果能降低客户购买成本，转变盈利来源和成本摊销方式，消费者的接受度会更高。

拓展知识

常见的商业模式如表 6 - 4 所示：

表 6 - 4　　　　　　　　　　　　　常见的商业模式

商业模式	关键词	代表企业
特许经营	出售权限、商业模式使用权	麦当劳、假日酒店
低价连锁模式	酒店连锁、低价	如家
定金模式	经常性收入、绑定顾客	健身房、美发店
国美模式	资本运作、专业连锁、低价取胜	国美
新直销模式	多层次直销、直销	玫琳凯、雅芳
超级女声模式	娱乐营销、整合营销、事件营销	湖南卫视《超级女声》
分众模式	新媒体、新蓝海、眼球经济	分众传媒
核心产品模式	打造核心产品、持续改进完善	腾讯（QQ）
专业化模式	专注、细分市场、创新	我买网、途牛网
虚拟经营模式	虚拟经营、外包	耐克
网络社会模式	流量、人气、广告	百度贴吧、豆瓣
平台模式	开放、生态圈、整合	腾讯、亚马逊
免费模式	永久免费、部分收费、交叉补贴	360
网络搜索模式	竞价排名、网络广告、搜索营销	百度
网络游戏模式	免费模式、互动娱乐	盛大
电子商务模式	网上支付、安全交易、免费模式	淘宝网、易趣网
离线商务（O2O）模式	线上线下、最后一公里	大众点评、美团
参与感模式	用户体验、全方位参与、营销互动	小米、魅族
大数据模式	大数据产业链、大数据营销	阿里巴巴
跨界模式	整合、重塑	谷歌、格力

第二节　撰写创业计划书

知识导图

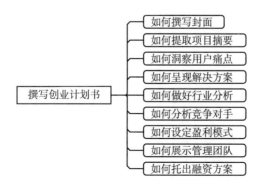

知识目标

1. 掌握创业计划书撰写的框架和模块；

2. 掌握行业分析、竞争者分析方法；

3. 能够完整地撰写创业计划书。

📖 案例讨论

别让你的商业计划书被拐进"垃圾桶"！①

为何总有商业计划书被毫不留情地打回？"内容凌乱，逻辑不清，看不到竞争策略，没有盈利计划，没有实质性内容，没特色。"

所以即使你的商业计划书外观靓丽，投资人可能还是没看两眼就直接删除了！赶紧看看是不是你的商业计划书也有这样的通病：

1. 只讲情怀，不讲利益

在一些媒体报道中，我们看过很多创业故事，比如草根逆袭，成功进阶为独角兽企业，也看到一些创业者大谈情怀和理想。要知道，投资人对可能存在的利益有着异于常人的洞察力，如果要投资人在情怀和利益中做选择，他们很可能选后者。

2. 忽略团队的重要性

有些创业者在写商业计划书的时候，仅仅将公司骨干的姓名和学历铺上，却忘了写清这些核心队友的从业经验，是否合适该领域。毕竟，早期投资，就是投入。在衡量一个项目值不值得投资时，投资人不仅看重项目预期带来的利益，也会对项目团队和创业者背景仔细斟酌。因此，在邮件正文中就大大方方地把团队的背景和经验写清楚，并尽量发掘一些价值标签来展现，以减少投资人心中的疑惑！

3. 切忌编造生硬概念，逻辑很关键

有些创业者喜欢在自己的商业计划书中，生搬硬套当前的新鲜概念，以此来彰显自己的能力。但一味地生搬硬套，发明新词，新说法，只会适得其反。讲清楚自己的项目已经是投行业内隐性的常识。投资人的确喜欢概念，喜欢把项目装进一些熟悉的模式去理解。但是，这种概念化思维的目的是简明直观，以便迅速判断方向和估值。

其实，撰写出一份商业计划书是一门艺术。它是帮助项目拿到融资的渠

---

① 案例来源：创业邦. 成功融资"3亿元"的商业计划书长啥样？BP到底怎么写才最靠谱？[EB/OL]. (2018-06-09) [2022-05-30]. 新浪财经网，https://t.cj.sina.com.cn/articles/view/1649252577/624d98e1019009e65.

道之一，因此，创业者都应当在商业计划书上多下苦功夫、多借鉴多学习，才能增加自己的融资机会。

请思考：一份成功的商业计划书应该具备哪些要素？

创业计划书又叫商业计划书（business plan，BP），BP 是对创业者商业的梳理，是给投资人看的，更是给自己看的，通过 BP 梳理自己公司的发展状态、发展战略和资本部署是非常必要的。好的 BP 可帮创业者提炼和梳理创业思路，指导分析市场和用户、找到好的定位和切入点、明确产品逻辑和业务走向、规划发展路径、搭建团队、定制资金规划，因此做好一份创业计划书是非常必要的。

一、如何撰写封面

封面的设计要有审美观和艺术性，一个好的封面会使阅读者产生最初的好感，留下一个良好的第一印象。当然这主要是表象，最主要还是得有内容的支撑，否则徒有其表，金玉其外。

封面除美观外形，还要包含三个基本要素：公司名称及口号；联系人及联系方式；提交日期。

1. 公司的名称及口号是什么

一个好的公司名称和口号，更容易让人记住。创业公司如何取一个高大上的名字和朗朗上口的口号？一个好的公司名称应该满足三个特征：一是有品类、感受和辨识度，如"一朵棉花""今日头条""什么值得买""知乎"；二是容易记忆和传播，如"拼多多""货拉拉""饿了么"；三是有反差、认知关联性，如"没想稻""香飘飘"等。

公司名称不是天马行空地想象出来的，公司名称不能和公司的产品、服务毫无关系。要像设计一个产品一样去设计一个名字，对用户和行业深度分析，确定品牌定位。

拓展知识

公司名称和口号举例

滴滴出行——滴滴一下，美好出行！

曹操出行——说曹操、曹操到，不辜负每一程的相遇！

阿里巴巴——让天下没有难做的生意！

联想——如果没有联想，世界将会怎样？

没想稻——没想稻你是这种米？

取名小技巧：

数字取名："十点读书""30 秒懂车""一条""二更"等，都是从数字上暗示。

动物取名：互联网圈比较多，因为动物比较记忆，比如阿里系的"天猫""盒马""飞猪""蚂蚁金服""菜鸟"等。

名人取名：这种取法一定要考虑用户和场景，比如"特斯拉""图灵""隆平高科"等。

寓意联想：一些心理暗示与联想的名字。比如"香飘飘""睡个好觉"。

2. 联系人及联系方式是什么

在创业计划书的封面要留下公司的联系方式，包括联系人姓名、电话号码、邮箱、微信等，便于投资人看完 BP 后与公司相关人员做进一步的沟通。

3. 提交日期和保密声明

封面注明提交日期主要便于投资人对 BP 中一些时间节点做出判断，保证信息的及时性。

如果创业公司觉得项目涉及保密信息，可以在封面加一下保密声明。如果创业者担心想法会被投资人拿走或抄袭，创业者需要对自己的业务和投资人的背景做充分的准备和思考：投资人跟你要做的项目有冲突吗？他是不是投了类似的公司？你害怕抄袭吗？还是有竞争壁垒不惧抄袭？

二、如何提取项目摘要

项目摘要（投资亮点）应该写在创业计划书的最前面，使投资人看完摘要对项目有初步的了解和认识，所以摘要非常关键，决定了投资人是否继续阅读下去。

摘要是将原文的中心内容浓缩、加工后写成的意思连贯、表达准确、重点突出、简洁流畅的核心和概要。要写得有吸引力、简明生动，让人一眼就能"把麦粒从谷壳中挑出来"。

项目摘要需回答三个关键问题：你的市场机会有哪些？你的增长空间在哪里？你的核心竞争力在哪？

1. 市场机会——项目的切入点

阐明你是如何发现和把握市场机会的，你的产品针对哪些市场、人群，解决了哪些痛点。

2. 增长空间——项目的未来看点

行业存量市场多大，行业增长空间如何？项目在行业中预期能占有什么样的地位，市场份额预期。

3. 核心竞争力——项目的创收点

你的优势在哪里，技术？团队？渠道？资源？怎么把优势变成盈利？

三、如何洞察用户痛点

创业者打动投资人，靠的是产品的独特价值。用户有什么痛苦，你有什么方法解决这些痛苦。从用户的痛点出发做产品才容易成功，在 BP 中尽可能展示出产品独特价值。

关于用户痛点，投资人关注的五个问题：你的用户是谁？他们的痛点是什么？为什么是现在要解决这个痛点？目前他们是如何解决这个痛点的？你是如何解决的？寻找痛点可以从下面五个方面考虑：

1. 从自身的痛点出发

平时多观察生活中接触的各类产品/服务，包括衣食住行玩等各个方面的细节，并记录你在使用这些产品和服务的过程中遇到哪些问题，或者哪些你的痛点没有解决方案。结合自身观察到的现象，展开周边调查，看看你遇到的痛点是个案还是通病，如果大家都遇到这样的痛点，那么你可以好好研究一下怎么去解决。

2. 多看市面上产品

现在市面上有各种各样产品，可以每周选取一两个产品，仔细思考一下他解决的是用户的什么需求与痛点，是通过什么手段来解决的，从你的角度思考，这个需求是真实的需求还是伪需求，通过这种不断地思考锻炼，提升你自己对需求的把握能力。

3. 多跟用户接触

腾讯有一个"10/100/1000 法则"，产品经理每个月必须做 10 个用户调查，关注 100 个用户博客，收集反馈 1000 个用户体验。多跟用户接触的目的就是为了更好地了解用户，发掘用户真正的需求，从用户的角度出发去做产品。如果脱离用户做产品，那么最终产品或功能都是凭空想象出来的，很大可能没有用户买单，因此要多接触你的目标用户，了解他们真实的需求。

拓展案例

WEST——如何用低成本洞察用户的痛点[①]

1992 年，日本三得利公司推出罐装咖啡品牌，名叫 WEST。

当时日本喝咖啡最普遍的是 20 岁左右的年轻男性。在这个判断下，WEST 咖啡启用当时年轻人最喜欢的施瓦辛格拍广告，广告调性也是年轻、活泼的感觉。

初创期，WEST 投入大量费用，广告投放量占市场 8.2%，排行业第二，自动售货机遍布日本，结果呢：市场占有率只有悲催的 4.2%。

三得利请到日本电通传播中心的策划总监山口千秋，进行消费者调研，重新审视这个品牌。山口千秋认为："消费者的内心就好像冰山一样，你能轻易观察到的是冰面；而真实动机深藏在冰面下。"

山口千秋做了三件事：

1. 用销售数据重新定位客群

数据显示：20% 的中年劳工，比如出租车司机、卡车司机，底层业务员，喝掉了 60% 的罐装咖啡！他们才是真正要推广的对象。

2. 实景测试，抓住真实需求

当时品牌方对咖啡口味拿捏不准，味道是微苦好，还是微甜好？山口千秋先是请一批劳工到电通公司办公室里，把微苦、微甜 2 种咖啡放在同样的包装里，请他们试饮，大部分人都表示喜欢微苦的。山口千秋感觉不对劲，他反思"办公室不是顾客日常饮用的场所啊！"于是，他把 2 种口味的咖啡，放到出租车站点，工厂等劳工真正接触的场景，发现微甜味咖啡被拿走更多！真相是，"害怕承认自己喜欢甜味后，会被别人嘲笑不会品位正宗咖啡。"这让很多劳工在办公室说了谎。

3. "偷窥"顾客

劳工为什么这么爱喝咖啡？山口千秋除了访谈，还用了更犀利的一招——偷窥。"我悄悄观察顾客喝咖啡时，穿什么样的衣服，用什么样的姿势，表现出什么样的表情"。山口千秋发现了一个有趣的小细节：劳工喜欢找个安静无人的角落，长出一口气，把咖啡攥在手里，一小口一小口抿着喝。咖啡对于劳工的角色，是一个值得信赖的，可以依靠的，缓解疲劳的搭档。

---

① 晓晓. 请不起调研机构，如何洞察用户的痛点？[EB/OL]. (2015 – 12 – 14) [2022 – 05 – 30]. 人人都是产品经理网，https://www.woshipm.com/it/249925.html.

四、如何呈现解决方案

这里讲的解决方案是广义上的解决方案，指能够解决用户需求的产品、服务。如何有效地呈现解决方案，简单讲就是怎样写好项目的产品介绍，这部分至少需要回答四个问题（如图 6 - 7 所示）：你做的是什么？你是怎么做的？取得了什么样的效果？用户是否愿意付费买单？如果无法回答这四个问题，那么你的解决方案很难获得投资人的认可。

图 6 - 7　解决方案四问

撰写解决方案，要紧紧围绕四个关键词展开对上述四个问题的回答：痛点、解决办法、目标人群、专注。

（1）你做的是什么？用一句话概括你要做的事情，解决了什么痛点。例如"一个预定体育场馆的手机应用软件（App）""体育爱好者和体育场馆一键连接""解决中国卡脖子问题的工业软件"等，把想做的事情，提炼成这样一句话。

（2）你是怎么做的？发现需求和痛点，你拿出了什么解决方案、提供什么服务？和竞争对手的做法有什么不一样？你的方案有什么优势？只要产品逻辑清晰，几句话就可以将痛点描述清楚，只需点出创新点所在即可。

（3）取得了什么样的效果？如果你的产品已经开始投向市场或者投入使用了，把数据拿出来，用数据说话，如运营数据（用户数、转化率、营收等）、生产数据（能耗、效率、良率、产品参数等）。

（4）用户是否愿意买单？

用户为什么愿意买单？一是你的产品创造了什么价值。用户有需求才会有付费，这里的需求必须是真需求，而不是伪需求和弱需求，需要明确你的产品/服务满足了用户的哪些真需求，是临时性需求（如手擦伤需要创可贴）、计划性需求（如结婚、装修），还是长期性需求（如油盐酱醋茶）？二是你使用了什么策略促成了用户最终买单。比如免费策略（羊毛出在猪身上，让狗买单）、心理账户（情人节时将玫瑰花放到情感维系账户里面，会比放到生活必须开支账号里面，更容易让消费者买单）、价格锚点（原价

899 元的价格，一下降低到了 699 元）等。

关于解决方案的展示，有几点需要注意：

（1）不需要面面俱到和苛求细节。投资人想了解的更多是你怎么解决用户需求的。解决方案的交互图、流程图、具体功能、操作都不需要，如果用户体验或者视觉设计是很重要的卖点，可单独列出。

（2）不要只讲想法和点子。投资人要的不是点子，一个点子往往一个人想到的时候，还有其他很多人都想到了，关键是怎么做，你要讲明白你是怎么做的，如何把想法落地的。

（3）不要太浮夸。不要动不动就说自己是行业内最大的、唯一的提供方，或者说要成为国内第一、世界一流等。以前去看项目，很多企业在描述自己项目的时候都吹得天花乱坠，一说起市场份额就说自己是最大，一说起产品销售就说供不应求、订单排队。忽悠忽悠外行还行，碰到内行一下就看穿了你是几斤几两。

五、如何做好行业分析

投资人在看投资项目的时候，往往先看项目所在的行业，行业空间够不够大、未来有多大的空间、项目在市场上占有多少份额、份额能不能持续增长。投资人投项目更多得是看未来，未来有想象力估值才有空间，投资才能有几倍、几十倍的回报。

做好行业分析主要回答以下问题：

1. 市场规模有多大

先把市场界定清楚，你的产品/服务针对什么市场？不要拿宏观的大市场来忽悠，宏观数据投资人都懂。比如你做环保行业中污水处理这一块，你就别拿环保行业万亿元市场空间来瞎扯了。或者你做电商中化妆品这一块，你也别拿全电商几十万亿元的市场规模来说事了。根据产品和定价来估算真实有效的收入市场，而不是瞎扯万亿元市场。用简单的几句话和图表来描绘市场规模和潜在的远景就够了。

拓展案例

某碟管式反渗透（DTRO）渗滤液处理公司的市场分析

目前，渗滤液主要来源于垃圾填埋场和垃圾焚烧厂，焚烧厂分存量、增量、改造三个模块，填埋场分存量和新建两块。每一块的测算要有清晰的逻辑而不是随便拍脑袋定的。

存量焚烧厂：根据中国环境保护协会编写的《中国环境产业发展报告（2018）》数据，目前全国一共建成垃圾焚烧处理 303 座，设计处理规模 30.4 万吨/天。其中采用炉排炉的 220 座，设计规模 22.8 万吨/日，流化床和其他 83 座，设计处理能力 7.6 万吨/日。两类焚烧厂约每日合计产生渗滤液 6.46 万吨，根据行业经验，每吨渗滤液处理装置的投资在 8 万 ~12 万元，取 10 万元计算。焚烧厂已经建成的渗滤液处理装置总投资约为 64.6 亿元。

增量焚烧厂：到 2020 年末，垃圾焚烧处理规模达到 59.1 万吨/日，新增处理能力为 28.7 万吨/日，按照单座焚烧厂平均处理规模 0.1 万吨/日计算，新增垃圾焚烧厂约 287 座。由于流化床技术存在烟气排放难达标等问题，后期增加的焚烧厂预计以炉排炉为主，渗滤液产率按照 25% 计算，到"十三五"末新建渗滤液处理装置规模约为 7.18 万吨/日，市场容量约为 71.8 亿元。

改建焚烧厂：绝大部分焚烧厂渗滤液处理工艺为"厌氧+膜生物反应器（MBR）+纳滤+反渗透"，设计系统回收率为 60% ~80%，已经建成的 4.46 万吨渗滤液处理规模浓缩液的规模为 1.3 万吨/天，典型项目为 200 吨/日渗滤液，60 吨浓缩液，每个项目 DTRO 改造项目设备投资约为 250 万元。未来 2 ~3 年渗滤液浓缩液改造项目的市场容量为 7.5 亿元。

存量填埋场：目前不少城市因原有填埋场渗滤液处置不当，遗留大量的渗滤液亟待处置，省会城市渗滤液积存量在 50 万吨以上，地级市积存量在 10 万吨左右，县级市积存量在 5 万吨左右。具体推算，全国积存量按照 20 个省会、200 个地级市、500 个县级市计算，共计 5500 万吨，不考虑增量积存情况下按照每吨 120 元的单价计算，总市场容量为 66 亿元。

新建填埋场：根据国家"十三五"规划，截至 2020 年，全国常住人口城镇化率将从 2015 年底的 56.1% 增加到 60%，增长 3.9%，将有 5421 万人变为城镇人口，按照每人每天产生 1 公斤垃圾，垃圾渗滤液产率 25% 计算。假定城镇化按照固定增速，每年将新增渗滤液处理能力 0.27 万吨，新增投资约 2.7 亿元。另外，按照填埋场 10 年的使用寿命，则每年有 3.26 万吨的填埋场需要新建。对应的渗滤液处理装置投资 0.815 万吨/日，投资为 8.15 亿元。综合前述两种模式，新增填埋场的处理投资每年约 10.85 亿元。

综上所述，该企业得出渗滤液市场规模约 45 亿 ~53 亿元，如图 6-8 所示。

2. 行业产业链的分析

你在行业的哪个环节，上游是谁、下游是谁，产业链有什么特征，你是不是在产业链价值最高的环节，你在产业链上的议价能力如何？

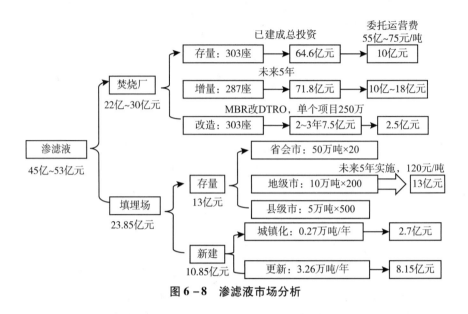

图6-8 渗滤液市场分析

比如面板产业，上游是膜材料厂商，中游是光学膜厂商，下游是面板厂。假设你是中游光学膜厂商，上游原材料被日韩垄断（SKC、三菱等），供应商议价能力强，随时面临原材料涨价的风险；而下游是像京东方、华星光电等面板厂巨头，采购议价能力强，把光学膜价格一直往下压。因此对于中游的光学膜厂而言，是在夹缝中求生存，一方面原材料垄断，随时涨价；另一方面下游巨头随时压价；同时还面临中游同行业的激烈竞争（如图6-9所示）。

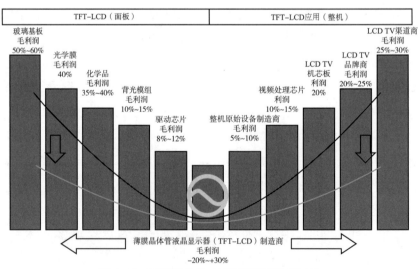

图6-9 面板产业链（三利谱招股说明书）

资料来源：三利谱. 首次公开发行股票招股说明书［EB/OL］［2017-05-12］.（2022-05-30）. 巨潮资讯网，http：//www. cninfo. com. cn/new/disclosure/detail? stockCode = 002876&announcementId = 1203507873&orgId = 9900030828&announcementTime = 2017-05-12.

3. 市场竞争情况如何

目前行业内有几家在做，这个要调查清楚，市面上到底有没有竞争对手，不要没经过调查就说自己是行业内第一家，没有竞争对手，或者就是竞争对手太小没有可比性，这些都是最容易被打脸的地方。

要弄清楚行业和市场的细节目前是什么情况，你现在切入的时机是否正好？

4. 行业未来前景如何

行业前景好不好直接影响市场空间的增长和企业空间的增长，你要去找到驱动行业增长的因素，并对行业的增速、企业的增速做出合理的判断，并对二者进行比较，企业的增速能否超越行业的增速，如果不能就是减分点；如果能超过行业增速，请给出合理的解释说明。

六、如何分析竞争对手

古兵法云：知己知彼，百战不殆。竞争者分析是对企业面临竞争的详细分析，正确地做好竞争对手分析，一方面可以获知竞争对手的发展策略以及行动，以便能够采取最适当的市场应对策略；另一方面可以知道自己的不足，跟竞争对手的差距在哪。创业计划书里对于竞争对手分析忽略或蜻蜓点水，说明你对这个行业没有一个基本了解和客观认识。没有竞争对手或避重就轻随便提几个比自己弱的竞争对手，而且没有针对性地就所涉及业务领域进行对比分析，也很难取得投资人的信任。

在进行竞争对手分析时，要抓住关键词：竞争对手、核心竞争力、竞争壁垒、差异化。

1. 竞争对手是谁

竞争对手包括直接竞争对手、间接竞争对手和潜在竞争对手。把所有竞争对手列出来，把各自的侧重点和业务方向、优劣势等描述清楚，让投资人了解行业的竞争格局和竞争环境是怎么样。

直接竞争对手：这类企业与你提供的产品非常相似，他们与你争夺同样的客户群，所以一定要重视这类竞争对手。

间接竞争对手：这类竞争者提供与你产品接近的替代品，也不容忽视，因为他们的产品和你的产品一样满足了人们的一些基本需求。比如可口可乐的间接竞争对手包括"咖啡、牛奶、茶和水"。

潜在竞争对手：也叫未来竞争对手，目前还算不上直接/间接竞争对手，但是他们随时可能加入这个行业。比如上游向下游延伸、下游向上游延伸进入该行业。

2. 核心竞争力

可以利用竞争对手优势和劣势分析框架、波特（Porter）五力竞争分析框架等方法去分析竞争对手的优劣势，尽可能地用市场数据来描述，总结关键点，不要讲虚的。通过与竞争对手的对比分析，把自己的核心竞争优势、差异化特征等体现出来。

3. 竞争壁垒

竞争壁垒是指企业在市场竞争中，基于自身的资源与市场环境约束，构建有效的针对竞争对手的"竞争门槛"，以达到维护自身在市场中的优势地位的市场竞争活动。投资人必问的一个问题是，你的竞争壁垒在哪？如果一个行业没有竞争壁垒，就意味着谁都可以随时进入和退出，那市场就会面临白热化的、无序的竞争，不利于行业的发展。

企业在选择创业项目时，必须考虑提高竞争壁垒，也就是俗称的护城河，以形成相对好的发展环境。竞争壁垒首先是技术壁垒，要有专有技术；其次是资源壁垒，相对垄断原料来源；最后是许可壁垒，取得众多的经营许可证和资格等级证等。通过提高市场进入壁垒，获得持久的竞争能力。

拓展知识

竞争对手优势和劣势分析框架

1. 产品
每个细分市场中，用户眼中产品的地位；
产品系列的宽度和深度。
2. 渠道
渠道的覆盖面和质量；
渠道关系网的实力；
为销售渠道服务的能力。
3. 营销与销售
营销组合诸方面要素的技能水平；

市场调查与新产品推广技能；

销售队伍的培训及其技能。

4. 运作

生产成本情况；

专有技术和专利或成本优势；

生产能力扩充、质量控制、设备安装等方面的技能；

原材料的来源和成本。

5. 研究和工程能力

专利技术。

6. 财务实力

现金流；

资产负债率；

融资能力。

7. 公司治理与内部管理

管理团队；

研发团队。

8. 外部资源、伙伴网络

主要的合作方；

战略联盟；

股东背景。

七、如何设定盈利模式

很多时候大家容易把商业模式与盈利模式等同起来，二者既有区别又有联系，准确地说盈利模式是商业模式的核心构成之一，商业模式的其他构成要素可以回顾本章第一节的内容，商业模式其他要素的整合、运转，目的就是为了实现盈利模式。本节所讲的盈利模式核心包括两大内容：收入来源和成本结构，是商业模式体系中的最重要的部分，简单的理解就是"投入—产出"模式。

图6-10展示了盈利模式的变迁。

产品盈利	模式盈利	资源盈利	金融盈利
卖货挣差价	挣看不见的钱	靠垄断挣钱	利用杠杆用钱挣钱

品牌盈利	系统盈利	收租盈利	?
卖附加值	投资别人出，钱我收	靠专利挣钱	

昨天	今天	明天	后天

图 6-10　盈利模式的变迁

八、如何展示管理团队

对于创业项目，特别是早期项目，与其说是投"企业"，不如说是投"人"，不少投资人表示"宁可投资一流人、二流项目，也不投一流项目、二流的人"，由此可见团队的重要性，只要团队优秀，模式、市场与利润都是可以创造的。

展示管理团队，要重点突出团队成员的过往经历和经验，要与当前所做项目、所任职岗位具有契合度。强调个人的能力适合该岗位，团队的组合适合创业项目。具体展示内容，可以列示：姓名、年龄、目前职位、个人能力、历史业绩、是否持股及持股比例。

九、如何托出融资方案

如图 6-11 所示，做创业计划书的最后一部分，也是创业计划书的目的，就是提出项目的融资计划，告诉投资人：你打算融多少钱？稀释多少股份？估值依据是什么？融资用途是什么？

1. 关于估值

初创企业没有或者只有很少的资产，绝大部分估值依靠对未来的预测。由于财务历史数据的缺乏，很难评估创业期企业的资产价值。一部分公司没有收入，另一部分缺乏收入的历史数据，无法应用历史的收入增长率。

估值方法种类比较多，各个行业的方法也不一样，具体可以参考：

图 6 – 11　融资方案撰写维度

（1）自由现金流贴现法（DCF）：根据企业未来的现金流、收益率，算出企业的现值作为评估价值。

（2）可比公司法：如果公司有盈利，基于可比公司的估值方法通常选用可比公司的市盈率、市销率、市净率等，如果公司尚未盈利，则较难准确预测公司合理的股权价值。

2. 股权结构

项目早期融资的时候，过高的估值或过多的股份出让，对于公司未来发展都是非常不利的。稀释的股份要少于 30%，稀释太多创始人失去控制权，稀释太少投资人不感兴趣。

3. 财务预测与计划

没有投资人愿意把钱投给一个没有计划和目标的创业者，他们需要知道公司什么时候能够达到收支平衡，因此创业者要给他们一个比较明确和可靠的财务预测和计划：钱怎么花，钱怎么挣，什么时候能够实现盈利？这些问题都需要在 BP 的财务预测和计划部分展示。

市场变化风云莫测，做财务预测的时候不要跨度太大，不要凭感觉拍脑袋去预测未来 3~5 年的财务，可信度不大。要把财务计划细化分解落实，比如说清楚未来一年或者六个月需要多少钱，用这些钱干什么？大概会花多少钱在人力成本上，多少钱在服务器运营上，多少钱在市场推广上，每个月固定成本是多少，运营成本是多少，半年花多少钱，一年预计花多少钱，至少你对公司未来怎么花钱心里要有计划。

拓展知识

10 分钟学会 "BP 商业计划书怎么写"[①]

一份优秀的商业计划书必须包含两个方面：文案精练突出和设计排版精美。

---

① 郑继行. 10 分钟学会 "BP 商业计划书怎么写"［EB/OL］.（2018 – 10 – 08）［2022 – 05 – 30］. 搜狐网，https：//www. sohu. com/a/258226878_100127274？qq – pf – to = pcqq. c2c.

一、BP 整体风格需简洁、美观、传递信息明确

版式风格统一，颜色不超过 3 种（主色，搭配色，重点突出色）。PPT 页数不超过 20 页，适合 20～30 分钟的演讲。用 PPT 制作，将最终文件转换成 PDF 格式。文字内容不宜过多，搭配"图片＋图表"来更清晰地展示问题。其中图片需画质清晰、质量高。图表需制作精准，数据准确、易识别。

二、内容规划突出重点和亮点

具体内容详解包括以下十个方面：

1. 项目概况

项目一句话介绍。用简洁清晰的一句话概括项目在××领域解决××问题，目的是让投资人很直观地了解你现在做的事情。如滴滴的"滴滴一下，美好出行！"

2. 用户痛点

分别列出用户最重要的痛点关键词，表明该用户群有此类需求（需求要合理且强烈）。痛点需与产品功能相对应，此处正是体现产品价值所在的关键。

3. 行业分析

分析整个行业现状目的是告诉投资人产品在行业内所担任角色的重要性。整体分析行业现状：分别列出行业痛点的关键词并加以解释分析。

4. 产品优势

具体描述产品的情况，一是为了表明产品解决了用户/行业痛点问题；二是为了向投资人阐述目前产品进行的阶段，其中应该包括产品的形式、核心功能，产品优势。需将产品亮点最大化，此部分内容页数控制在 1～3 页。

核心功能：如社交、交易等（简要描述其最核心的功能）。

产品优势：如便捷、垂直等（最核心的优势，三点即可）。

5. 竞品分析

分析竞品主要是为突出产品的优势和差异化，列出竞品，并分别分析出各自优势、劣势和差异，其中包括直接竞争对手和间接竞争对手（需要深入思考后得出结论，否则会让投资人产生对团队专业能力的质疑）。如果没有竞品，则此页可不写。

6. 商业模式

商业模式最重要的是可行性，能否产生收入和利润。此页用一两句话清晰地描述项目运转情况及盈利模式。再用一两句话说清楚项目目前是否有盈

利，如果有，用数据图表证明；如果没有，请注明何时会以怎么样的方式盈利。

7. 运营现状

此部分要尽可能多用图表展示出项目运营的进展及数据。

进展：如开发阶段/正式发布阶段/已有数据（如果处于开发阶段，请注明开发周期）。

数据：如用户量/活跃度/交易额/留存率等（列出项目涉及的主要关键性数据）。

8. 核心团队

在早期项目的最初阶段，团队是获得融资的一项关键考核指标。

核心团队成员可以是：创始人、联合创始人、核心管理团队（CXO）等，描述信息包括真实头像、姓名、简介（含核心竞争力、过往职业背景，重点突出担任角色的匹配度即可），核心团队成员不宜过多，介绍2~4人最为合适，适当补充相关行业经验人士。

9. 发展规划

发展规划一是为创业者自己梳理思路，二是向投资人表明公司接下来的发展路线清晰、明确。其中包括：产品线的拓展、新市场的进入、对外合作的战略、营销推广手段等，这可使得投资人清楚公司的想法及未来的走向和目标，也可增强投资人对项目的信心。发展规划可分三个阶段来写：短期、中期、长期（长期规划不重要，中期规划次之，短期规划最重要）。

短期规划：如产品迭代/团队招募/营销推广等。

中期规划：如拓展功能/拓展品类等。

长期规划：如拓展领域/营造生态链等。

10. 融资计划

此处需要尽可能清楚地写明所需融资额度、出让股权、资金用途、是否有过往融资经历。

融资额度：××万元（资金使用周期以24个月为宜）。

出让股权：××%（投后估值合理）。

资金用途：人员工资%、产品研发%、营销推广%。

过往融资经历：获得××机构/个人的××万元××轮融资，出让××股权（如果没有可不写）。

第三节　融资路演

知识导图

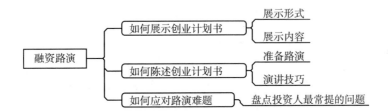

知识目标

1. 掌握创业计划书的展示要点；

2. 学会创业计划书的陈述技巧；

3. 了解投资人常问的问题。

📖 案例讨论

一个融资千万美金的路演 PPT 是如何写出来的？[①]

1. 问题/痛点

很多创业者有过这样的经历：去参加某一个创业路演或者演说比赛，说了半天，结果台下的投资人却悠悠地说："你这个项目到底在解决什么问题啊？"阐述时会有一种隔靴搔痒的感觉，原因就在于对痛点的描述不够深入。这就是 500 创业公司的合伙人戴夫·麦克卢尔（Dave McClure）主张"强调问题所在而非解决方案"的原因，很多创业者在解决方案的推销上用力过度，却没有让潜在投资人明白他们要解决的问题是什么。这里尽可能简洁地说明以下几点：

问题/市场竞争点、市场痛点是什么？

你怎么知道这是一个问题？

你有一手或者二手的研究数据来支持这个问题吗？

---

① 案例来源：联想控股. 11 张 PPT 帮你完成一场完美的融资路演 [EB/OL]. (2017 – 04 – 20) [2022 – 05 – 30]. 界面新闻网，https://www.jiemian.com/article/1261144.html.

你要为谁解决这个问题?

2. 解决方案

现在你已经告诉投资人,某一个群体中有一个重要的问题需要解决,并且他也已经通过你的研究得到验证,这时候你就可以开始讲述你将如何解决这个问题了。以下是你需要回答的问题:发现需求和痛点,你拿出了什么解决方案、提供什么服务?和竞争对手的做法有什么不一样?你的方案有什么优势?你的解决方案是什么?你的方案为什么比其他的更好?最终能带来的好处是什么?

3. 数据验证

前两个问题讲完后,大多数投资人都想看到你解决方案的数据验证。事实上,大多数投资人不在乎产品的细节,他们的第一直觉是评估你的公司是否是一个好的投资机会。我们称这个问题为"关键点",因为它决定了投资人是否会继续看下去。你应该思考如何回答下列问题:你实现盈利了吗?你每月/每年产生多少收入?你有多少付费客户或用户?有成绩有数据?一定要拿出来亮一亮。

4. 产品

你传达了你的解决方案能提供的所有好处。在这张幻灯片中,你要给投资人一个产品的快速演示,在不透露过多细节的同时向他们解释产品是如何工作的。尽量用简洁的语言来解释并放上几张产品截图。但投资人想了解更多的是产品是怎么解决用户需求的。你的产品是如何工作的?它如何为你的客户带来价值?

5. 市场分析

市场总量(TAM),可服务市场总量(SAM)和实际可服务市场总量(SOM),对市场规模等进行的经济分析,如果你的市场很细分,谈一谈你如何可以成为小池塘里的大鱼。市场背景是什么?与项目相关的市场背景、政策导向或特殊事件。发现了什么样的市场机会或商机?市场规模有多大?规模分析,支撑市场规模做大的依据。

6. 竞争分析

创业者可能听到的最受打击的问题之一就是:"如果某某(某行业巨头)用更多的资源进入你的市场,你怎么应对呢?"这个问题没有真正的答案,因为除非某某真的这样做,否则没人知道会发生什么。这里你可以展示的是你在适应市场和获得市场份额上的信心,同时展示你当前的客户满意度和忠诚度。你需要考虑下列这些问题:你的市场定位是什么?如何防止竞争对手夺走你的市场份额（专利、资质等)？竞争壁垒如何（独特核心技术、产品、服务等)？

7. 商业模式

精益画布（Lean Canvas）的创始人阿什·毛里亚（Ash Maurya）曾说过："一个创业者的真正产品不是解决方案，而是一个行得通的商业模式。创业者真正该做的是随着时间的推移系统性地降低商业模式的风险。"在这个问题中，你应该展示你的商业模式的工作原理以及如何通过早期试用者得到了验证。可以从以下几点考虑：你如何赚钱？你的生产模式？实现产品（服务）的核心环节你的盈利模式？项目或产品（服务）的盈利点，价值变现的途径你的商业模式如何通过实验或案例研究获得了验证？

8. 市场推广策略

现在你已经确定了你的目标市场和商业模式，你想让投资人知道你将如何获得这个市场。你的市场推广策略应该已经在小范围内得到了验证，你也应该已经确定了最有效的客户获取渠道。这里你需要回答：你将如何让你的产品出现在客户面前？基于你当前的资源，你将关注哪些渠道？产品（服务）推送到客户手中的渠道、方法、模式？你做了什么来验证这些是最有效的渠道？你有竞争力的分销策略是什么（现有的＋规划中的)？

9. 融资需求＋财务数据

为了支持你刚才提出的雄心勃勃的获客策略，你需要提出融资需求。你的整个演讲都是为了这一时刻。到这里，投资人应该明白了为什么你的公司会是一个好的投资机会，现在他们想知道你需要多少资本来实现这一点。你要回答：你需要多少资金来进一步验证你的商业模式？你手上的钱还能花多久？你还要烧多少钱？资金将如何分配？钱会花在什么方面？获客成本是多少？你有多大的信心能够让它保持在一定范围内？

10. 团队介绍

在这个问题中，你要介绍你的团队、成员各自的职务和过去的经历。你要向投资人解释为什么你的团队是执行这个点子的最佳选择。你的团队里有谁？他们有什么相关技能和经验？如何认识你的联合创始人的？你们过去一起做什么可以表明你们能一起顺利工作？你有哪些顾问？他们的经验与你正在解决的问题有什么关系？

11. 愿景

你的愿景应该在这里作为重要的宣传标语或者在PPT最后，提醒你的投资人为什么他们应该关心你的项目。向投资人提供了所有事实、数据和检验信息后，如果这些都达到了他们的标准，他们接下来会想知道为什么你能把你的项目做成。你的愿景是什么？什么在激励着你实现这个愿景？

请思考：项目融资路演过程中应该要注意什么？

一、如何展示创业计划书

如果你的创业计划书让投资人感兴趣，那么就有机会对创业计划书进行口头介绍，也就是常说的路演。路演是指通过现场演示的方法，引起目标人群的关注，使他们产生兴趣，最终达成销售。在公共场所进行演说、演示产品、推介理念及向他人推广自己的公司、团体、产品、想法的一种方式。

1. 展示形式

一般来讲 Word、PPT、PDF 都可以用来展示创业计划书，但是绝大多数投资人更喜欢 PPT 而不是 Word，使用 PPT，图文排版更方便、美观、表现更丰富，方便讲清楚创业项目。

PPT 版的创业计划书适合在初次展示或路演时使用，在保证核心内容完整的前提下，篇幅越少越好。很多投资人可能每天都能收到十几份 BP，如果篇幅太大，投资人没耐心看，被搁置的可能性比较大。建议创业计划书 PPT 在 15 页以内比较合理，最好不要超过 20 页。

而 WORD 或 PDF 版本则适用于通过筛选后的进一步展示，内容上更翔实。无论哪个版本，把所有内容融会贯通、熟记于心都是必要的。

2. 展示内容

商业计划书，一般都包含产品介绍、商业模式、行业与市场分析、竞争对手分析、团队介绍、融资需求、财务规划与预测、退出机制等内容，一般按照叙述的逻辑展示。

下面演示 15 张 PPT，平均每张 PPT 用时 2 分钟，整体不超过 30 分钟。

（1）封面。路演一般由一张封面幻灯片开始，向大家做一个开场自我介绍。注意这张 PPT 必须要醒目、整齐，展示公司的名称、口号、Logo，留下联系人和联系方式，并标记正确的日期，如图 6－12 所示。

Logo

公司名称：浙江 XX 软件科技有限公司

口号：解决中国“卡脖子”问题的“工业软件”

联系人：

联系方式：

日期：

图 6－12 封面 PPT 示例

（2）项目摘要。这一张 PPT 是对整个创业计划书要点的浓缩，要把项目的投资亮点展示清楚，至少要回答三个关键问题：你的市场机会有哪些？你的增长空间在哪里？你的核心竞争力在哪？

这张 PPT 要使听众对你的创业计划及其潜在价值形成总体认知。适当地插入一些统计数据，生动地展示项目的重要性和可行性，如图 6-13 所示。

投资亮点

- **革命性材料**：区别于传统发现材料、应用材料的历史，××合金开创了自主设计、按需调控的材料发展新时代，是一种革命性的新材料。
- **院士团队**：技术团队由×××院士牵头，××教授及其团队组成的××人的顶尖研发团队，其中博士及以上有××人。
- **率先工程化**：公司最早在××、××、××领域进行工程化、产业化探索的团队，其工程化探索已经超过×年，多个产品已经进行到批量试制。
- **应用前景广泛**：项目产品覆盖航空航天、核工业、空间飞行器、空间站等领域。

图 6-13　项目摘要 PPT 示例

（3）用户痛点——为什么要做？这一页在于介绍创业的背景，你为什么要做这个项目。提出问题—问题的严重性—解决问题的紧迫性—你做这个项目的意义，由此吸引投资人的兴趣，如图 6-14 所示。

项目背景——为什么要做这个项目？

- 用户痛点，说明亟待解决的问题
  - 问题在哪？
  - 为什么会有这个问题？
  - 目前用户是怎么处理的？
- 为什么要解决这个痛点
  - 不解决有什么后果？
  - 解决能带来什么好处？

图 6-14　用户痛点 PPT 示例

（4）解决方案——做什么？怎么做？介绍你的产品/服务，说明你的公司旨在提供前述痛点的解决方案，如图 6-15 所示。

产品介绍/解决方案

- 你做的是什么？
- 取得了什么效果？
- 有什么创新之处？

图 6-15　解决方案 PPT 示例

（5）行业与市场分析。先说明目标市场的具体定位，你是服务哪个细分行业的，行业的市场规模有多大，市场机会在哪？行业前景、增长空间如何？目前行业的竞争格局怎么样？这部分一定要有数据图表来支撑，替代依

赖于文字进行演讲的枯燥感，如图 6-16 所示。

火电行业水处理市场空间

- 新增装机：年新增 125 亿～200 亿元
  - 每年新增产量：5000 万千瓦时
  - 造价 5000 元/千瓦时
  - 水处理系统占比 5%～8%
- 老厂改造：存量改造 236 亿～378 亿元
  - 2015 年全国共投产火电 9.46 亿千瓦时
  - 造价 0.5 万元/千瓦时
  - 水处理系统占比 5%～8%
  - 每年有 10% 的老电厂需要进行改造

图 6-16 行业与市场分析 PPT 示例

（6）竞争对手。客观地展示你面临的竞争格局，不要保守地陈述你现在或将来面临的竞争情况，否则会降低你项目的可信度，也会显得你对行业不了解。通过竞争者分析突出你的核心竞争力或差异化特征，如图 6-17 所示。

竞争对手分析

- 详述直接、间接、潜在竞争者
- 竞争对手优势和劣势分析框架
- 与竞争对手相比，你的竞争优势

图 6-17 竞争对手 PPT 示例

（7）商业模式。关于商业模式的展示，我们可以用典型的画布模式来展示，也可以用逻辑结构图来展示，如图 6-18 和图 6-19 所示。

KP 重要合作 ①非竞争者之间的战略联盟：QQ、微信、支付宝、高德地图、百度地图等； ②竞争者之间的战略合作：与快的打车、优步（Uber）达成战略合作，与出租车公司合作	KA 关键业务 ①出行服务（快车、专车、顺风车、代驾、自行车）； ②国际业务； ③金融业务（车险）	VP 价值主张 ①使命：让出行更美好； ②为客户提供方便、快捷、便宜的出行服务	CR 客户关系 App、微信客服、积分商城、充值返利、推荐有奖、里程兑换	CS 客户细分 ①乘客：打车出行的人群； ②司机：出租车、私家车司机
	KR 核心资源 ①技术平台； ②客户及客户数据库； ③投资人的战略投资		CH 渠道通路 ①自有渠道：App、销售团队、平面广告、短信鼓励； ②合作渠道：支付宝、高德地图、微信、百度地图等	
CS 成本结构 技术研发、维护，App 推广、发布、维护，对租车外包公司的管理成本等		CS 收入来源 服务管理费；信息挖掘和精准营销；互联网金融		

图 6-18 商业模式——××出行 PPT 示例

图 6-19 某运动健身平台盈利模式 PPT 示例

（8）团队介绍。介绍团队是如何组成的，团队成员的背景、专长、过往业绩，是否把对的人放在对的位置，如图 6-20 所示。

核心团队

A某某：总裁、创始人
××互联网领域的开创者和领军人物，连续创业者
曾供职于××集团，负责江浙区域市场开发工作；××集团，负责浙江大区KA渠道销售管理
曾创立××餐饮，主要开展连锁餐饮服务，5家直营店，600多家加盟店

B某某：副总裁、××大学公共管理硕士
拥有10多年品牌运作经验，5年互联网和电子商务经验
曾服务××航空、××集团、××公司等大型企业
曾从事企业管理咨询、服务过快速消费品（FMCG）、数字新媒体（TMT）行业，擅长战略管理、品牌运营、电子商务

C某某：运营总监，毕业于××大学
先后任职于××汽车、××控股和××公司3家世界500强企业
曾担任××公司运营总监，期间服务过20多个线上零食品牌
××大学企业内训导师，拥有丰富的电商运营实战经验，擅长电商渠道运营和市场营销

图 6-20 团队介绍 PPT 示例

（9）融资方案。这张 PPT 具体介绍你想要融资的数目及资金的用途计划。如果是股权融资你要说明准备稀释多少股份来融资，并提供估值的依据，如图 6-21 所示。

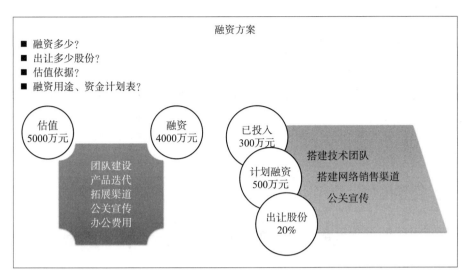

图 6 - 21　融资方案 PPT 示例

二、如何陈述创业计划书

1. 准备路演

在正式路演前尽可能地搜集听众（投资人）的信息，比如从投资机构的官网、创投媒体网站等各个方面去搜集，看投资人以往投资的企业（行业、规模、特征、阶段等），抓住投资人的偏好，在路演过程中侧重投资人关注的点，投其所好往往能有意想不到的结果。

搜集与 PPT 内容相关的一切情报，投资人可能会沿着你的展示内容问一下相关的问题，如果你不清楚可能会被问倒，因此一定要做到知己知彼，要对自己的演讲内容非常熟悉，在正式路演前最好反复练习几遍，陈述的时候做到自信、流畅、逻辑顺畅。

2. 演讲技巧

PPT 只是你演讲的辅助，不能替代你向听众展示。PPT 只是提供一个总体的框架和强调你发言内容的重点，所以不需要把 PPT 做得很详尽，要简明扼要、提炼核心要点，多用图表展示。

在演讲过程中，要生动有趣，要有激情，要保持幽默感，适当的时候"抖一抖包袱"，多举贴近生活的例子，不要讲太多枯燥、专业乏味、晦涩难懂的术语，要深入浅出地展示你的创业计划，让外行也能听懂你是做什么。

三、如何应对路演难题

一般投资人关注的点都差不多,所以在路演之前把投资人会问的问题都列出来,如表6-5所示,把你的回答多练习几遍,说服投资人给你投资。

表6-5 投资人最常提的问题

类型	常见问题
关于产品	你们的产品将如何打入市场?
	你的产品比其他产品好在哪?
	你的产品有哪些替代品?
	你的用户群体有多大?
关于技术	专利发明等知识产权多不多?
	研发投入情况?
	研发团队情况?
关于行业	市场规模怎么得出的?
	行业能否保持高增速?
	行业格局如何?进入壁垒高不高?
关于竞争对手	你的竞争对手是哪些?
	你的竞争对手在哪方面比你强?
	和竞争对手相比,你具有哪些优势?
	你怎样在价格、性能、服务和保证方面和他们竞争?
关于财务	毛利率多少?和同业比有没有优势?
	成本控制如何?和同业比有没有优势?
	多久能实现盈利?
	未来3年盈利预测如何?依据是什么?

针对项目的不同阶段,投资人关注的焦点有所不同:(1)天使轮关注团队;(2)A轮关注产品;(3)B轮关注用户数据;(4)C轮关注营收;(5)Pre IPO轮关注利润。

本章实训题

实训一,画出曹操出行的商业模式画布。

结合以下材料及查找网络资料，绘制曹操出行的商业模式画布。

1. 公司简介

杭州优行科技有限公司成立于 2015 年 05 月 21 日，目前有吉利科技集团（91.4278%）、三川投资基金（5.5969%）、浙江天堂硅谷（1.7002%）、隆启星路（杭州）投资管理合伙企业（0.8501%）、桐乡浙商乌镇壹号互联网产业投资合伙企业（0.4251%）等 5 个股东①。

2. 品牌介绍

曹操出行是吉利科技集团布局"新能源汽车共享生态"的战略性投资业务，秉持"低碳致尚、服务至上"的核心价值观，将全球领先的互联网、车联网、自动驾驶技术以及新能源科技，创新应用于共享出行领域，致力于为用户创造和提供一站式的健康、低碳、共享出行生活方式。

3. 创新服务

（1）基础服务：新能源专车及时接驾，专业专车司机，动态定价，高性价比。

（2）特色服务：新能源专车，预约服务，接送机，城际快车，同城快递等。

（3）增值服务：司机＋保镖专车，翻译专车，特护专车，导游专车等。

（4）大客户服务：政府集团企业客户一站式服务，一键接驾，预约服务，会务接待，对公结算。

4. 竞争优势

（1）吉利科技集团汽车主机厂系统支持：为曹操出行提供定制化的新能源车型支持，针对曹操专车研发设计生产的车型可成为一个可移动办公、可娱乐、可休闲的第三空间；共享吉利/沃尔沃遍布全国的加盟商网络，能快速组建城市运营线下模块。

（2）新能源车型优势：新能源汽车是社会热点，易受媒体及消费者关注与体验，可降低推广成本；新能源汽车能耗不到传统汽车的 1/3，可大幅降低司机日常运营成本，提高司机收益；平台与纯电动汽车互联互通，实现智能订单管理；通过智能数据传输系统，提前发现车辆隐患，保证用户出行安全。

（3）优质服务专业司机培养优势：全面导入伦敦出租车近百年的司机培训认证体系融合互联网培训认证平台，倡导专业司机不等于专车司机，专

① 资料来源：根据百度百科、企查查、公司官网自编整理。

业司机加好服务不等于好专车司机；曹操出行还成立了曹操学院，培养优质服务专业司机，给用户带来安全、便捷、低碳及高品质体验。

实训二，造车新势力——竞争者分析。

过去的 10 年间涌现出一大批造车新势力，历经大浪淘沙，目前还有上百家。继蔚来、理想、小鹏汽车相继赴美上市，假如你作为小鹏汽车战略发展部负责人，需要对当前造车新势力格局进行摸排，对同行业竞争对手进行研究，以做到"知己知彼"，制定公司发展战略。请结合所学知识及查找相关资料对小鹏汽车的竞争者进行分析。

实训三，为某健身 App 设定商业模式。

假设你是一名创业者，准备打造一款集运动健身、营养膳食为一体的App，结合市面上已有的健身 App，如 Keep、咕咚、悦动圈、薄荷健康、每日瑜伽等，你将如何在商业模式上进行创新，请为你的创业设计可行的商业模式。

实训四，如何挖掘用户痛点。

阿里巴巴批发网（1688.com）是全球企业间（B2B）电子商务的著名品牌，为天下网商提供海量商机信息和便捷安全的在线交易市场。从海量的商品中甄选热销新品、优质好商，为买家采购批发提供风向标。如果你是1688 平台的产品经理，你将如何洞察和挖掘用户痛点，结合网络资料、用户调研等形成一份用户痛点报告。

第七章

资金测算

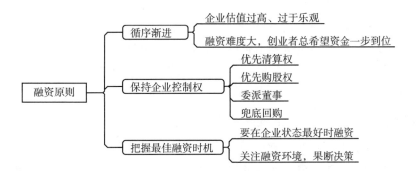

第一节 把握融资原则

知识导图

融资原则
- 循序渐进
  - 企业估值过高、过于乐观
  - 融资难度大，创业者总希望资金一步到位
- 保持企业控制权
  - 优先清算权
  - 优先购股权
  - 委派董事
  - 兜底回购
- 把握最佳融资时机
  - 要在企业状态最好时融资
  - 关注融资环境，果断决策

知识目标

1. 掌握创业融资的三个原则的内容、原因；

2. 掌握企业控制权的内涵；

3. 了解融资环境因素。

📖 案例讨论

融资原则："匹配"的双重维度①

企业有两种主要的融资方式：一种是债务融资，比如从银行贷款；另一

---

① 案例来源：中美嘉伦国际咨询（北京）有限公司. 融资原则："匹配"的双重维度［EB/OL］.（2018－12－05）［2022－05－30］. 豆丁网，https：//www. docin. com/p－2155075453. html.

种是股权融资，也就是找投资人。那融资的原则是什么呢？

融资决策的第一原则是，融资方式和投资项目之间必须要匹配。这里的"匹配"有两层意思：一是时间上的匹配，二是风险上的匹配。

1. 时间匹配

重资产项目通常都会涉及银行贷款。一般来说，短期债务因为贷款时间短，银行要承担的风险比较小，所以利率会比长期债务的要低。所以如果从资金成本角度看，所有企业似乎都应该使用短期贷款。

但现实情况是这样吗？据统计，中国的上市公司中，超过60%的企业都有长期债务。明知道短期贷款便宜，为什么企业还会选择长期贷款呢？原因在于，短期债务和长期投资项目的期限是不匹配的。

通常，一些长期投资项目，前几年属于投资期，现金流通常是负的，到了后期项目正常运转了，才会开始产生比较多的正现金流，短期债务用于长期项目的做法，财务管理中叫"短贷长投"。很多企业因为短期贷款便宜好借，所以会使用短期贷款用于长期项目。但是短贷长投是一种非常危险的财务运作。

这就好比说你月初在某互联网平台上借了5000元买了一个新手机，这笔钱月中就得还，但是你月底才发工资。那到了月中的时候，贷款还不上怎么办？你可能会说，那就想办法再借一笔钱，用新借的钱把这5000元的旧债还了，等月底发了工资再还这笔新的贷款。

你说得很对，有很多公司确实就在用这种"借新还旧"的方式周转资金，特别是那些融资能力强、银行关系好的企业。一旦有一家企业尝到甜头，其他企业就会纷纷效仿，导致短贷长投行为不断蔓延。有国内学者研究了2008~2015年的A股上市公司，发现平均每年有32.9%的公司存在这种"短贷长投"的行为。

"短贷长投"有什么风险呢？

在宏观经济好的时候，风险是看不出来的，但是到了经济不景气，银行收紧银根的时候，风险和隐患就暴露出来。这两年小贷公司、点对点网络借款（P2P）互联网金融常常爆雷，导火索大多是"短贷长投"导致的兑付危机。

先不说这些企业集资来的钱，是不是真的投到真实靠谱的项目中去了，但是他们大部分的投资项目都是相对中长期的，短则两三年长则七八年才能回本，而这些机构融资集资来的却是短期资金，甚至每周每日兑付的。在这种金融游戏下，只要融资的增速出现停滞，马上就会出现兑付危机。这就是为什么在财务高手眼中，融资决策的首要关注点，不是资金够不够便宜，而是资金背后的风险。"短贷长投"带来的财务风险，远远要大于使用短期贷款，节省财务费用带来的那点收益。

2. 风险匹配

风险匹配，主要考虑的是选择债权还是选择股权？

一般来说，低风险、盈利能力有保证的项目可以更多考虑债权融资，没有盈利保障，风险高的项目通常要靠股权融资。因为投资人比债权人的风险容忍程度更高。债权人在意的是项目收益的下限，也就是，这个项目能不能把本金和利息还清，还清之后，项目赚再多的钱，也和债权人没关系。而股东更在意的是未来收益的上限，也就是最多能赚多少钱。

创业公司就是一个典型的例子。你肯定听说过这么一句话——99%的创业项目会失败。这样的项目，银行肯定是不愿意贷款的。

所以创业公司只能主要依靠股权融资来发展。所以你看，有一群专门给创业公司投资的机构，叫私募股权投资机构，也被称为"风险投资"机构。他们的钱投给创业公司，是不用还的。如果失败了，就会血本无归。但是一旦这个公司成为下一个独角兽，他们就会享受到最大的收益。

我们刚才说的时间匹配问题，其实在风险投资机构和创业企业之间，也存在。你肯定知道，创业者和公司是长期绑定的，而风险投资机构通常在创业公司上市之后两年，就会把手里持有的股份卖掉，从公司退出。

换句话说，风险投资机构是创业企业的短期股东。

这个期限错配，会引发什么问题呢？那就是风险投资机构和创始人站的立场不完全一样。大家决策时候就会出现分歧。比如我们在前面说到的研发投入。创始人考虑企业长期发展，一定会愿意投资研发。但是创业投资机构呢？由于会计上目前还是把研发投入当成费用，会降低当期利润，所以他们就不太愿意了，因为研发投入越多，企业利润离证监会的上市要求就越远。

事实上，私募机构的这种短视，对创业企业长期发展是没有好处的。

财务高手看待融资方法有三点：

第一，融资决策的首要原则是融资方式与投资项目之间的匹配。匹配包括两个维度：期限和风险。

第二，"短贷长投"的融资策略虽然能够节约财务费用，但却会大大提高企业风险。

第三，股东比债权人的风险容忍程度更高。低风险、盈利能力有保证的项目可以更多考虑负债融资，没有盈利保障，风险高的项目通常要靠股权融资。

请思考：融资过程中把握融资原则重要性体现在哪里？

一、循序渐进

创业融资是一场持久战，不可能一蹴而就。但很多创业者倾向融更多资金，这种观念受以下两股因素驱动：

（1）创业者对企业估值过高，对企业的未来发展过于乐观。建议通过与类似企业的对比，针对自己的企业得出一个合理的估值。先融到急需的资金，再考虑下一步融资。

（2）融资难度大，创业者总希望资金一步到位。但在创业阶段，企业的价值并未明朗，尤其是未来的价值，筹集的资金过多必然会稀释更多的股权。

这个时候就需要创业者坚持循序渐进的原则，做到按需融资、融资规模量力而行。要根据企业对资金的需要、企业自身的实际条件以及融资的难易程度和成本情况，量力而行来确定企业合理的融资规模、融资计划、融资步骤。确定融资规模时一定要仔细分析本企业的资金需求形式和需求期限，做出合理的安排，尽可能压缩融资的规模，资金做到够用就好。股权筹资过多，可能造成资金闲置浪费，增加融资成本、稀释更多股权；或者可能导致企业负债过多，使其无法承受，偿还困难，增加经营风险。

拓展知识

循序渐进地融资

表 7-1 是某企业融资进程，该企业在 5 年内完成了 5 轮融资，从历次融资情况来看，我们总结出几个特征：融资数额较小且逐渐增加；融资的时间周期也越来越长，间隔 1~2 年左右；企业估值一直在上升。

表 7-1　　　　　　　　　　　　某企业融资历程

融资次数	融资数额 （万元）	与上一轮融资相隔时间 （月）	企业估值 （万元）	企业价值上升值 （万元）
A 轮融资	60	—	120	180
B 轮融资	120	9	250	370
C 轮融资	180	12	400	580
D 轮融资	260	15	700	960
E 轮融资	400	22	1000	1400

如果该企业 A 轮融资就融到足够多的资金，提前把 5 轮融资的钱都融到了会怎样呢？可能会出现两种结果：

（1）成本高：要融到这么多的资金，企业需要付出很高的融资成本或股权被稀释得厉害；

（2）难继续：A 轮投入过多资金，B 轮时，很可能找不到投资人，因为利润微薄或无利可图。

因此对于企业而言，要把握循序渐进的融资原则，留出与企业一起成长的时间，踏踏实实地一步步提升企业的价值。

二、保持企业控制权

企业控制权是指相关主体对企业施以不同程度的影响力。控制权的掌握具体体现在：控制者拥有进入相关机构的权利，如公司董事会或监事会；能够参与企业决策，并对最终的决策具有较大的影响力；在有要求时，利益能够得到体现，如工作环境得以改善、有权参与分享利润等。

企业的融资结构与控制权之间存在着紧密联系。融资结构具有明显的企业治理功能，它不仅规定着企业收入的分配，而且规定着企业控制权的分配，直接影响着一个企业的控制权争夺。

创业者创办企业的初衷就是要把企业做大做强，如果最后变成"为他人作嫁衣"则不是创业者所愿意看到的。因此，管理者在进行融资的时候一定要掌握各种融资方式的特点，精确计算各种融资方式融资量对企业控制权会产生的影响，同时要把控投资人提出的各种苛刻条件，这样才能把企业牢牢地控制在自己的手中。

在股权融资过程中，投资人经常会提出的 4 项特殊要求：优先清算权、优先购股权、委派董事、兜底回购等，如图 7-1 所示。这些条款对于投资人来说是保护他们利益的一道防护墙，但是对于创业者而言却如同"卖身契"，有时候不能为了融资而让渡太多权力，否则大权容易旁落。

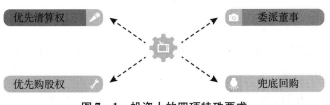

图 7-1 投资人的四项特殊要求

（1）优先清算权：优先清算权，是一种投资中常见的投资人优先权，指投资人在目标企业清算或发生视同清算的情形或结束业务时，具有的优先于其他普通股股东获得分配的权利。典型的优先清算权分为 3 种，即无参与权的优先股、有充分参与权的优先股和附上限的优先股参与权。

（2）优先购股权：优先购股权是股份公司发行新股时，现有股东享有按原股权在公司股份总额中所占有的比例优先认购本公司增资配股的权利。

（3）委派董事：董事是指由公司股东会选举产生的具有实际权力和权威的管理公司事务的人员，是公司内部治理的主要力量，对内管理公司事务，对外代表公司进行经济活动。实践中经常有公司的章程里规定董事由股东委派或由不同股东按约定数量分别委派。

（4）兜底回购：一般指大股东承担兜底回购义务，在投资协议中经常会约定如果被投企业没有达成预期成效（如业绩承诺、上市承诺、投资人退出等），由被投企业大股东对投资人的股权按照约定的年化收益进行回购，以保证投资人的利益。

三、把握最佳融资时机

融资机会是指由有利于企业融资的一系列因素所构成的有利的融资环境和时机。企业选择融资机会的过程，就是企业寻求与企业内部条件相适应的外部环境的过程。过早融资，企业的经营规模不大，市场空间小，会造成资金闲置；过晚融资，则会造成投资机会丧失，影响企业的战略发展。把握最佳的融资时机，即企业用最小的成本实现融资，并使融资得到较高收益。

一般而言，创业企业融资机会的选择要充分考虑以下两个方面：

1. 要在企业状态最好时融资

企业处于初创或激烈的市场竞争阶段，没有核心竞争力时，投资人会保持观望态度，这时并不是融资的好时机。企业有了小阶段提升，有了能够盈利的项目时，此时便是最好的融资时机。即使你的企业还处于初创阶段，只要具备高成长潜力，就很容易融资成功。

2. 关注融资环境，果断决策

外部融资环境复杂多变，企业融资决策要有超前性。企业要能够及时掌握国内和国外利率、汇率等金融市场的各种信息，了解国内外宏观经济形势、国家货币及财政政策以及国内外政治环境等各种外部环境因素，合理分析和预测能够影响企业融资的各种有利和不利条件，以及可能的各种变化趋势，以便寻求最佳融资时机。

第二节　测算所需资金

知识导图

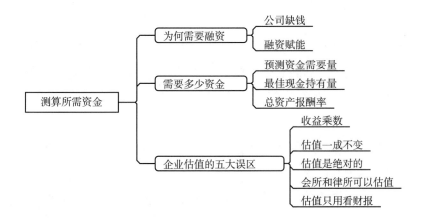

知识目标

1. 掌握融资的原因：缺钱、融资赋能及其内涵；

2. 学会融资金额测算方法；

3. 了解企业估值时的五大误区。

📖 案例讨论

融资金额并不是越多越好①

企业融资是企业成长很重要的一步，但很多创始人都会犯一个很致命的错误，那就是尽可能多地提高融资金额，其实企业融资并不是越多越好。一些创始人理所应当地觉得融资得越多越好，他们觉得这样代表着企业能获得更多的资源，更强大的竞争力，但事实真的是这样的吗？

1. 不论你融资多少，你都会在同样时间内花光

融资金额与企业的责任是相对应的，你融资的资金越多，所需要承担的

---

① 案例来源：广州立华财务顾问有限公司．企业融资多少才算合适［EB/OL］．（2018 - 11 - 14）［2022 - 05 - 30］．立华星财务官网，http：//www. dg - 360lhx. com/zxdt/c712. html.

责任越大，当你的融资金额超出企业能力承受范围的时候，过度的融资就像在"作死"。

企业融资越多，你所需要的利润就越多，为了增加利润，企业需要增加人手、设备、技术研究、市场推广等，这些都是需要巨大资金投入的。事实证明，不管你融资金额多少，在接下来的 12 ~ 18 个月，你融资的资金都会被花光，这不是企业想省就能省下的，这是需求决定了你的资金投入。你可以多融点资，但是你必须做一个预算，将七成的资金用于你这一年半的花销。

2. 你的融资金额决定了你的估值

这个问题很多企业创始人在一开始就忽略了，你需要记得，当企业获得融资之后，投资人是需要获得企业股份的。投资人投资你的公司希望获得的股权是多少呢？一般标准应该是出让 15% ~ 30% 的股权，而大多数公司在前期阶段都在 20% ~ 25%。

当创始人的融资金额过度很容易造成的局面就是企业的估值被过分高估，投资人真的都不懂吗？他们有自己的数据分析团队，会对企业的实际能力进行评估，过高的估值投资人是不会接受的。如果以实际估值去融资不符合实际的金额，那么企业面临的就是股权被过度转让，我想没有创始人愿意将自己大部分股权转给投资人吧。

3. 融资规模越大，下一轮融资越难

需要提醒各位创始人非常重要的一点是，当资金耗尽需要更多钱的时候会怎样？你需要以更高的估值融资更多的资金，这个难度可比上一轮融资困难了太多，这就是过度融资的侵蚀性。

因为投资者们需要不低于投资成本十倍回报的收益，早期的投资人甚至要求更高。有数据表明，投资人更愿意为一两亿元的收益投资，而不愿意为四五亿元的收益去冒险，因此设置低一点儿的资金额度更容易完成融资。

融资并不像很多创业者想象得那样美好，在投资行业中，你的每一轮融资达到了什么样的效果都会有专业团队进行评估，这是给创业者一个证明自己的机会，但也会让平庸者无处遁形。

请思考：在创业融资中，应该如何去测算融资金额？

一、为何需要融资

创业企业融资不仅仅是因为缺钱，有些不缺钱的企业也融资，因为融资不仅仅是为企业带来资金的帮助，更重要的是它的赋能部分。总的来看，企业融资主要基于以下两个方面的考虑。

1. 公司缺钱

创业企业初期缺钱是比较常态的事情，因为公司想发展扩大，做大做强，会增加很多新业务，进行产品研发、扩展新领域，这些都需要巨额的资金支持。具体缺钱的原因较多，总结有以下几点：

（1）启动资金不足。开办企业时需要有必要的投资和支付各种必要的费用，这些费用的总和就是启动资金，比如支付场地（土地和建筑）、办公家具、机器、设备、原材料、商品库存、营业执照及许可证办证费、前期推广费、工资、水电费等各项费用。如果创业者自身启动资金不足，或者自筹资金已经用完，则需要靠外部融资来解决初始资金，资金用途包括资产采购、前期推广费用、研发投入等。

（2）现金流错配导致缺钱。资金的收支存在时间差，垫付资金以产生收益到从企业经营中赚取收入的时间滞延，造成了现金流问题。如果企业在盈利前花掉了它的所有资本，那么资金的缺口可能导致企业的失败。所以多数企业需要投资资本或银行信贷来解决现金流短缺的问题，直到企业开始赚钱。

（3）产品开发周期漫长耗资。处于一些特殊行业的企业，需要筹集资金，以支付漫长的产品开发周期的前期成本。比如医药研发企业，新药的研究开发是一项投资较大、周期较长、风险较高、回报也较大的高技术产业，一般有以下五个阶段：第一，制定研究计划和制备新化合物阶段；第二，药物临床前研究阶段；第三，药物临床研究阶段（新药的临床检验分为Ⅰ期、Ⅱ期、Ⅲ期、Ⅳ期）；第四，药品的申报与审批阶段；第五，新药监测阶段。

2. 融资赋能

投资人给创业企业提供资金的同时，还会通过投后管理工作给被投企业提供与企业发展相关的增值服务。对于一些不缺钱的公司来说，依然选择融资就是看中了投资人或团队背后的各种资源。融资赋能是指企业通过融资引进投资人，获得投资人提供的除资金外的其他各方面资源。具体的包括但不限于：

（1）资源拓展。投资方能够为创业企业提供资源，例如政府、媒体、相关市场渠道等相关资源，有些甚至还可以帮助企业提供下一轮融资的渠道。

（2）品牌背书。优质的投资方会给企业带来良好的品牌背书。这也是创业企业在选择投资方的时候需要注意的点，很多产业链上下游的合作伙伴

会因为投资人的良好信誉，而对企业的实力及发展前景产生一定的认可
程度。

（3）经验指导。无论是投资人还是投资机构都会有丰富的相关商业经
验，可以针对项目产品、技术，管理、商业模式升级以及战略布局，或者是
后期引进战略投资等给出一定的专业意见。

二、需要多少资金

创业融资不是一件盲目的事情，我们要避开几种错误的融资思路，例
如：最先想到"我能融到多少钱"；不清楚要多少钱，只知道越多越好；别
人拿了多少资金，就认为自己也可以。

在开展融资前，创业者要结合企业的经营状况、财务状况和融资方式
对融资金额做一个明确的规划，算清楚企业到底需要多少钱，哪些地方要
花钱，哪些钱是必须花的、哪些是可有可无的，要把每一分钱都用在"刀
刃"上。

关于如何确定融资金额，可以参考以下三种方法：

1. 预测资金需要量

预测资金需要量即创业者根据企业生产经营需求，对需要的资金进行分
析、推测，推算出企业需要多少资金额，然后减去企业现在的资金额，剩下
的就是你需要的融资额。

因素分析法：资金需求 = 日常资金占用×（1 + 预期销售增加率）×（1 +
预期资金周转变动率），适合资金用量小且经营品种复杂的企业。

销售百分比法：资产 = 负债 + 所有者权益，外部融资需求 = 增加的资
金 – 增加的经营负债 – 增加的留存收益。

2. 最佳现金持有量

最佳现金持有量又称为最佳现金余额，是指现金满足生产经营的需要，
又使现金使用的效率和效益最高时的现金最低持有量，即能够使现金管理的
机会成本与转换成本之和保持最低的现金持有量。

3. 总资产报酬率

总资产报酬 = 息税前利润/总资产，表示企业包括净资产和负债在内的
全部资产的总体获利能力，用以评价企业运用全部资产的总体获利能力，是
评价企业资产运营效益的重要指标。总资产报酬率越高，说明企业资产的运
营效率越高。

三、企业估值时的五大误区

误区1：公司价值可以通过本行业的某个收益乘数来确定。

收益乘数［如3倍的税息折旧及推销前利润（EBITDA）等］可以用来大概地衡量行业内企业的基本价值，可是这并不适用于同行业中的所有企业。举个例子，你家附近杂货店绝对不会跟大型连锁超市西夫韦（Safeway）有相同的收益乘数。还有其他很多因素，如供应商影响力、技术领先地位等，都可能导致同行业间不同公司在估值上的差异。此外，有外部第三方可不接受行业收益乘数的估值方式，比如税收机构、银行、法院、财产受托人等其他利益相关机构。

误区2：估值做好之后就一直保持不变。

企业本身是动态的，而非静止不动，因此其估值也是会随着时间不断变化的。企业会面临竞争、商业环境会变化，如果某个行业有利可图会有新的企业进入，有些企业会被卖掉，有些竞争对手会放弃某些产品线，而有的企业进入某个领域则是认为自己比竞争对手有更强的盈利能力，这些内外环境的变化都会影响企业的价值。

误区3：用任何方法，只会得到一个绝对估值。

估值并不是唯一的，如果你让5个评估师来给同一个企业估值，他们会给出5个不同的结果。因为不同评估师，可能会采用不同的模型、方法、折现率、风险水平及其他变量。只要评估师选择的估值模型和方法是合理的，就可以认为其做出的估值结果是合理的。

误区4：企业的会计师或者律师也可以作估值。

会计师和律师不能估值主要是有两个方面的原因：一是缺乏资质，缺乏必要的专业技能和资格，也没有正确操作估值的经验。二是有内在的利益冲突，企业的会计师或律师在做完估值之后，仍然跟企业保持利益上的关系，所以他们做出的估值有可能存在偏差——或高或低，迎合你的需求做出相应的结果。

误区5：企业估值只需要财务报表就足够了。

公司财务报表是企业估值的基础，但是还有很多其他因素影响企业的估值，如同业竞争、行业情况、经济形势、组织结构、管理团队、资本性资产、企业或产品生命周期等。

在企业估值过程中，有相当多的因素会影响到估值的结果，上述这5大估值误区，就没有运用公认的模型和最佳的方法。如果在企业估值时，采用错误的方法，可能会让你在时间上遭受损失——出售或融资流程拖延，也可能让你在金钱上遭受损失——解决法律纠纷时缺少公正的第三方意见，或者导致融资不能获得优惠的条款。

第三节 选择融资方式

知识导图

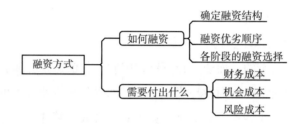

知识目标

1. 掌握融资结构、融资顺序、融资方法的选择与确定；

2. 掌握融资的成本，即财务成本、机会成本和风险成本；

3. 了解企业常用的融资方式。

📖 案例讨论

比朱基（Bizooki）公司的多途径融资①

2008 年，安迪·塔巴尔（Andy Tabar）创办 Bizooki 公司，该公司是一家互联网公司，试图通过动用全球智慧来提高商业活动的效率。其创意是这样的：很多企业需要更有效地实施专业项目，但在公司内部却又缺乏专业人才。通过将工作外包给专业服务提供商，有助于以更低的成本同时更及时地完成项目。Bizooki 公司的角色就是一个中间商，将有技术需要的企业与全球供应商相对接。尽管 Bizooki 公司的启动资金并不算宽裕，但塔巴尔的融资方式却能给大多数创业者带来启示。塔巴尔并没有拘泥于从投资者或银行

---

① 案例来源：布鲁斯·R. 巴林格，R. 杜安·爱尔兰. 创业管理：成功创建新企业 [M]. 北京：机械工业出版社，2010.

家那里获取资金，他的融资手段综合了步步为营、朋友和家人借款以及创造性融资途径等方式。

塔巴尔在创办 Bizooki 之前，他尝试过不少商业创意。在这个过程中，他始终坚持使用不同的方式来获取资金或资源。在大一时，他加入了学校的学生创业实践计划，在这期间，塔巴尔与同学共享头脑风暴萌发的创意。另外，他多次参加商业计划竞赛，并在 2006 年和 2008 年分别获得学校的最高奖项，每次都赢得了 5000 美元奖金。

借助这些途径积累的资金帮助塔巴尔把创意变成现实，Bizooki 公司也应运而生。他从一些意想不到的途径借钱，但每笔钱数目都不大：他在一家专业借贷网站注册，而不是从银行筹集资金。借助该网站，他从多个借款人那里获得了资金，每笔都是 5000 美元左右。

面向未来，塔巴尔还需要更多的资金来支撑 Bizooki 公司的成长。他已经会见了不少天使投资人，这些投资人都是在贝尔蒙特大学的创业培训项目上认识的。但是他目前并不打算动用这些资源，而是将它作为长期的资源储备。他坚信自己要谨慎行动，并认为只有在恰当的时候才可以从外部投资者那里获取资金。同时，他仍在继续搭建自己的信用记录，以便在将来银行融资时使用。

请思考：在创业融资中有哪些融资方式？

本书第二个模块重点讲解了创业融资的多种渠道，介绍了融资的众多方法，但是对于创业者而言，除了需要了解融资的方式，还要清楚怎么去选择适合自己的融资方式。

一、如何融资

1. 确定融资结构

创业企业在融资之前，要明确融资结构，融资结构反映了企业通过不同来源和渠道所筹集的资金之间的相互比例关系，是企业融资行为的结果，揭示了企业资产的产权归属和债务保证程度。对于初创企业而言，创业企业到底应该选择什么样的融资结构，需要根据企业发展阶段特点综合分析。

拓展知识

优序融资理论

优序融资理论亦译"啄食顺序理论"，是关于公司资本结构的理论。该理论于 1984 年，由美国金融学家迈尔斯（Myers）与智利学者迈勒夫（Ma-jluf）提出，以信息不对称理论为基础，并考虑交易成本的存在。该理论认为，公司为新项目融资时，将优先考虑使用内部的盈余，其次采用债权融资，最后才考虑股权融资。即遵循内部融资、外部债权融资、外部股权融资的顺序。在莫迪格利安尼和米勒（Modigliani and Miller，MM）理论的信息对称与不存在破产成本的前提假设条件下，该理论认为，当存在公司外部投资者与内部经理人之间的信息不对称时，由于投资者不了解公司的实际类型和经营前景，只能按照对公司价值的期望来支付公司价值，因此如果公司采用外部融资方式，会引起公司价值的下降，所以公司增发股票是一个坏消息。如果公司具有内部盈余，公司应当首先选择内部融资的方式。当公司必须依靠外部资金时，如果可以发行与非对称信息无关的债券，则公司的价值不会降低，因此债券融资比股权融资优先。

2. 融资优劣顺序

根据融资结构再确定融资顺序，可以参考 MM 优序融资理论，该理论认为，公司为新项目融资时，将优先考虑使用内部的盈余，其次采用债权融资，最后才考虑股权融资。

MM 理论主要是针对成熟企业，对于初创企业我们可以大致参考，并结合初创企业的特征进行融资顺序的确定，我们参考六步融资顺序法：内部融资—外部融资—间接融资—直接融资—债券融资—股票融资，如图 7 - 2 所示。

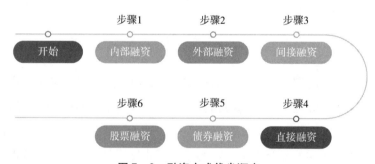

图 7 - 2　融资方式优劣顺序

3. 企业发展各阶段的融资选择

企业到底该如何选择融资方式，要结合企业所处的阶段，具体情况具体分析，以下分三个阶段进行说明，如表 7 - 2 所示。

表 7 – 2   不同阶段的创业企业融资结构

创业企业所处阶段	状况	融资结构特点
初创期	需要的流动资金和固定资金较少，经营风险高，信用风险低	内部融资为主
发展期	不确定因素较少，拥有稳定的客源和供应商，以及较好的信用记录	内部融资为主，外部融资为辅
成熟期	有充裕的现金流支持内部融资，负债能力较强	外部融资为主

（1）企业成立之初：内部融资为主，政府贷款为辅，慎选股权融资。

首先由企业法人、合伙人、股东或员工、好友出资提供创业资金；其次申请政府财政投资和创新基金；最后考虑股权融资，股权融资风险较大，成功概率较小，投资人会提出苛刻的投资条件。

（2）企业发展期：银行贷款＋债务融资＋并购融资。

发展阶段的企业拥有了稳定的客户、资金，银行贷款比较容易；可以考虑融资租赁、商业保理等债权融资方式；对于项目的收并购，可以选择并购融资，银行一般会有并购贷，可以申请，或者也可以考虑并购基金，通过基金募资。

（3）企业成熟期：融资结构应当符合企业的整体发展战略。

成熟期的企业拥有充足的资金可以支持内部融资、有公开募集资金的能力、负债融资能力提高，基本可以采取任何融资方式，最终企业选择何种方式，要符合企业的整体发展战略，同时使资金成本最低。

二、需要付出什么

天下没有免费的午餐，资金方的钱肯定不是白拿的，你要想获得融资，必须要有所付出，也就是我们所说的融资成本，创业者要权衡融资成本，避免融资收益小于融资成本。

很多创业者在融资过程中会去关注筹集的资金，而忽略计算融资的成本，而这里的融资成本不仅是财务成本，还有机会成本（时间成本）、风险成本等。

1. 财务成本

融资的财务成本包括融资费用和资金使用费。融资费用包括融资过程中产生的各种费用，如代理费、委托机构代理发行股票等支付给中介机构的费用。比如创业企业请市场上的融资顾问（FA）给企业找资金，按照所融资金额的1%给付居间费，这就是比较典型的一种融资费用。资金使用费是指向资金提供方支付的报酬、利息，如股票融资中向股东支付的股息、债权融资中支付给资金方的利息。

2. 机会成本

机会成本是指把某种资源用于某种特定用途时不得不放弃的它在其他用途可能获得的最高收益。企业在融资过程中的机会成本比较多，比如使用内部资金通常是"无偿"的，但若把资金投入其他领域，却能获得收益，这就是内部资金的机会成本。如果相比资金的市场收益率，若它不能在内部产生更大收益，说明融资成本过高。

此外，创业企业的时间成本也是很重要的机会成本，比如创业企业的核心成员，把时间都花在融资上面，而疏于对企业的管理，造成的损失也是融资机会成本。

拓展案例

融资的机会成本

李某和张某都是一家销售大型器械公司的员工，工作了五六年，在经过协商之后决定出资20万元合开一家公司创业。由于大型器械需要的成本较大，资金不足，他们经过商定寻求投资。两人分别从不同的渠道开始挖掘投资者，8个月时间过去，由于没有担保、没有抵押他们的融资并不是很顺利，同时前期的资金通过公司的注册、办公室租用及器械投入，也慢慢消耗殆尽，最终失败，同时还投入了自己的身家。

案例点评：两位创业者没有合理地评估融资的成本——时间成本，融资不是一时就可以完成的，需要一定的时效性。创业者在进行融资前需要有一定的远见性，权衡融资的成本。这个案例中，两人都在寻找投资者，一直在消耗融资的成本，如果两个人可以分开来做，一个负责公司的管理和销售，维持公司正常运转；另一个人专职出去负责找投资，效果可能会好很多。

3. 风险成本

风险成本是指企业在融资过程中带来的各种不确定性，如债务融资风险、融资跳票风险等。

（1）债务融资风险：一些初创公司没有在次优估值下筹集新的股本或寻求早期资金流动，而转向债务融资；尽管债务融资有很多吸引人的原因，但也可能伴随着一定的风险。如果企业无法达到其所预测的增长量，债务融资最终会像定时炸弹。如果企业经营不善，可能出现资不抵债，导致企业破产。

（2）融资跳票风险：跳票是一个金融术语，指因为支票账户内没有钱，银行无法兑现支票，遂把此空头支票寄还给支票持有人的行为，可以泛指存在各行各业中的一种欺诈现象。融资跳票其实就是融资过程中的一种欺诈现象。

拓展案例

"青年菜君"的兴衰①

2014 年诞生的"青年菜君"，作为净菜配送 O2O 领域的曾经在"大众创业、万众创新"的浪潮中风光无限。两年之后"青年菜君"就倒在了融资跳票上。在天使轮获得创业工场等投资机构的支持之后，创业启动过程虽然艰难但还是相当顺利，项目还得到了央视的曝光机会。当时，适逢双创浪潮席卷而来，各类资金包括一些热钱都在加速进入创业领域，创始团队没有把融资问题看作是创业的障碍。

在"拒绝"了很多投资机会之后，团队选择了"一个某地方政府背景的基金""投资协议也签了"。之后这家政府引导基金完成了尽调，大家满心以为这笔投资已经板上钉钉，因此完全按照融资即将到位设计了当时的财务规划。2016 年资本寒冬到来之时，他们却在做"升级改造前置仓、重构物流组织结构、优化供应链弹性"，在投入的路上持续"狂奔"。但投资资金却迟迟不见到位，创始团队只能眼看着原本 10 个月够用的账面资金，8 个月就花完了。老股东借来的钱花完，甚至上述政府引导基金的合伙人给予的过桥贷款也花完了，结果那笔投资直到公司清盘也一直都没有等来。

---

① 案例来源：浅谈初创企业创业融资的风险防范［N］. 中国青年报，2019 - 07 - 26.

拓展知识

企业融资方式

图 7-3 介绍了部分企业融资方式。

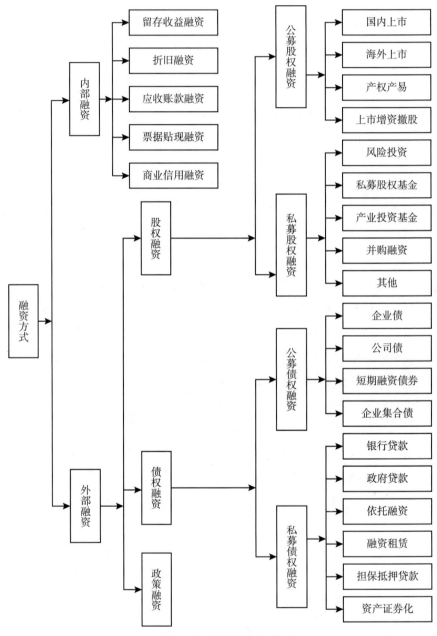

图 7-3 企业融资方式

本章实训题

实训一，融资金额测算。

如今很多家长都很重视孩子的学习成绩，为了可以让自己孩子成绩能有所提高也愿意投资大量的资金，所以就有各种各样的教育机构争前恐后地出现在教育市场。假设你准备进入 K12 教育行业，并创办自己的培训机构，请测算你的启动资金需要多少？假设你自有资金 50 万元，剩余资金外部融资解决，请展示你的融资方案。

实训二，融资环境分析。

掌握融资环境是成功融资的一个要素，企业要能够及时掌握国内和国外利率、汇率等金融市场的各种信息，了解国内外宏观经济形势、国家货币及财政政策以及国内外政治环境等各种外部环境因素，合理分析和预测能够影响企业融资的各种有利和不利条件。假设你是创业者，结合当前融资环境，分析当前融资的有利和不利条件。

实训三，融资方式的选择。

假设你是一家芯片/半导体初创企业的创始人，公司刚成立处于起步阶段，自有资金不足以支付 6 个月后的开支，你需要融资以解决 6 个月后的资金缺口，你将如何进行融资，请设计你的融资计划，包括融资结构、融资顺序、融资金额。

模块四　融资运作

融资是一个企业的资金筹集的行为与过程。也就是公司根据自身的生产经营状况、资金拥有的状况，以及公司未来经营发展的需要，通过科学的预测和决策采用一定的方式，从一定的渠道向公司的投资者和债权人去筹集资金，组织资金的供应，以保证公司正常生产需要，经营管理活动需要的理财行为。从融资筹备到融资实施，最终就是企业的融资运作。在企业融资运作过程中，需要融资谈判的准备、公司投资框架的设定以及股权激励的实施，本模块通过相关理论知识、案例说明进行融资运作全过程的介绍。

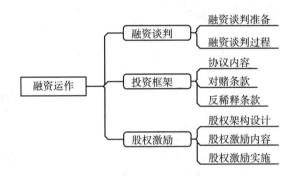

第八章

融资谈判

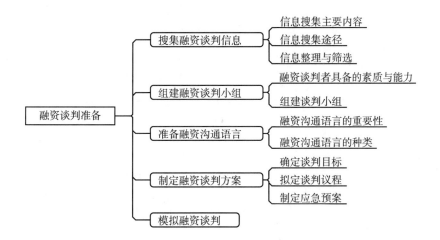

第一节　融资谈判准备

知识导图

```
                            ┌─ 搜集融资谈判信息 ─┬─ 信息搜集主要内容
                            │                    ├─ 信息搜集途径
                            │                    └─ 信息整理与筛选
                            │
                            ├─ 组建融资谈判小组 ─┬─ 融资谈判者具备的素质与能力
                            │                    └─ 组建谈判小组
                            │
  融资谈判准备 ─────────────┼─ 准备融资沟通语言 ─┬─ 融资沟通语言的重要性
                            │                    └─ 融资沟通语言的种类
                            │
                            ├─ 制定融资谈判方案 ─┬─ 确定谈判目标
                            │                    ├─ 拟定谈判议程
                            │                    └─ 制定应急预案
                            │
                            └─ 模拟融资谈判
```

知识目标

1. 了解融资谈判信息的内容与搜集途径；

2. 熟悉融资谈判人员的素质与能力要求，能够组建融资谈判小组；

3. 掌握融资谈判方案的要点，学会如何制定融资谈判方案。

📖 案例讨论

中美冶炼组合炉谈判[①]

我国某冶金公司要向美国购买一套先进的组合炉，派高级工程师与美商

---

① 案例来源：邦思迈谈判沟通俱乐部. 良好准备、不惧虚价［EB/OL］（2020-08-06）［2022-05-30］. 搜狐网，https：//www.sohu.com/a/411872286_159801.

谈判。为了不负使命，这位工程师做了充分的准备工作，他查找了大量有关冶炼组合炉的资料，花了很大的精力来了解国际市场上组合炉的行情及美国这家公司的历史和现状、经营情况等。

谈判开始，美商一开口要价150万美元。中方工程师列举各国成交价格，使美商目瞪口呆，终于以80万美元达成协议。当谈判购买冶炼自动设备时，美商报价230万美元，经过讨价还价压到130万美元，中方仍然不同意，坚持出价100万美元。美商表示不愿继续谈下去了，把合同往中方工程师面前一扔，说："我们已经做了这么大的让步，贵公司仍不能合作，看来你们没有诚意，这笔生意就算了，明天我们回国了。"中方工程师闻言轻轻一笑，把手一伸，做了一个优雅的请的动作。美商真的走了，冶金公司的其他人有些着急，甚至埋怨工程师不该抠得这么紧。工程师说："放心吧，他们会回来的。同样的设备，去年他们卖给法国只有95万美元，国际市场上这种设备的价格100万美元是正常的。"

果然不出所料，一个星期后美方又回来继续谈判了。工程师向美商点明了他们与法国的成交价格，美商又愣住了，没有想到眼前这位中国商人如此精明，于是不敢再报虚价，只得说："现在物价上涨得厉害，比不了去年。"工程师说："每年物价上涨指数没有超过6%。一年时间，你们算算，该涨多少？"美商被问得哑口无言，在事实面前，不得不让步，最终以101万美元达成了这笔交易。

虽然这是商务谈判的案例，但其与融资谈判大同小异。

请思考：在进行融资谈判前，资金供求双方应当做好哪些方面的准备工作？

完整的融资谈判包括融资谈判准备、现场陈述与沟通、补充完整资料和政策征询、进一步沟通并确定融资合作意向、实质性谈判阶段与融资协议签订六大环节。在最初的准备阶段，融资方需搜集融资谈判信息、组建融资谈判小组、准备融资沟通语言与制定融资谈判方案，上述工作的完成度和充分性是影响融资谈判成功率的重要因素。

一、搜集融资谈判信息

（一）信息搜集的主要内容

1. 搜集对手公司的背景信息

一方面，应当了解对方的资信情况，包括商业信誉及履行能力情报，如资本积累状况、技术装备水平、市场占有率与市场信誉等。另一方面，明确对方的合作意愿如何，包括对方同己方合作的意图是什么、合作意愿是否真诚、对己方的信赖程度如何、对实现合作的迫切程度如何等。对方的合作意愿越强，越有利于谈判向有利于己方的方向发展。

2. 搜集对方谈判队伍的成员资料

英国著名哲学家弗朗西斯·培根曾在《谈判论》中指出，"与人谋事，则须知其习性，以引导之；明其目的，以劝诱之；谙其弱点，以威吓之；察其优势，以钳制之。"因此，有必要了解对方的谈判班子由哪些人组成，成员各自的身份、地位、年龄、性格、经历与谈判经验等，尤其需要关注对方主谈人员的能力、特长、弱点及谈判风格，并在配置己方谈判小组时纳入考虑。

3. 搜集与本次谈判相关的其他信息

一是最新政策法规，因为政策法规对融资谈判有着无形的控制力和影响力，只有清楚了解法律制度，才能减少融资风险，避免不必要的融资麻烦；二是科技信息，包括新产品、新技术、新工艺以及技术寿命，即某项技术从投入市场试销开始到退出市场为止的这段时间；三是价格、市场分布、市场供求等市场信息，尤其需要关注竞争对手的情况。当竞争者未知时，重点了解市场上占主导力量的竞争者信息。如果谈判对手为国外公司的话，还需要熟悉该国的政治状况、财政金融、商业习惯和社会习俗等。

（二）信息搜集途径

在融资谈判中，企业的信息搜集途径与日常经贸往来基本一致，主要包括：

1. 借助信息载体直接获取公开情报

在日常生产经营中，企业为了扩大市场份额、提高市场知名度，总是通过各种途径进行宣传，这些都可以为谈判方提供大量信息。如企业的文献资料、统计数据和报表，企业内部报刊、各类文件，广告、广播宣传资料，用户来信、产品说明和样品等。谈判方通过搜集和研究这些公开信息，就可以获得所需的对手方情报资料。

2. 前往对方企业进行实地考察

在实地考察过程中，观察与分析对手方的产品生产状况、设备技术水平、企业管理状况、工人劳动技能等各方面的综合情况，获得有关谈判对手生产、经营、管理的第一手资料。值得注意的是，在实地考察之前，需要明确考察目的与问题，做好充分准备才能提高信息搜集效率。

3. 联系与谈判对手相关的第三方以获取情报信息

相关的第三方不仅包括与谈判对手有过业务往来的企业，还包括与对手打过官司、有过法律纠纷的企业，他们可以提供大量有用且非公开的资料。

（三）信息整理与筛选

通过前期搜集工作，谈判方获得了大量原始信息，但这些信息必须经过后期整理与筛选，才能为己方所用。信息整理和筛选的目的，一方面是为了鉴别资料的真实性与可靠性，去伪存真。在融资谈判前，有些企业和组织为了掩盖自己的真实意图，可能会故意提供虚假信息。另外，由于操作错误等其他原因，有时搜集到的信息可能是片面的、不完全的，需要通过后期整理和筛选加以辨别。另一方面，在保证信息真实、可靠的基础上，结合谈判项目的具体内容，对各种信息进行排序，以确定对此次谈判而言，哪些信息是最重要的，哪些是次要的，并在此基础上制定出具体的谈判方案和对策。

信息资料的整理和筛选要经过以下程序：（1）分类。即将所得资料按专题、目的、内容等进行分类。（2）比较和判断。通过比较、分析资料之间的联系，明确资料的真实性和客观性，实现去伪存真。（3）研究。在比较、判断的基础上，对所得资料进行深化加工，形成新的概念与结论，为己方谈判所用。（4）整理。将筛选后的资料进行整理，做出完整的检索目录和内容提要，以便检索查询，为谈判提供及时详细的资料依据。

二、组建融资谈判小组

（一）融资谈判者具备的素质与能力

弗雷斯·查尔斯·艾克尔在《国家如何进行谈判》一书中指出："根据17、18世纪的外交规范，一个完美无缺的谈判者，应该心智机敏，而且有无限的耐心；能巧言掩饰，但不欺诈行骗；能取信于人，而不轻信于人；能谦恭节制，但又刚毅果断；能施展魅力，而不为他人所惑；能拥有巨富、美丽妻子，而不为钱财和女色所动。"相较于一般谈判者，融资谈判者有其自身特殊性，但两者基本的素质与能力要求却是相通的。

1. 合理的知识结构

融资谈判者应当具备"T"形知识结构。在横向方面，了解国际经济形势和国际惯例知识，熟悉国内外最新政策与法律法规，打造广博的知识面；在纵向方面，掌握丰富的专业知识，包括融资条件、产品流程、业务盈利模式及估值计算模型等。

2. 良好的心理素质

耐心是融资谈判者应当具备的基本心理素质。这是因为，时间跨度动辄几个月的"马拉松式谈判"在融资领域极为常见，只有保持忍耐持久的恒心才能避免谈判过程中产生倦怠情绪和心理焦虑。此外，谈判者应当保持从容的心理素质以及平和的谈判心态，这在遭遇不利局面时尤为重要。

3. 深厚的能力素养

首先，融资谈判者应当具备系统的认知能力与缜密的逻辑思维能力，即通过观察、思考和综合分析，了解对手方的真实意图；其次，谈判人员必须具备灵活的应变能力，以处理谈判中的突发事件、化解不可避免的谈判僵局；最后，语言表达能力对于谈判人员而言同样不可或缺，这不仅要求谈判人员准确无误地表达自己的意思，还要注意谈判语言的艺术性。

（二）组建谈判小组

1. 小组组建原则

（1）规模适当。谈判小组的规模应当根据融资项目的性质、对象、内容和实际需要来确定，不宜过少，否则无法覆盖谈判所需的知识范围，也不宜过多，以避免不必要的资源浪费。

（2）结构互补。包括知识互补、能力互补、性格互补，以各取所长，各补所短，发挥个人及团队最大优势。

（3）分工明确。每位成员承担不同角色并责任到人，从而防止谈判过程中出现扎堆或互相推诿的现象。

2. 小组人员构成

一个完整的融资谈判小组由主谈人员与辅助人员构成。其中，主谈人员是己方利益的主要发言人，并负责制定融资谈判计划、挑选谈判人员、落实谈判情况等。因此，除了一般谈判人员应当具备的素质和能力之外，主谈人员还应具备较强的决策能力与协调能力。

辅助人员主要包括：（1）商务人员，由熟悉交易惯例、市场行情及价格谈判条件的专员担任，负责提供价格决策咨询、商定合同条款等；（2）技术人员，负责解答生产技术、产品性能、产品检验、技术服务等问题；（3）财务人员，负责把关价格核算、支付条件、支付方式、结算货币等与财务相关的问题；（4）法律人员，负责起草合同与协议，并对文件的合法性、完整性、严谨性进行法律论证和解释。

二、准备融资沟通语言

融资沟通语言是融资方与投资方沟通的方式与桥梁，主要包含两个层面的内容：一是融资的基础语言，如财务、金融、企业管理、法规等方面的基础知识，二是融资过程中需要的资料清单、融资计划书、融资申请书等。提前准备好融资沟通语言，有利于投资方全面了解企业及其融资项目的基本情况，也有助于融资方提前自我发现问题并修正，从而提高融资谈判效率。

（一）融资沟通语言的重要性

1. 资金供求双方团队是不同的"两类人"

一是专业不同。投资方团队一般具有深厚的财务、金融、法律和企业管理专业背景；创业企业经营者及其团队所学专业则覆盖文史经管工农医，相对而言比较欠缺财务、投资、融资方面的知识和经验。

二是工作经历不同。投资方团队多为专业性人才，拥有银行、证券、投资公司等融资服务机构的工作经历，经历较为简单和顺畅；创业企业经营者及其团队的接触面通常较广，工作经历较为曲折和复杂。

三是行为方式不同。投资方团队做事讲求章法，遵守严格的操作流程和规范，具有明确的审核和审查标准；创业企业经营者及其团队多凭经验做事情，不被条条框框限制。

除此之外，资金供求双方团队在年龄、体制背景、受教育背景及思维方式等方面都具有明显差异，造成双方在沟通上的诸多障碍。因此，部分融资企业会组建专门的融资团队或聘请专业的融资服务机构，这也是消除沟通障碍、提高沟通效率的途径之一。

拓展知识

2017 年创业数据研究报告①

2018 年，"创新之路"发布了第三季的数据研究成果。在这次的创业数据调查中，上海市大学生科技创业基金会（EFG）及上海创业力评鉴中心，携手上海财经大学国际工商管理学院企业管理系专家团队，对上海创业企业进行了数据调研与采集工作。调研累计有效问卷 322 家创业企业，案例访谈录音资料 158 家，进而整理得到了 2017 年创业数据研究报告。

统计结果显示，在所调查的创业团队中，（1）性别方面：将近一半的创业团队是罗汉团队，虽然近几年女性创业者的比例在增加，但创业团队中

---

① 案例来源："创新之路"第三季［DB/OL］.（2018－06－25）［2022－05－30］. 个人图书馆，http：//www.360doc.com/content/18/0625/18/32148092_765323284.shtml.

大多都有男性参与，纯女性团队创业只占8%。（2）年龄方面：平均年龄在25～45岁之间的创业团队比例超过90%。（3）学历方面：63%的创业团队均由本科生组成，高学历（硕士以上）团队只占了12%。（4）创业团队成员关系方面：大部分创业团队中都有熟人，同事、同学和校友是创业伙伴选择的理想对象，而夫妻、亲戚这种亲密关系共同创业的情况较少，说明创业者还是倾向于选择自己了解能力或熟悉经历的人作为创业伙伴，而亲密关系的作用则没有那么强烈。（5）创业团队人数方面：72%的创业者选择了团队创业，说明大部分创业者或出于共同承担风险的目的，或出于弥补自身技能不足的目的，都倾向于团队创业。另外，创业团队的平均人数为3人，最多的创业团队达10人。

2. 信息不对称

信息不对称是指资金供求双方拥有的信息不同，如相较投资方，融资方更加清楚融资项目的盈利模式、市场竞争力等；相反，投资方则掌握更多关于本企业的投资偏好、风险承受能力等信息。信息不对称的存在，会导致逆向选择、道德风险等问题，并影响资金供求双方的决策。

3. 侧重点不同

资金供求双方所关注的问题不同，造成一方表达的信息与另一方想要获得的信息无法一一匹配。比如，融资企业说有某种专利，投资方则更希望看到专利的证书是否存在，专利的价值究竟有多少；融资企业说市场形势很好，投资方却希望看到产品订单或销售意向书，并获得针对市场的调查报告、数据分析和竞争对手情况。如果双方侧重点不一样，那么很难在谈判中达成一致。

（二）融资沟通语言的种类

1. 基础知识类

根据融资工作需要，融资方的谈判团队至少应当掌握下列几方面的知识和技能：一是专业知识类，涵盖财务、金融、企业管理等专业；二是法律法规类，主要包括与融资有关的各种政策法规；三是工作惯例类，主要包括各类融资工具、投资方和融资服务机构的工作惯例和工作流程。

2. 资料清单

正如个人办理银行信用卡和住房按揭贷款时需提供有关资料一样，融资企业进行融资谈判时也需准备投资方要求的证明材料。不同投资方要求的资料清单有所差异，通常包括验资报告、对外担保合同、近三年经审计的财务报表和审计报告等企业基本资料，以及立项报告书、重要合作方等项目资料。

3. 申请书类

融资需要的申请书一般都有固定格式，有的申请书有固定形式的表格，有的申请书则仅明确必须具备的内容框架。融资申请书会影响融资方给投资方留下的第一印象，融资方需认真对待。

4. 融资（商业）计划书类

不少企业对融资（商业）计划书存在认识误区，比如把《项目可行性研究报告》、项目招商引资简表或企业投资规划等资料当作计划书，因此，有必要厘清这类计划书的常用格式。一般而言，融资计划书的大致框架如下：融资方基本情况、融资项目基本情况、资金短缺的原因说明、资金需要量及用途说明、还款来源说明、抵押物或担保单位说明、备查资料与附件。相对来说，商业计划书包含的内容更为复杂：摘要、融资方基本情况、融资项目基本情况、行业与市场分析、技术先进性说明、项目优势、项目风险与对策、项目团队与管理，不同盈利模式下的资金需要量及资金投向、战略投资者或资金进入及退出方式、项目未来的盈利预测、备查资料和附件。

三、制定融资谈判方案

（一）确定谈判目标

1. 战略目标（最高目标）

战略目标是对己方最有利的目标，实现这一目标可以实现利益最大化。提出战略目标，主要是为了激励谈判人员，同时以战略目标为报价起点，设定了谈判的空间和范围，有利于己方在讨价还价中处于主动地位。

2. 可接受目标

可以设立为一个区间，是己方在谈判中争取或做出让步的范围，他能满足部分需求、实现部分利益，确保谈判取得成功。

3. 底线目标

底线目标是融资谈判必须实现的目标，是做出让步后保证必须实现的最基本目标，是谈判人员必须坚守的最后一道防线。如果达不到底线目标，一般会放弃融资谈判。

无论是战略目标、可接受目标还是底线目标，谈判方一定要保证谈判目标具有实用性，避免目标过高或过低。另外，要对己方目标尤其是底线目标严格保密，若提前透露给对手方会导致己方在后续的谈判中处于被动地位。

（二）拟定谈判议程

谈判议程是关于谈判议题、原则框架和议题先后顺序等谈判事项的程序与时间安排。谈判之初，一般先将谈判议程确定下来，因为议程本身如何将会决定谈判者在以后的工作中是否掌握主动性，继而决定谈判的最终成果。

1. 谈判议题

谈判议题是谈判双方在谈判过程中，围绕谈判主题提出和讨论的各种问题，可由谈判队伍成员共同讨论进行拟定。一方面，应当明确己方要提出并讨论的问题，并准备好己方观点和充足的理由与依据。另一方面，应当预测对方要提出的问题，并设计好问题对策，准备好必要的资料与信息。

关于谈判议题的顺序安排，有三种方式可以选择：（1）先易后难，先讨论容易解决的问题，以创造良好的谈判气氛，为讨论困难问题打好基础。（2）先难后易，先集中精力和时间讨论困难问题，等困难问题得以解决之后，再以主带次，推动其他问题解决。（3）混合型，不分主次先后，把所有待解决的问题都提出来进行讨论，经过一段时间以后，先将统一的意见予以明确，再进一步讨论尚未解决的问题，以求取得一致意见。

2. 谈判时间

在确定谈判时间与进度安排时，有必要考虑谈判人员的状态、谈判准备情况、市场形势紧迫程度以及对手的文化习俗等。一般来说，应当选择一个对己方有利的时机，如政策趋势利好、企业营销取得突破性进展、技术研发取得重大成果等。另外，在谈判进程的五分之三时提出重要议题或者争执较大的焦点问题，并分配较多时间；对于双方意见分歧不大或不太重要的议题，一般安排在谈判的开始或即将结束阶段。

3. 谈判地点

谈判地点的选择在谈判议程中同样非常重要。对谈判方而言，在己方熟悉场所进行谈判是最优选择，这不仅可以免去谈判人员的车马劳顿、保证以饱满精神和充沛体力参加谈判，更重要的是一旦谈判、签约发生争议，根据"属地法"应由本国法律进行裁决，这在跨国融资谈判中对己方而言至关重要。对双方都较公平的中性谈判场所为次优选择，但要确定一个令双方都满意的地方并非易事。而在对方的"自治区域"内进行谈判为最后选择，因为这种情况下己方在谈判日程、谈判活动的安排中处于绝对被动地位。如果某个融资项目需要进行多次谈判，那么应当依次互换谈判地点，以示公平。

拓展知识

戴维营协议[①]

在埃及和以色列关于西奈半岛争端的谈判中，美国总统卡特为了使中东和平谈判能够早日达成协议，成功地在戴维营运用了可使情感产生动荡的谈判环境设计技巧。

在戴维营，生活单调、枯燥，环境糟糕，令人厌倦。那里最刺激的活动就是捡捡松果，闻闻松香。卡特为了促成这次中东和谈，安排的唯一娱乐用具是供谈判人员共14人使用的两辆自行车。每天晚上，住在那里的埃及总统和以色列总理可以在总共3部电影拷贝中任选一部观赏，以作为调剂。到了第6天，每个人都把每部电影看过了两次，并且感到十分厌烦。每天早上8点钟，卡特都要去敲埃及总统和以色列总理的房门，并用他那单调的声音说："嗨！我是吉米·卡特，咱们准备再过内容同样无聊、令人厌倦的10小时吧。"

在这种境遇下，过了13天这样的生活，只要签约不至于影响自己的前途，谁都想立即签字以离开那个鬼地方。卡特的一番良苦用心，终于换来了此次中东和平谈判的圆满成功——以色列归还埃及西奈半岛，埃及将西奈半岛划为非军事区。

（三）制定应急预案

在融资谈判过程中，不可避免地会出现谈判僵局，如果双方为了己方利益而坚持自己立场、排斥对方观点，任何一方都不愿让步；又如投资方指出存在比融资方更具竞争力的创业企业，故意提出"刁难"问题等。谈判僵局的出现，不仅会影响谈判进度，还可能逆转双方在谈判中的处境。因此，融资方应事先预想可能导致僵局的所有情况，并为每种局面一一制定应对方案，以打破僵局、确保融资谈判顺利进行。

四、模拟融资谈判

在正式谈判开始之前，对谈判进行假设推理和模拟练习。即从对手立场

---

① 案例来源：谈判故事——戴维营和平协议［DB/OL］. 百度文库，https：//wenku. baidu. com/view/d7769e165527a5e9856a561252d380eb62942335. html.

出发，提出各种假设和前提，模拟对手在既定场合下的种种表现和反应，检查谈判方案在实施过程中可能出现的问题，并及时修正和完善，从而提高谈判成功率。模拟谈判的方法主要包括：

1. 全景模拟法

根据想象的谈判过程，在己方人员中选出一些人扮演谈判对手，并从对手的谈判立场、观点风格出发，与己方另一些人按假设的谈判顺序、想象的情况和条件，演习谈判交锋时对方可能提出的问题，以及己方的答复、策略、技巧等。

2. 讨论模拟法

一是召集谈判人员和其他有关人员参加讨论会，各参会人员集中头脑风暴，对本次谈判谋求的利益、双方的目标及可能采取的谋略和对策发表自己的看法；二是针对谈判中可能发生的情况和对方提出的问题作进一步集中讨论。

3. 列表模拟法

应用表格形式来进行模拟，表格的一侧列出己方谈判人员、策略的优缺点及对方的目标与策略；另一侧相应列出己方方针对这些情况应采取的措施与方案。

第二节 融资谈判过程

知识导图

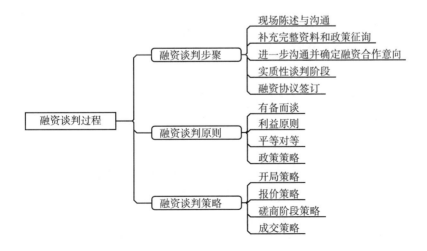

知识目标

1. 了解融资谈判的完整步骤；
2. 熟悉融资谈判应遵循的原则；
3. 掌握融资谈判不同阶段的谈判策略。

📖 **案例讨论**

阿里巴巴收购新浪微博股份①

2013 年 4 月 29 日，阿里巴巴宣布以 5.86 亿美元收购新浪微博 18% 股份。此外，新浪授予了阿里巴巴一项期权，允许阿里巴巴在未来按事先约定的定价方式，将其在微博公司的股权稀释摊薄后的股份比例提高至 30%，成为新浪微博的第一大股东。

这场交易酝酿了半年，期间经历 46 次谈判。最早在 2012 年 10 月 18 日，阿里举办财务年会的这一天，谢世煌提出投资新浪微博。阿里的首席大律师为这一项目取了一个内部代号 SAW，即新浪－阿里巴巴－微博（Sina－Alibaba－Weibo），首席财务官（CFO）蔡崇信担任总指挥。

在双方正式谈判之前，新浪首席执行官（CEO）曹国伟曾来杭州同马云谈过一次，基本定了业务合作和微博投资的大方向。但后续的正式谈判进展并不顺利，在业务合作方面，新浪在最先起草的合约中规定"从 2013 年起连续三年，阿里都要支付给微博一定业务费用"。可阿里团队按照合约中的四种商业模式进行预测，并反复讨论合作模式，认为达到这个规模非常具有挑战性。就此，双方展开了长达两个月的拉锯战，反复讨论，气氛有些紧张。

另一边，同步进行的投资谈判也问题多多，主要集中在三个方面：投资比例、估值、投资者权利。比例方面，双方达成共识为 30% 左右，但新浪认为要分两次，而且在第一次投资时几乎不给投资人任何权利；估值这块，阿里最先提出减法估值，但新浪坚决不同意，认为这种方式下公司价值被低估，因此牵涉到第二次投资的估值怎么做。

12 月 11 日双方才达成了两个共识：（1）估值定在 25 亿～30 亿美元，阿里投 15%；（2）第二次投资是阿里选择，价格是第一次的 2 倍或 IPO 时的折扣价。随后在 2013 年 2 月 21 日，双方将估值确定为 27.5 亿美元。3 月

---

① 案例来源：虎嗅口述史．阿里新浪：46 次谈判，无数"妥协"，一个里程碑｜前操盘手回忆（三）［EB/OL］．（2018－09－22）［2022－05－30］．虎嗅，https：//m.huxiu.com/article/263732.html.

27 日，投资意向书（Term Sheet）定稿，双方签字，但双方对商务合同存在理解差异并就此继续谈判，一直到 4 月下旬投资协议完成，商务合作的协议才最终落实。

4 月 3 日，购股协议（SPA）第一稿落成。在一些较复杂的问题上，如阿里特殊目的实体（SPV）对微博股份转让限制的问题上，阿里持续做出调整和让步。不过，关于股东协议（SHA）中的转让条件，双方一直争执不下，最后制定出一个极其复杂的解决方案。

在最终的文件讨论阶段，双方早已由拼谈判技巧、拼策略变成了拼体力。所有文件在 28 日早上 5 点最终定稿，马云、曹国伟于下午双双签字。29 日下午 4 点，阿里在线转账 585798822 美元两小时后，新浪确认到账，交易正式达成。

在这个案例中，我们看到阿里团队在确定了收购目标后，明确谈判目标，在 46 次的拉锯谈判中坚持谈判原则，坚守估值等谈判底线，最终完成了投资意向书签订，落实了商务合作协议，完成了此次收购。

请思考：完整的融资谈判过程具体包括哪些步骤？如何在融资谈判环节最大限度地保全己方利益？

一、融资谈判步骤

当谈判方完成融资谈判的准备事宜之后，双方进入正式谈判阶段，这一过程主要包括现场陈述与沟通、补充完整资料和政策征询、进一步沟通并确定融资合作意向、实质性谈判阶段与融资协议签订五大步骤。

（一）现场陈述与沟通

现场陈述与沟通是融资方与投资方的第一次正式会面，通常是在投资方的办公室进行，或者由投资方到创业企业进行实地考察。会谈开始，一般先由创业企业的主讲人员介绍融资项目，随后投资方根据演讲内容提问，期望在简短的时间内，用最少的问题来发现项目的价值和隐藏的风险。

1. 融资陈述与沟通的作用

对于融资方而言，融资陈述与沟通的作用主要表现为：一是了解投资方的基本情况、背景与实力，以判断投资方的真伪以及投资意愿；二是发现投资方的关注点与投资方向，评估融资成功的可能性；三是发现融资项目及资料的不足之处，从而进一步完善融资资料；四是与投资方建立彼此互信的关系，促进双方的紧密合作；五是建立沟通管道和沟通机制；六是积累沟通交流的经验和教训，为后续合作奠定基础。

对于投资方而言，融资陈述与沟通的作用主要体现为：一是了解融资方及融资项目的基本情况、背景与实力，评估投资风险及投资成功的可能性；二是发现融资方提供资料的不足之处，要求对方进一步完善资料；三是发现融资过程中的关键点和潜在问题，并对融资方进行询问；四是建立沟通管道和沟通机制；五是建立投资项目数据库，为其他项目谈判积累经验。

2. 融资陈述与沟通的内容

在不同性质和不同渠道的融资谈判中，现场陈述与沟通的内容有所差异。以引入风险投资为例，融资方进行陈述与沟通时应包括以下内容：一是企业的历史沿革、企业优势和背景；二是融资项目的起因与发展变化过程；三是与项目有关的政策和行业情况；四是项目技术和市场情况；五是项目优势和存在的风险及对策；六是企业的发展规划；七是需要的资金数额及合作方式。以上内容框架与商业计划书基本相同，但由于是口述，谈判人员可根据沟通场合、谈判对手的身份不同，在沟通顺序和详略上灵活变通。

投资方的陈述与沟通内容包括：一是股东背景和实力；二是取得的业绩和融资案例；三是投资方向、投资数额与合作方式；四是拟投资项目在产业链中的位置和盈利模式；五是企业的技术先进性及持续发展能力；六是企业竞争对手情况；七是企业市场份额情况；八是融资方能提供的安全保障。关于上述问题，不同投资方的侧重点略有不同，但一般都是围绕商业计划书来展开，因此必须写好商业计划书，保证商业计划书的内容准确翔实。

（二）补充完整资料和政策征询

如果投资方对企业和项目表现出较大兴趣，融资方可以针对陈述与沟通中投资方提出的、现场无法解决的疑问，以及商业计划书没有涉及的问题，进行资料补充或法律、政策征询。在该阶段需要注意：

（1）如果经过判断，投资方没有合作意向或意向较弱，可以不提供补充资料。

（2）如果相关资料涉及企业的商业秘密，可以简单资料代替或向投资方说明，在进入实质性合作阶段再提供。

（3）如果资料补充需要企业投入大量人力物力与财力，则融资方需要谨慎考虑，权衡投入与产出并综合判断投资方的目的和真伪，以决定是否提供或投入。必要时，企业可以请融资服务机构或有关专家辅助决策。

（4）明确资料补充的重要性并认真对待、绝不敷衍了事。这是因为在后续的沟通谈判阶段，投资方会尤为关注现场陈述与沟通的遗留问题，融资企业能否精准回应这些问题并提供佐证材料，对谈判结果而言至关重要。

（三）进一步沟通并确定融资合作意向

准备好补充资料之后，双方可以商定时间进行深入沟通。在这一环节，融资方应注意倾听投资方的关注点，认真回答投资方提出的每一个问题，并确保回答简洁明确、清晰易懂。如果投资方明确表示没有合作意愿，那么此次融资谈判到此结束，融资方应及时复盘、深刻反思，找出失败原因并及时解决，以提高下一次融资谈判的成功率。如果此次沟通提出了新的问题且无法在现场解决，那么双方可以商定下次会谈的时间，融资方在此之前应补齐所有资料并预先准备下次可能出现问题的答案，从而提高谈判效率。如果双方对于估值等关键问题达成一致，那么就可以敲定融资合作意向，进一步讨论合作细节及具体安排。

（四）实质性谈判阶段

实质性融资谈判与最初的现场陈述以及后续进一步沟通不同，现场陈述旨在增进谈判双方的相互了解，提高合作兴趣与意愿，发现潜在问题并初步评估合作潜力。进一步沟通的目的在于解决现场陈述的遗留问题，确定双方是否能在核心问题上统一意见，从而明确后续的合作意愿。而融资谈判主要是为了确定合作模式和细节、进行利益分配与协调、解决资金供求双方的分歧。因此，如果顺利步入实质性融资谈判阶段，意味着双方距离达成合作已经不远了。

本部分仍以比较复杂的风险投资为例，说明这一阶段双方谈判应包括的内容：一是融资金额；二是股东构成与股权结构设置，投资方是否可以控股；三是投资方的出资方式；四是无形资产的价值确定及处置方式；五是原有债务和或有债务的处置；六是新公司的法人治理结构；七是人员的安置及薪酬；八是管理团队组建及激励方式；九是政府有关部门政策的争取；十是审计、评估、法律和财务顾问等中介机构的聘用；十一是双方工作的分工与日程安排。上述内容，大部分属于双方合作协议的框架内容，还包括公司未来运营的一些考虑。

另外，与权益类投资方谈判时还应注意：一是请有经验的人员参与谈判；二是事先准备好各种合作模式，不要固守一种合作模式；三是提前设计好合作框架，以免措手不及；四是对涉及企业重大、长远利益的问题不要轻易表态拒绝或同意，以免造成被动；五是在谈判初期，不要轻易放弃控股权；六是注意了解和询问投资方的想法和意见；七是合作过程中，注意展示团队形象。每次谈判都是企业形象的展示，因此必须予以重视，必要时可请融资顾问提供技术支持。

（五）融资协议签订

融资协议是资金供求双方为明确双方权利义务、协调双方（也可能是多方）关系的重要法律文件。按照不同的分类标准，融资协议有不同的分类结果：

（1）按融资性质分类，可以分为：债权类融资协议和权益类融资协议。

（2）按融资工具分类，可以分为：票据融资协议、委托贷款协议、信托贷款协议、贷款协议、融资租赁协议和项目融资协议等。

（3）按融资渠道分类，可以分为：银行融资协议、典当融资协议、信托融资协议和融资租赁协议等。

（4）按投资合作方式分类，可以分为：中外合资经营协议、中外合作经营协议、联营协议和投资合作协议等。

融资协议签订是对谈判结果的体现和巩固，也是资金流转和双方实质性合作的前提。一般而言，投资方都有固定格式的协议，企业可以在此基础上进行修订，从而更好地体现双方谈判成果，保护企业利益。

二、融资谈判原则

一切融资活动都是以项目为基础，以谈判、签约为先导的。谈判的水平如何，关系双方经济利益更直接影响融资谈判成功率，因此，在融资谈判中，一些基本的原则必须坚持：

1. 有备而谈原则

凡事预则立，不预则废。融资谈判亦是如此，需要事先做好充分准备，具体事宜已在第一节"融资谈判准备"中详细说明。只有有备而谈，才能赢得谈判的主动权，实现预期目标。

2. 利益原则

融资合作的目的是促进发展，因此必须根据实际情况计算合理的利益标准。另外，互惠互利是融资永恒的主题歌，任何一方不仅要考虑己方利益，也要为对方着想，最终实现等价交换，各有所得。

3. 平等对等原则

投资方可能来自不同国度、不同地区、不同制度、不同体制，与融资方的意识形态有差别，贫富有差距。但是作为合作者，双方在法律地位上是平等的，融资方在谈判中要不卑不亢，进退自如。

4. 政策策略原则

融资不是乞讨、不是求人，与投资方打交道也不仅仅是资金技术问题。因此，融资谈判不仅讲究政策，还要讲究策略。事先要筹谋，当事随机应变，注意方式、方法，做到有利有理有节，这才是谈判的最高水准。

三、融资谈判策略

融资谈判策略是谈判人员在融资谈判过程中，为实现特定谈判目标而采取的各种方式、措施、技巧、战术、手段及其组合运用的总称。根据谈判阶段不同，可将融资谈判策略分为开局策略、报价策略、磋商阶段策略以及成交策略四大类。

（一）开局策略

谈判开局策略是指谈判者为争取谈判开局的有利形势，掌握开局的主动权而采取的行动方式或手段，主要包括以下几种：

1. 一致式开局

一致式开局指为使对方对自己产生好感，以协商肯定的方式，建立双方对谈判的一致感觉，从而在愉快友好的气氛中将谈判引向深入。这种策略适用于谈判双方实力较为接近，且过去没有商务往来的情形。

拓展知识

尼克松总统访华[①]

1972 年尼克松总统访华，中美双方将要展开一场具重大历史意义的国际谈判。为了创造一种融洽和谐的谈判环境和气氛，中国方面在周总理的亲自领导下，对谈判中的各种环境都做了精心准备，甚至对宴会上要演奏的中

---

① 案例来源：商务谈判案例 1：一致式开局策略［DB/OL］. 百度文库，https：//wenku. baidu. com/view/d9c9656a28160b4e767f5acfa1c7aa00b52a9def. html.

美两国民间乐曲也进行了精心挑选。

在欢迎的国宴上，当军乐队熟练地演奏起由周总理亲自选定的《美丽的亚美利加》时，尼克松总统简直听呆了，他绝没有想到能在北京听到他如此熟悉的乐曲，因为这是他平生最喜爱的并指定在他的就职典礼上演奏的家乡乐曲。敬酒时，他特地到乐队前表示感谢，此时国宴达到了高潮，而这种融洽而热烈的气氛也同时感染了美国客人。

2. 坦诚式开局

坦诚式开局指开诚布公地向谈判对手陈述自己的观点或想法，从而为谈判打开局面。这种策略一方面适用于有长期业务合作关系、互相比较了解的双方，另一方面适用于谈判实力明显不如对手的谈判方。

3. 慎重式开局

当谈判双方有过业务往来，但对方曾有不太令人满意的表现时，可以采用慎重式开局策略。即谈判方先对过去对方的不妥之处表示遗憾，并希望通过本次合作改善这种状况，要注意不能急于拉近关系，应当通过礼貌性提问来考察对方的态度和想法。

4. 进攻式开局

当谈判对手刻意制造低调气氛，且这种气氛对己方的讨价还价十分不利，如不扭转将损害己方利益时，可以采用进攻式开局策略。具体做法为，通过语言或行为来表达己方强硬的姿态，并有理有据地切中问题要害，从而获得对方必要的尊重，并借以制造心理优势，使得谈判顺利地进行下去。当然，在融资谈判开局就营造剑拔弩张的氛围，不利于谈判进一步发展，因此进攻式开局策略一定要谨慎使用。

（二）报价策略

1. 吊筑高台

吊筑高台又称欧式报价，是指谈判方先提出一个高于本方实际要求的谈判起点来与对手讨价还价，最后再给予各种优惠、逐步做出让步达成协议的谈判策略。

一位美国商业谈判专家曾和两千位主管人员做过大量试验，结果得出这样的规律：如果买方出价较低，则往往能以较低的价格成交；如果卖方喊价较高，则也能以较高的价格成交；如果卖方喊价意想不到地高，只要能坚持到底，则在谈判不致破裂的情况下，往往会有很好的收获。可见，在融资谈判中巧妙运用吊筑高台策略，能使融资方处于有利地位，收获出乎意料的效果。需要注意的是，运用这种策略时，喊价要狠，让步要慢，从而在一开始便削弱对方信心，并乘机考验投资方的实力、确定投资方的立场。

2. 抛放低球

抛放低球，又称日式报价，是指先提出一个低于己方实际要求的谈判起点，以让利来吸引对方，从而击败竞争对手，在同类竞争中占据绝对优势，然后再与对方进行真正的谈判，迫使其让步，达到己方目的。

应用抛放低球策略时，虽然最初的报价是最低的，但融资方往往会在价格以外的其他方面提出最有利于己方的条件。因此，低价格并不意味着融资方放弃对高利益的追求。可以说，抛放低球与吊筑高台本质相同，只是两者的操作手法和表现形式不同。一般而言，面对激烈竞争时，抛放低球策略的优势更为明显。吊筑高台则比较符合人们的价格心理，因为多数人习惯价格由高到低、逐步下降，较难接受相反的变动趋势。

3. 巧设参照

巧设参照指在融资谈判中，融资方向投资方抛出有利于己方的多个同类企业同类交易的报价单，设立一个价格参照系，然后将融资项目与同类交易做出有利于己方的比较，并以此作为要价依据。实施这一策略时，有以下几点需要注意：首先，精选其他企业其他交易的报价单，以确保己方具有明显的比较优势；其次，为己方抛出的报价单准备证明其真实性和可靠性的材料；最后，融资方在突出己方优势的同时应尽可能弱化己方劣势，预测投资方针对劣势可能提出的问题，并事先拟定应对方案。

4. 数字陷阱

数字陷阱指融资方向投资方提供融资项目的成本计算表（通常项目繁多、计算复杂），并在分类成本中适度"掺水分"，以加大总成本，为己方的高出价提供证明与依据。这一策略的优势在于可以为己方谋取较大利益，击退或阻止对方的强大攻势。但劣势也非常明显，一旦投资方发现成本构成计算表中的错误与漏洞，则融资方就会处于被动地位。因此，只有在融资项目内容多，成本构成复杂，成本计算方式无统一标准，或对方攻势太盛的情况下才可使用。

（三）磋商阶段策略

磋商阶段是融资谈判的实质性阶段，也是谈判双方比智慧拼实力的关键环节。融资方在这一阶段选择谈判策略时，应充分考虑己方所处条件，并根据谈判情况的变化实时更换策略。另外，在实际谈判中，各种谈判策略的组合应用比单独使用更为常见。

1. 己方处于优势

（1）不开先例。指在谈判中，握有优势的一方为了坚持和实现自己所提出的交易条件，以没有先例为由来拒绝让步促使对方就范，从而接受自己条件的一种强硬策略。这是一种拒绝对方又不伤面子的两全其美的好办法。

（2）期限策略。指在谈判中，实力强的一方向对方提出的达成协议的时间限期，超过这一限期，提出者将退出谈判，以此给对方施加压力，使其尽快做出决定的一种策略。

（3）声东击西。指一方为达到某种需要，有意识地将谈判议题引导至己方不感兴趣或不重要的问题上去，从而转移对方注意力并实现己方谈判目标。

拓展案例

声东击西策略的使用①

丹麦公司与德国公司就德方工厂成套设备招标进行谈判。双方达成了一些一致意见，丹麦公司希望尽早结束谈判，可德国公司认为还应继续谈判。

"希望你们再削减 2.5% 的价格，我们已经把同一个提案告诉了其他公司，只要等到他们的答复就可以做决定了，选谁都一样，当然我们还是真心希望和贵公司成交。"丹麦公司说，"我们必须商量一下。"两小时以后丹麦公司回复："我们已经把规格明细表按照你们的要求重新编写了，列出可以删除的项目。"德方一看不对劲，说："我们希望价格表维持原状。"接下来整个谈判围绕价格表打转，根本没有提到降价的问题。最后丹麦公司问："你们希望减价多少？"。德方回答说："如果我们要求贵公司削减成本，但明细表不做改动，我们的交易还能成功吗？"

其实德国公司已经表明接受丹麦公司的条件了，此时丹麦公司向对方陈述了如何工作才能使德方获得最大利益，并主动要求承担检查部分的工作，最终双方顺利成交。

2. 己方处于劣势

（1）以柔克刚。指当谈判出现危难局面或对方坚持不肯让步时，弱势

---

① 案例来源：推销与谈判技巧 6 推销洽谈［DB/OL］. 百度文库，https://wenku.baidu.com/view/06219dcbb81aa8114431b90d6c85ec3a86c28bed.html.

一方采取服软的手法来迎接对方强硬的态度，避免正面冲突，从而达到制胜目的。以柔克刚讲究的是在谈判时保持语言柔和，语气柔顺，有理有据有节地进行谈判，坚持以理服人。另外，利用这一策略时，一定要坚守己方原则，包括哪些条件是可以让步的，哪些事项是必须争取的，不能因为对方一再逼迫就临阵放弃。

（2）疲惫策略。指通过马拉松式的谈判，逐渐消磨对方锐气，使其疲劳、生厌，以扭转己方在谈判中的不利地位和被动局面。等到对手精疲力竭、头昏脑涨时，己方反守为攻，摆明观点，促使对方接受己方条件。

（3）权利有限。指在融资谈判中，当实力较弱的一方被要求向对方做出某些条件过高的让步时，谈判者宣称在这个问题上授权有限，无权做出这样的让步，或无法更改既定事实，以使对方放弃所坚持的条件。

3. 双方势均力敌

（1）投石问路。指谈判者通过不断提问，来了解某些实际情况，掌握不易从对方那里直接获取的资料，并琢磨对方心理、探测合作意向。在这种策略下，每一个问题都是一颗探路的"石子"，因此要尽量多提问并保证提问精准，要让对方难以摸清己方的真实意图，但要避免双方陷入"捉迷藏"的困境，加大问题的复杂程度。

（2）红白脸术。又称软硬兼施策略，是指在谈判过程中，利用谈判者既想与你合作，但又不愿与有恶感的对方人员打交道的心理，以两个人分别扮演"红脸"和"白脸"角色，从而诱导谈判对手妥协。这里的"白脸"是强硬派，在谈判中态度坚决，寸步不让，咄咄逼人，毫无商量余地可言。相反，"红脸"是温和派，在谈判中态度温和，拿"白脸"当武器来压对方，与"白脸"积极配合，尽力撮合双方合作，以致达成于己方有利的协议。使用这种策略时，通常先由唱白脸的人出场，当他让对手产生极大反感，致使谈判进入僵持状态时，红脸人登场。他表现出对对方难处的体谅，以合情合理的态度照顾对方的某些要求，并放弃己方的某些苛刻条件，做出一定让步。实际上，让步之后剩下的那些要求，恰恰是原来设计好的必须全力争取达到的目标。

（四）成交策略

当谈判双方对重要交易条件已达成一致意见，双方期望已非常接近，即将签署合作协议，可视为双方进入融资谈判成交阶段。在这个最终阶段，谈判目标主要包括三点：一是尽快达成协议；二是保证己方不丧失已取得的利益；三是争取获得最后的利益。

（1）场外交易。指谈判进入终结阶段，双方先将最后遗留的个别问题放下，由主办方安排酒宴或娱乐项目，以缓解谈判气氛，继而在谈判桌以外的场合，解决意见分歧，达成双方共识并促成合作。

（2）最后的让步。针对磋商阶段遗留下来、意见尚未统一的少数几个问题，需要通过最后的让步来促使协议落地。此时让步需要注意让步时间和让步幅度两个问题，一方面，过早让步会被对方误认为这是前一阶段讨价还价的结果，而不是为达成协议做出的最终让步，过晚则会削弱让步对对方的影响作用；另一方面，让步幅度过大会导致对方继续步步紧逼，追求更大的让步空间，过小则会使得对方认为此次让步微不足道、难以满足，起不到刺激作用。

（3）调和折中策略。如果在最终成交阶段，谈判双方对于某些问题仍旧存在分歧且相持不下，也无法在其他方面向对方做出让步，又没有其他选择，则谈判双方可以折中方式，或完全对等的形式，或以互相让步但不对等的形式予以妥协，从而实现友好的谈判结局。

本章实训题

实训一，2020 年 1 月，蔚来汽车确认正与广汽集团探讨融资，但谈判仍处于初级阶段。假设你是蔚来汽车谈判队伍的成员，请你预估第一次现场陈述与沟通时，广汽方可能会提出哪些问题并准备相应回答。

实训二，接第一题，如果你是广汽集团谈判队伍的成员，那么你需要在融资谈判前搜集蔚来汽车哪些方面的信息，并展示你能搜集到的信息。

实训三，假设你是融资方的主谈人员，请你在班级同学中选择 3 ~ 5 人与你组成谈判小组，并基于各个成员的专业特长与性格特点进行分工（说明原因）。

实训四，在某次融资谈判中，投资方对融资方给出的估值结果为 1000 万元，仅略微高于融资方设定的底线目标，且投资方表示不肯让步。如果你作为融资方的主谈人员，应当采取怎样的策略打破谈判僵局并提高融资估值？

第九章

投资框架

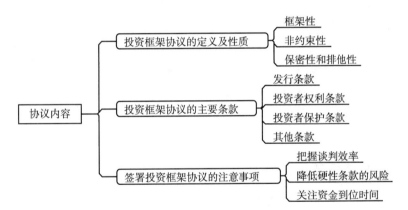

第一节 协议内容

知识导图

协议内容
- 投资框架协议的定义及性质
  - 框架性
  - 非约束性
  - 保密性和排他性
- 投资框架协议的主要条款
  - 发行条款
  - 投资者权利条款
  - 投资者保护条款
  - 其他条款
- 签署投资框架协议的注意事项
  - 把握谈判效率
  - 降低硬性条款的风险
  - 关注资金到位时间

知识目标

1. 了解投资框架协议的定义与三大性质;

2. 熟悉投资框架协议的发行条款、投资者权利条款、投资者保护条款及其他条款;

3. 明确签署投资框架协议的注意事项。

📖 案例讨论。

红杉资本与币安交易所合作不成，反目成仇①

2017 年 8 月，红杉资本与币安交易所就其 A 轮融资开始谈判。谈判中,

---

① 案例来源：币报告. 红杉 VS 币安，谈判崩了送你上庭 [EB/OL]. (2018 - 04 - 29) [2022 - 05 - 30] 网易，https：//3g. 163. com/dy/article_cambrian/DGIJK4CM0519TDG2. html.

红杉为币安定下了 5 亿元人民币的估值，并按此估值计划投资 6000 万元人民币，占股 10.714%。双方于 8 月 25 日签署投资框架协议，其中规定，双方将进行排他性合作，对融资进一步谈判，排他性合作的截止日期为 2018 年 3 月 1 日，共计 6 个月。

在此期间，比特币以惊人的速度攀上历史高点，币安首席执行官（CEO）赵长鹏在接受彭博采访时表示，数字货币市场一路走高的行情使得币安的保守估值达到 30 亿美元上下，与红杉在投资框架协议（TS）中明确的 5 亿元人民币相去甚远，现有股东和天使投资人均认为红杉在 A 轮融资中确立的估值过低。同时，币安接触了另一家投资者技术创业投资基金（IDG）资本，后者愿意以 4 亿美元和 10 亿美元的估值进行两次投资。随后的 12 月 17 日，红杉又送出了一份新的提案，但在 12 月 18 日凌晨被币安回绝，并称他们将很快与 IDG 签署股权认购协议（SPA）。

这令红杉难以接受。2017 年 12 月 19 日，红杉向币安发送了一封律师函，抗议币安与红杉以外的第三方进行投资谈判，认为这违反了双方之前签订的排他条款。随后，红杉单方面向香港法庭申请了一项禁令，禁止币安公司跟其他投资者进行谈判令。当月，红杉资本与币安之间的谈判正式破裂。

请思考：在这一案例中，红杉资本与币安交易所签署的投资框架协议是什么？这一协议是否具有法律约束效力？这将直接决定法庭的审判结果。

一、投资框架协议的定义及性质

在股权投资业务中，投资方对拟投资的标的公司进行初审后，会与标的公司的控股股东或实际控制人进行谈判，确定估值、投资交易结构、业绩要求和退出计划等核心商业条款，并签订"投资框架协议"。随后，投资方会聘请律师、会计师等专业机构对标的公司进行全面的尽职调查。如果尽职调查结论令人满意，本次股权投资就进入实施阶段，即投资方与标的公司及其股东签署正式的"投资协议"，作为约束投融资双方的核心法律文件。

上述过程中出现的投资框架协议（term sheet，TS），也称投资条款清单或投资意向书，是投资企业与创业企业就未来的投资合作交易达成的原则性约定。在 TS 中，不仅要商定投资人对融资企业的估值和计划投资金额，还需商定投资人拥有的权利与融资企业承担的义务，以及达成投资交易的前提条件等内容。TS 具有框架性、非约束性与保密性和排他性等性质，协议内容对于双方而言至关重要，因此双方都应当对协议条款严格把关，以免在后续谈判中处于被动局面。

（一）框架性

与正式的投资合同相比，TS 的篇幅较短且较为简单，仅罗列了有可能出现在正式投资协议中的核心条款。签订 TS 后，若双方在后续中协商 SPA 和 SHA 的过程中出现分歧，其主要依据往往是 TS。SPA 和 SHA 分别为"股票购买协议"和"股东协议"，是对 TS 的进一步完善、丰富与细化，可以说 TS 是大体骨架，而 SPA、SHA 是使其丰富的血肉。

（二）非约束性

虽然法律上将 TS 定性为预约合同，属于合同范畴，但是在 TS 中，除了排他期、保密这类具有强制约束力条款以外，其他涉及实质性权利义务的条款并不具有法律约束力。也就是说，即使双方签订了 TS，投资方也没有法律义务必须对创业公司进行投资。然而，签订 TS 并非可有可无的步骤，反而是绝大多数股权融资的必经环节之一，因为其相当于投资承诺，代表创业企业拿到了一张获取融资的入场券。除非投资方在后续尽职调查中发现创业公司存在重大问题，严重不符合其投资要求和投资标准，否则在签订 TS 后，投资方最终向创业企业投资的概率较大。

（三）保密性和排他性

保密性是指投资方对在整个过程中知悉的创业公司的经营状况、财务信息、核心技术、公司治理等重要资料，负有保密义务，从而为创业公司的知识产权和商业机密提供保障。排他性则是对创业企业单方向的约束，是指在排他期内，禁止创业公司就本次交易与其他投资方接触，进一步降低投资方的风险。排他性具有法律约束力，在红杉资本与币安交易所的案例中，红杉正是基于双方之前签订的排他条款，才向香港法庭申请"禁止币安公司跟其他投资者进行谈判令"。

二、投资框架协议的主要条款

（一）发行条款

主要是融资估值条款，惯常表述："本轮融资投资后估值（××）万人民币或等值美元［包括（××）%的员工期权］，投资人投资（××）万人民币或等值美元，获得（××)%的股权。"

融资估值具体会包括公司估值、投资额及股权比例。公司估值是指企业的公平市场价值，是融资交易的前提和基础。投资人将资金注入公司，可以占有多大比例的权益直接取决于公司的内在价值。而投资人承认的估值，决定了投资人为得到标的公司一定股份所愿意支付的价格，是其主观上对公司价值的认可。

本条款有两个需要考虑的核心点：第一，需要明确提到的估值是投资前估值还是投资后估值。公司融资 600 万元人民币，投资前估值 2400 万元，相应投资人比例分别为 20%，如果是投资后估值，投资人比例就变成了 25%，差别较为明显。目前大部分 TS 采用投后估值法，即：出让股权比例 = 融资金额/公司投后估值。第二，需要明确员工期权是否包括在投资估值中。如果包含在投资估值中，意味着投资人的股权不会被这部分期权稀释，而创始人团队的股权会相应减少。如投资人投资后持股 20%，投资后估值中公司预留 10% 的员工期权，那么创始团队股权就是 70%。相反，如果员工期权不在投资后估值中，则投资人持股 20%，创始人持股 80%，后续双方一并按比例稀释提供 10% 的期权，则经期权稀释后的股权比例最终为投资人 18%，创始人 72%，员工期权 10%。

（二）投资者权利条款

1. 增资权

惯常表述："本轮融资交割之日起（××）年内，投资人有权追加投资（××）万人民币或等值美元，获得（××)%的股权。"

增资权是与融资估值相关联的条款，是指在一定时间内，允许投资人以一个提前锁定的价格对公司追加投资。相较于本轮融资价格，增资权价格通常有一定比例的提高。增资权是投资人的单方权利，投资人可视公司发展现状及发展前景自行决定是否行权。对于融资公司而言，如果接受增资权条款，需要考虑尽可能缩短增资权的行权时间，以及提高增资权的行权价格，也有企业将增资权价格定为下一轮融资价格的适当折扣（优惠 20% ~ 30%）。对于机构投资人而言，通常会在基金层面对增资权额度作资金预留，后续如果需要对公司追加投资，内部决策流程会相对便捷。

2. 清算优先权

惯常表述："一旦发生公司清算事件，投资人有权优先从可分配款项中获得投资本金加上年化（××）%的内部收益率［或直接约定获得投资本金的（××）倍］，然后剩余款项按比例分配给所有股东。"

优先清算权是指公司发生清算事件时，投资人优先获得清算收益的权利。如果以婚姻进行类比，清算优先权涉及的是"离婚"时的财产分配问题，即拥有清算权的投资人将优先取回"婚前"财产，再按比例共享婚后收益。需要注意的是，投资人取回的"婚前"财产为投资本金的一定倍数，通常为 1～2 倍，相当于投资人的利息收益为 0～100%。假设投资人向创业公司投资了 2000 万元人民币并获得 20% 的股权，且几年后创业公司以 2000 万元的价格被并购。如果没有优先清算权，那么投资人只能从企业退出价值中获得 20%，即 400 万元；如果投资人拥有 1 倍的优先清算权，那么可以从中获得 2000 万元，创业股东则没有任何收益。

在这个条款中，一方面，需要关注清算事件包含哪些具体情形。除了公司法界定的公司清算、结算等事件外，诸如所有股东将公司全部股权或公司控股权转让的并购交易，以及公司把绝大部分资产或者知识产权转让的资产处置交易，这类事件通常也会被视同为清算事件（虽然事实上并不清算公司），从而被要求按同样的清算分配原则来分配从此类交易中获得的全部收益。

另一方面，需要关注投资人取回数倍投资本金后，参与二次分配的权利如何。根据这一权利大小，可将优先清算权分为三类：一是参与型优先清算权，正如上述惯常表述，投资人获得优先清算额外，还可以按股权比例参与剩余清算资产的分配，这种优先清算权对投资人最有利，如图 9-1 所示；二是非参与型优先清算权，投资人仅获得优先清算额，不参与剩余清算资产的分配，相较之下，这种优先权对公司其他股东较为有利；三是折中方案，也称附上限参与型优先清算权，即约定如果投资人按股权比例可获得的清算分配已经超过其投资本金的一定倍数（一般为 2～3 倍），投资人应该放弃优先清算权，所有股东按持股比例分配。

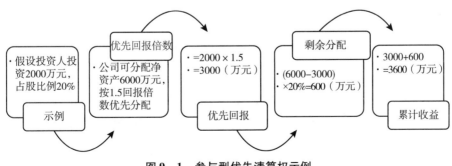

图 9-1　参与型优先清算权示例

3. 赎回权（回购权）

惯常表述："如果公司未能在投资完成后（××）年内实现合格首次公开募股（IPO）并上市，投资人有权要求公司赎回全部或部分股份。赎回价格为投资金额加上每年（××）的内部回报率。"

赎回权指的是当创业公司不能在一定期限内上市或发生会对公司上市有实质性障碍的特定事件时，投资人要求按一定价格退出公司。关于这一条款，需要注意以下几点：

（1）行使赎回权的时间限制，通常为交割日后的 4 ~ 6 年期间，据融资顾问（FA）机构统计，近几年大部分项目的赎回时间要求为 5 年左右，均值为 4.9 年。

（2）赎回价格，一般将内部报酬率设定为 8% ~ 15%，具体要看双方最终博弈结果。

（3）赎回对象，从国内司法实际判例来看，只有与实际控制人达成的回购条款才有法律效力，因此，机构投资人通常将"创始股东及/或公司"作为回购主体。此时若公司实际资产低于回购价格，投资人会要求创始团队承担个人连带责任，用个人资产来满足投资人回购要求。对此，创业者应争取在该条款中设定回购责任上限，如"回购责任以创始股东届时持有的公司股权按照市场公允价格处置所得为上限"，以降低赎回条款对创业者个人利益的影响。

4. 领售权（强制出售权条款）

惯常表述："公司所有股东应签署领售权协议，约定如投资人（或投资人的多数表决）同意出售公司，公司其他股东应同意该等出售。"

传统意义上的领售权是投资人非常看重的一项控制权条款，给予投资人在一定情形下要求公司所有股东通过并购交易以实现投资退出的权利，意味着投资人可以单方面决定将整个公司卖掉。之所以设立这一条款，是因为对于投资人而言，基金有存续期，到期必须退出，没有这个条款很可能会影响后续退出。问题在于，投资人卖出自己手中持有的股权即可实现投资退出，为什么还要要求其他股东一起卖出？这是因为基金退出要么通过 IPO，要么通过并购，要么通过回购。如果基金退出时，创业企业上市预期较不明朗，那么通常借助第三方收购来实现退出。第三方多为竞争对手、行业老大、上市公司，这类企业对于收购少量股权不感兴趣，一般会要求整体收购。因此，如果没有领售权这一条款，将明显加大基金退出的难度。

上述惯常表述是最传统、也是最有利于投资人的约定。实践中，由于投资人和创始股东对这一条款存在明显的分歧意见，通常会在 TS 中对领售权条款做缓和变通处理。比如，设置领售权的行使门槛（即出售估值不得低于双方约定的某个数值，如不低于此次投资对公司估值的××倍），或者限制领售权的行使时间（需在投资完成后的一定时间，如在××年后才能行权），或者赋予创始人的多数股东拥有与投资人的多数股东一并行使领售权的权利，以体现双方的共同意志，再或者就是在投资人行使领售权将公司对外出售时，赋予创始人优先购买权。

5. 优先认购权

惯常表述："如公司未来进行增资（向员工发行的期权和股份除外），投资人有权按其届时的持股比例购买该等股份。"

这个条款相对简单，通常可以分为两类。一种如上述表述，投资人按持股比例参与优先认购，从而避免稀释其股权比例；另一种相对而言更有利于投资人，是指公司后续融资时，投资人有权购买全部或部分后续融资股份，剩余投资人不购买的，创业公司才可向第三方融资。

6. 股息优先权

股息优先权是指，如果创业公司决定派发股息，则投资人先按一定比例取得股息，否则公司不得向创始股东及其他股东支付股息。若投资人行使股息优先权之后，公司仍有股息可分配，则各股东按照持股比例获得剩余股息。投资人行使股息优先权的前提是公司分红，而实践中创业公司很少有盈利与分红。

（三）投资者保护条款

1. 创始人股份限制

为保证创始人团队具有足够的稳定性，投资人对创始人的股权在其完全归属创始人之前和之后两个阶段均进行了限制，分别形成股权归属限制（又称股份兑现条款）与股权转让限制这两大条款。

（1）股权归属限制。

惯常表述："各创始人（××）% 的股份将于交割后的一年时悉数归属，其余（××）% 的股份将在之后三年内按月等额分期归属与确权。"

股权归属限制条款适用的情况下，创始人持有的股票为限制性股票，这类股票的特点在于不影响创始人行使及享有完全的表决权和收益权，但如果其在股权归属年限届满前离职，剩余未确权的股票将由公司无偿收回。对于股权归属年限，市面上的普遍期限为 4 年；对于股权归属年限开始计算时间，自投资完成之日起算比较常见，但创始团队更倾向于从公司成立之日起算；对于股权确权节奏，主要有图 9 - 2 所示的四种方式，具体做法可由资金供求双方进行协商，创始人应尽量争取对自己最有利的处理方法，如要求投资完成日即确权 50% 或更多股权，要求按月确权或按季度确权、避免按年确权。

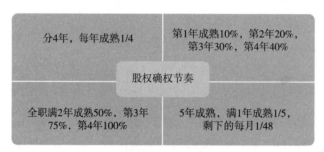

图 9 - 2　常见的四种股权确权节奏

（2）股权转让限制。

惯常表述："上市或公司出售前创始人不得处分其持有的公司股权。经投资人同意的创始人的股权转让，投资人有权以同等条件优先于第三方受让全部或部分股权，或按股权比例与创始人一同向第三方出售股份。"

股权转让限制是为了锁定股权，要求创始人除非得到投资人的允许，否则不得在公司上市或公司被出售之前转让自己的股份。与此同时，投资人还拥有优先购买权和共同销售权（跟售权/随售权），即当创始人取得同意转让股权时，若投资人希望增持，则可优先受让创始人转让的股份；若投资人希望减持，则可要求与创始人一同，按照比例将股份出售给第三方。对于创始人股权转让限制这一条款，如果是偏后轮的融资，创始人可以通过谈判要求允许转让少数比例的股权，实现一定程度的财务退出。

2. 董事会席位

惯常表述："公司董事会有 X 名董事组成，其中 Y 名董事由创始股东委派或同时兼任，X - Y 名董事由投资人委派。同时，投资人委派 N 名观察员。"

之所以设置这一条款，是因为投资人通常会要求在公司委派董事，因此需要明确规定公司的董事会人数以及各方有权任命的董事人数。双方进行谈判协商时，一方面，应当注意董事会席位数量不宜过多，否则会提高沟通成本、降低决策效率，常见范围为 3 ~ 9 名。同时，为了避免投票时出现平局现象，通常将董事会席位定为奇数。FA 统计调查显示，董事会席位数量为 3 位和 5 位的公司各占 35%，总数为奇数的公司比重高达 85%。另一方面，为了保证创始团队拥有对公司的实际控制权，应当确保每一轮融资完成后，创始股东都可以提名半数以上的董事会成员，以控制董事会半数以上的席位。因此，对于持股比例较高的投资人（通常要求持股比例超过 10%），可以考虑给予其董事会席位；对于跟投的小股东投资人，给予其观察员身份列席董事会，观察员可以了解公司运营情况但不具有表决权。

3. 保护性条款

保护性条款是投资人为了保护自身利益而设置的条款，即要求公司在执行重大经营决策事项时，必须获得投资人的批准，实际就是给予投资人对这些事项的一票否决权。

设置保护性条款时，需要厘清两个关键问题：（1）否决权的行使主体。投资人具有一票否决权，但如果公司存在多个投资人，应当尽量避免给每个投资人一样的否决权，以免影响决策效率。（2）否决权的行使范围。不仅包括公司股东会层面，还包括董事会层面。其中，股东会层面的一票否决权主要涉及公司重大资本变动事项，如增资、减资、解散、清算、修改投资人权利等；董事会层面的表决权多集中在一些重大的运营、财务及人事事项，如改变董事会的组成人数，任命或变更公司的董事。如果上述两个问题处理不当，可能会干扰公司的正常运营，甚至带来不可逆转的危害。

拓展案例

一票否决权，小黄车（ofo）全线崩盘！[①]

一、突发：戴威被法院列为"老赖"

2018 年 12 月，ofo 创始人戴威因拖欠供应商货款，被北京海淀区法院正式列入"老赖"大名单。远比个人危机严重的是，ofo 稳定的用户群一夜崩盘。截至 2020 年 8 月 1 日，在小黄车 App 上排队等待退还押金的用户已超过 1667 万。即便按 99 元最低押金金额计算，ofo 待付的债务已高达 16 亿元，这意味着 ofo 距离破产仅一步之遥。

二、马化腾：这是一个价值 200 亿元的教训

2018 年 12 月 20 日，在一个"谁杀死了 ofo"的朋友圈讨论中，马化腾一针见血地指出罪魁祸首："一票否决权（veto right）。"

为什么这么说呢？因为作为一家创业型公司，ofo 竟然有 5 张否决权票，

---

① 案例来源：产业解读. 一票否决权，ofo 全线崩盘！马化腾：可载入史册的教训！［DB/OL］.（2019－02－09）［2022－05－30］. 搜狐网，https：//www.sohu.com/a/293848294_695616.

他们分别是：戴威、滴滴、阿里、经纬和金沙江创投。换句话说，只要利益相关，他们每个人都可以动用手中的一票否决权，从而决定 ofo 的生死。当遇到利益不均、意见不合就否决，甚至恶意使用否决权，这样的公司怎么能开下去？

三、ofo 到底是怎么被否死的？

ofo 从成立、起飞、坠落以来，经历了三个关键时刻的否决，最终导致今天的全线崩盘。

1. 15 亿美元融资流产，滴滴一票否决

2016 年 9 月，滴滴成为 ofo 的战略投资人，在董事会获得了一票否决权。2017 年中，ofo 疯狂烧钱铺车和补贴，资金严重短缺。程维从日本拉来软银一笔 15 亿美元融资，条件是戴威接受滴滴高管进入 ofo。

这一方式得到了所有投资人的同意，包括 ofo 内部管理层也表示欢迎。据《略大参考》报道，在滴滴撮合下，孙正义和戴威就投资一事进行面谈，前者当场签下投资意向书。

可到 8 月的时候，局面急转直下，戴威和滴滴交恶，赶走滴滴系高管，彻底惹怒了程维。后者直接动用一票否决权，拒绝在投资文件上签字，最终 15 亿美元融资胎死腹中。

2. 与摩拜合并流产，戴威一票否决

2017 年 10 月，投资人对共享单车烧钱模式越来越不满。在金沙江创投朱啸虎的撮合下，摩拜与 ofo 坐到了谈判桌面前。

摩拜第一大股东为腾讯，ofo 第一大股东为滴滴，而腾讯又是滴滴的股东，因此双方达成了这样一个默契：合并后的公司设立联席 CEO 制度，由摩拜 CEO 王晓峰和 ofo 创始人戴威分别担任，董事长任命权归属滴滴。

对滴滴和腾讯来说，这样的结果近乎完美。而有了赢家，自然有输家——戴威将丧失部分控制权。谈判进行了一个多月，眼看 ofo、摩拜就要合二为一，戴威行使了一票否决权，导致合并流产。此事过后，朱啸虎将 ofo 的股份卖给了阿里，在此后的媒体采访中，他始终拒绝回答与 ofo 有关的任何问题。

3. 滴滴收购，阿里一票否决

2018 年 4 月，滴滴高层推进收购 ofo 的谈判，最快可于 6 月官宣。到 8 月的时候，双方一度已经谈拢，只差最后签字。

关键时刻，阿里否掉了这次收购案。原因在于，滴滴收购 ofo 后势必重启与摩拜合并，而腾讯是摩拜最大股东。这意味着共享单车将会成为腾讯的

天下，对阿里的支付业务非常不利。

就这样，各方的缠斗与斡旋、利益与冲突，最终让 ofo 失去了三次最好的机会，一步步走向当前局面。

4. 竞业禁止

惯常表述："创始股东承诺，其在公司任职期间及自离职起［××］年内，非经投资人书面同意，不得到与公司存在竞争关系的其他用人单位任职，或者自己参与、经营、投资与公司有竞争关系的企业。"

关于这一条款，有以下几点需要注意：一是竞业禁止的对象，主要是管理层与核心技术人员；二是竞业禁止的范围，应当保证相对精准，如严格界定哪些竞争对手、哪些类型公司、哪类业务性质属于竞业限制范畴，过于广泛将导致离职人员面临失业风险；三是竞业禁止的期限，对于投资人而言，竞业限制期越长越好，而受此限制的核心人员刚好相反，法律允许的最长范围为 2 年。

（四）其他条款

1. 交割先决条件

在正式交割打款前，投资人会要求创业公司完成一些惯常的交割先决条件，如创始人及公司对公司各主要方面的陈述与保证，完成投资必要的审批与登记，投资人完成尽职调查并对结果满意，签署正式交易文件等。

2. 排他期

双方约定在一定期限内，创业公司不得与其他方进行融资谈判，以使得投资人完成尽职调查及签约、交割流程，这一条款具有法律约束力。2008～2016 年，风险投资/私募股权（VC/PE）投资项目的排他期平均值为 61.0 天，中位值为 60 天，约 70% 项目的排他期都在 60 天以内，约 90% 的项目排他期在 90 天内，只有 15% 的项目排他期在 30 天以内。近年来，项目平均排他期在 60 天左右。

3. 过桥贷款

过桥贷款是指投融资双方签署 TS 之后，投资人需在较短的时间内，给予创业公司一笔贷款以用于公司持续经营或迅速推广。待后续融资全部完成，这笔贷款通常会转化为投资款。需要注意的是，过桥贷款大多是无息的，或者收取利息但利率较低（年利率不超过 10%）。另外，这一条款具有双赢性质，对于投资者而言，提供过桥贷款有助于降低创业公司签署 TS 后的毁约概率，起到部分锁定项目的作用，类似于婚前交聘礼的感觉。对于创业公司而言，获得过桥贷款可避免短期内因资金注入的"空窗期"而失去重要发展机会。

除了上述条款以外，TS 中还有另外两个核心条款：对赌条款与反稀释条款，这部分内容将在本章第二节、第三节分别进行说明。

三、签署投资框架协议的注意事项

（一）把握谈判效率

TS 具有非约束性，即除排他期、保密协议以外的其他条款都不具有法律约束力。因此，资金供求双方不应在 TS 的谈判环节花费过多时间，以免条款内容在正式的投资合同中被推翻，导致前期谈判资源的浪费。在实践中，为了提高 TS 的谈判效率，应将条款内容按照轻重缓急程度进行排序，将主要精力置于核心条款的谈判上，不必过分关注标准化条款，实现抓大放小。

在 TS 中，公司估值是最关键最核心的条款，其一经商定，通常不会再发生变化，即后续正式投资合同中的公司估值与 TS 中的数值保持一致。因此，资金供求双方有必要好好商讨公司估值结果，以保护切身利益。在"阿里巴巴收购新浪微博股份"案例中，阿里巴巴于 2012 年 10 月 18 日提出投资新浪微博，双方通过 2 个月谈判确定了新浪微博的估值范围，而后又花了 2 个月时间才商定了最终的估值结果，可见核心条款在 TS 谈判过程中的重要性。又如，排他期决定了创业公司多久之后才能与其他投资企业进行融资谈判，限制越严，则创业公司在后续谈判中越被动，因此排他期也是值得创业公司在 TS 谈判阶段努力争取的重要条款。对于少数强势的投资者，可能会要求将 TS 中的全部条款写入 SPA 和 SHA 中，这种情况下双方要提高对 TS 的重视程度。

（二）降低硬性条款的风险

为了降低风险，投资者在 TS 中设置了大量与投资者权利、投资者保护相关的条款，如清算优先权、赎回权、竞业禁止与创始人股份限制等。对于创业公司而言，消除这些硬性条款并不实际，他们能做的是客观面对现实、尽量降低自身风险，其根本措施是尽可能地阻止这些条款被激活。例如，在领售权的设置中，争取提高领售权的行使门槛、推迟领售权的最早行使时间等。另外，还可以通过为硬性条款生效设置较高的投票比例要求，或者尽量缩小条款的适用范围，进而降低创业企业面临的风险，弱化硬性条款给创业企业带来的负面影响。

（三）关注资金到位时间

"一鸟在手，胜过双鸟在林"，资金到手入账才意味着融资成功，因此签署 TS 后，创业企业要评估资金到位的靠谱程度、关注资金到位时间。在这一阶段，创业企业处于明显的弱势地位。一方面，TS 是一份对资金供求双方都没有约束的意向书，有时候甚至只是单向约束创业公司的行为，所以一旦市场上出现更优选择，投资方可能会临阵反悔；另一方面，排他期条款限制了创业企业与其他投资企业的融资沟通，使得与其签署 TS 的投资者成为创业企业短期内获得资金的唯一来源，如果此时投资者以各种理由不给钱，并进一步提出不利于创业企业的协议条款，后者也只能将无理要求照单全收。因此，在签署 TS 之后，创业企业应当全力配合尽职调查、时刻关注对方动态、保持双方紧密联系，确保融资资金早日到位。

第二节 对赌条款

知识导图

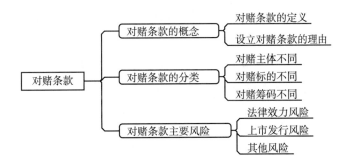

知识目标

1. 了解对赌条款的含义及设立理由；
2. 熟悉对赌条款的分类标准以及对应的分类结果；
3. 掌握对赌条款的潜在风险。

📖 案例讨论

中国动向购收购案例①

2005 年底，意大利卡帕（Kappa）品牌的母公司 BasicNet 陷于财务危机。2006 年 3 月 26 日，中国动向创始人陈义红以 3500 万美元的价格买得了 Kappa 在中国大陆及澳门地区市场的所有权和永久经营权。

之后，由摩根士丹利发出投资入股邀约，双方很快就融资价格展开谈判。根据中国动向招股说明书显示，摩根士丹利在 2006～2007 年分三笔，总共 3800 万美元（2.964 亿港元）购买中国动向票据，而后用票据换股权，成为持有中国动向 20% 股权的股东。据当时媒体披露，这个价格相当于以 40 倍市盈率入股，较 10 个月前陈义红从李宁公司收购北京动向体育用品有限公司（中国动向集团有限公司前身）80% 股权时的价格高出 200 倍。

但是，摩根士丹利要求必须与中国动向额外签署一份对赌协议。协议约定：如果 2006 年和 2008 年，中国动向最终上市主体的净利润达不到 2240 万美元及 4970 万美元的目标，中国动向主要股东将以 1 美元的象征性代价转让 20% 的股份给摩根士丹利；而如果中国动向 2008 年净利润超过 5590 万美元，摩根士丹利将向中国动向管理层转让 1% 股权以示奖励。

中国动向集团于 2007 年 10 月于香港联合交易所主板上市。2008 年中国动向净利润超过 5590 万美元（2008 年年报净利润 13.7 亿元人民币，较 2007 增长 86.4%）。2009 年 4 月，中国动向高层对外宣布中国动向在对赌协议中获胜，摩根士丹利 1% 的无偿股权奖励也成功兑现。与此同时，摩根士丹利通过减持套现中国动向股票，前后也成功获利 25 亿港元以上。在这场长达三年的"赌局"中，双方都成为赢家。

请思考：这个案例中提到的对赌协议是什么？双方又为什么要签订对赌协议？

一、对赌条款的概念

（一）对赌条款的定义

对赌条款也称价值调整条款，是投资方与融资方在签订协议时，针对未

---

① 案例来源：在危险的游戏中胜出：中国动向赌赢摩根士丹利［DB/OL］. 百度文库，https：//wenku. baidu. com/view/d34f7329cfc789eb172dc856. html.

来某种不确定情况达成的约定。如果未来约定的条件出现，双方相安无事或融资方可以行使某种权利，反之则投资方行使某种权利。因此，对赌条款实际就是期权的一种形式。其惯常表述为："创始人股东承诺公司（××）年营业收入不低于（××）元人民币。如公司（××）年营业收入实际完成比例少于以上承诺金额的（×××%），投资人有权按照公司实际完成营业收入重新计算公司估值并调整所持有股权比例"。

对赌条款多应用于私募股权投资，早前主要出现在国外投行对国内企业的投资中，表9-1整理了几个对赌条款的典型案例。

表9-1 对赌条款的典型案例

项目	案例A	案例B	案例C
融资方	蒙牛乳业	雨润食品	华润集团
投资方	摩根士丹利等三家国际投资机构	高盛投资	摩根士丹利、瑞士信贷
签订时间	2003年	2005年	2008年
主要内容	2003~2006年，如果蒙牛业绩的复合增长率低于50%，以牛根生为首的蒙牛管理层要向外资方赔偿7800万股蒙牛股票，或支付等值现金；反之，外方需将蒙牛股票赠予以牛根生为首的蒙牛管理团队	如果雨润2005年的盈利额低于2.592亿元，高盛等战略投资者有权要求大股东以溢价20%的价格赎回所持股份	两家投行分别以4.5486亿港元认购1.33亿股华润励致增发股票，合同有效期为5年。若合约被持有到期，且届时华润励致股价高于参考价（3.42港元），华润集团将向两家投行分别收取差价；相反，则两家投行会各自收到一笔付款

资料来源：对赌协议及经典案例解析［DB/OL］. 百度文库，https://wenku.baidu.com/view/fc091027874769eae009581b6bd97f192379bf57.html.

不仅如此，近年来对赌条款也逐渐出现在我们所熟悉的电影行业。在电影行业，"对赌协议"通常被称为"保底发行"。具体操作是，先由发行方对影片进行市场预估，并与制作方约定一个电影票房的保底金额。等电影上映之后，若实际票房低于保底数额，保底方仍需向制作方支付约定好的保底金额；若实际票房超过保底数额，则保底方与制作方共享票房收益，并获得高比例分账。

我国第一个进行保底发行的电影是2013年上映的《西游降魔篇》，当时华谊兄弟给出了8800万元的票房保底，而电影最终的票房收入接近13亿元，因此华谊兄弟获得了约4亿元的票房分成，约2.5亿元的净收益和发行代理费。此后，中影、耀莱、微影时代等电影企业陆续加入保底发行大军，对赌大军在电影行业的发展日益壮大，部分案例如表 9 – 2 所示。

表 9 – 2　　　　　　　　　　电影行业的对赌案例

项目	成功案例		失败案例	
电影	《美人鱼》	《战狼 2》	《我不是潘金莲》	《疯狂外星人》
时间	2016 年	2017 年	2016 年	2019 年
保底方	和和影业等	北京文化	耀莱文化	霍尔果斯乐开花影业
保底票房	20 亿元	8 亿元	5 亿元	28 亿元
实际票房	33.92 亿元	56.8 亿元	4.83 亿元	22 亿元

资料来源：网络资料整理所得。

（二）设立对赌条款的理由

1. 投资定价机制的特殊性（价格分歧与估值调整）

对于风险投资机构来说，他们能获得的股权价值取决于被投资公司未来一定时间的盈利水平。然而，在风险投资机构做出投资决定并签订投资协议时，这个盈利水平是未知的，是通过一定方法评估出来的，或者说是创业公司承诺出来的。因此，双方约定按照公司未来实际业绩来调整定价，可以理解为"据实计算、多退少补"。

2. 投融资双方信息不对称

虽然创业公司向投资方递交了企业基本情况、融资项目基本情况、项目未来盈利预测等资料，但就信息掌握的丰富程度、深入程度和细致程度而言，投资方与掌握被投资公司全部信息的创始股东和管理层还是无法比拟。因此，应当允许估值调整，尤其是在创业公司刻意隐瞒关键信息的情况下，投资人可借助这一条款维护自身利益。

3. 风险共担原则

从投资成本来看，创始股东的成本通常为每股 1 元或者更低，而风险投资者的成本为每股几元、十几元、几十元、几百上千甚至更高。从投资收益来看，创业公司通过融资解了燃眉之急、摆脱了资金短缺的困境，投资者却不一定能收获满意的未来收益。显然，双方的风险与成本不一致，收益与成本也不对等，因此，有必要允许投资人设立对赌条款，通过估值调整来减少其可能遭受的损失。

二、对赌条款的分类

对赌条款主要包含三个要素：对赌主体、对赌标的与对赌筹码。因此，可以这三大要素为标准，将对赌条款进行分类，分类结果汇总见图9-3。

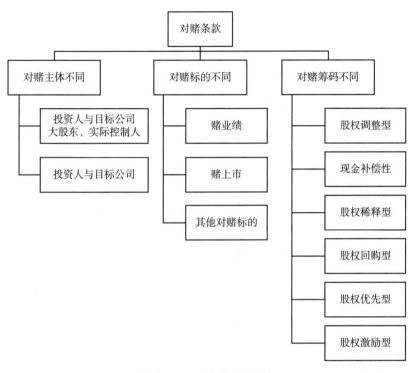

图9-3　对赌条款的分类

（一）根据对赌主体不同

1. 投资人与目标公司大股东、实际控制人的对赌

即对赌条款约定的是投资人与目标公司大股东、实际控制人各自的权利与义务，这是最主要最常见的对赌条款类型。如果按照投资方股权来源不同，可将此类对赌条款做进一步划分，并得到两个细分种类：与转让股权的股东进行对赌、与非转让股权的股东进行对赌。前者意味着，获得股权转让的一方与做出对赌承诺的一方主体一致；后者意味着，获得股权转让的一方并非做出对赌承诺的一方，这种约定看似出现了受益者与责任承担者分离的情形，但实践中相关主体往往通过协议安排、关联交易等方式完成利益输送，达到实质上的一致性。

2. 投资人与目标公司的对赌

即对赌条款约定的是投资人与目标公司各自的权利与义务。之所以设立这种条款，是因为目标企业往往是私募股权投资的直接受益人（尤其是在以增资方式进行的投资中），具有较强的履约能力与预期价值。因此，从理论上讲，与目标企业进行对赌，能更有力地保障投资方的利益。然而，实践中极少有投资人选择与目标公司对赌，这种对赌条款甚至被私募股权基金（PE）机构视为雷区。对此问题，本书将在"三、对赌条款主要风险"这一部分进行解释说明。

（二）根据对赌标的不同

在国外，对赌条款的对赌标的较为多元化，涵盖目标企业的财务绩效、非财务绩效、赎回补偿、企业行为、股票发行、管理层去向等多个层面。相较而言，我国对赌条款的对赌标的较为单一，具有明显的同质化特征，主要包括：

1. 赌业绩

即以目标企业在一段时间内的经营业绩作为对赌标的。需要注意的是，此处的"业绩"不仅包括财务指标，还包括非财务指标。

（1）财务指标：净利润、利润增长率、销售（营业）额、销售（营业）增长率等。由于我国的私募股权投资倾向于短期化，且财务指标具有简单直接、易于量化、与投资人利益相一致等优点，因此当前我国 PE 机构更偏好于将财务指标作为业绩对赌标的。

（2）非财务指标：产品与服务质量、技术研发、客户数量、市场份额、公司重组、管理层更换、某项股权或资产并购的完成等。虽然财务指标更为常用，但是在对赌条款中加入适当的非财务指标可以使得协议更加均衡可控。

2. 赌上市

即以目标企业能否在约定的时间节点之前完成首次公开发行股票并上市作为对赌标的。上市永远是投资机构最期待的退出方式，因而这也是大部分 PE 投资协议中的必备对赌条款。如果目标企业成功上市，则 PE 机构实现投资目标，投融资双方达成共赢局面；如果目标企业不能完成上市计划，则投资方有权要求目标企业予以补偿或通过股权回购等方式实现投资退出。

3. 其他对赌标的

随着股权投资发展，一些新的对赌标的逐渐开始出现并被应用于股权融资协议中。例如，红杉资本投资飞鹤乳业时，就将股票价格作为对赌标的，双方约定：从本次融资协议执行的第三年后 15 个交易日中，如果飞鹤乳业流通股的平均收盘价低于每股 39 美元，红杉资本有权要求飞鹤乳业将这部分股份全部赎回①。今后，对赌标的必将继续朝着复杂、多层、综合的趋势发展，以丰富投融资双方的对赌选择。

（三）根据对赌筹码不同

1. 股权调整型

这是最常见的对赌条款，此类条款约定，如果协议期内目标公司未能达到对赌条款规定的业绩标准，目标公司实际控制人需将一部分股权无偿或以象征性的低价转让给投资方；如果目标公司实现对赌条款约定的业绩目标，则由投资人将一部分股权无偿或低价转让给目标公司的实际控制人。

典型案例②：2005 年 1 月，摩根士丹利和鼎晖斥资 5000 万美元收购当时永乐家电 20% 的股权，同时双方以永乐 2007 年的净利润为标的签订对赌条款（最迟可延至 2008 年或 2009 年）：

（1）若净利润高于 7.5 亿元（人民币，下同），外资方将向永乐管理层转让 4697.38 万股永乐股份；

（2）若净利润等于或低于 6.75 亿元，永乐管理层将向外资方转让 4697.38 万股永乐股份；

（3）若净利润不高于 6 亿元，永乐管理层向外资股东转让的股份最多将达到 9394.76 万股，这相当于永乐上市后已发行股本总数（不计行使超额配股权）的 4.1%。

2. 现金补偿型

此类条款约定，当目标公司未能实现对赌条款规定的业绩目标时，目标公司实际控制人将向投资方支付一定数量的现金补偿，但不再调整双方的股权比例；反之，则由投资方将现金奖励支付给目标公司实际控制人。

典型案例③：2010 年 6 月，隆鑫通用动力股份有限公司（简称隆鑫通用）将部分股权按一定比例分别转让给国开金融、软银投资、中科渝祥、小村创业投资、谨业投资等创投机构。同时，隆鑫通用与股东签订对赌协议：若隆

① 胡笑红. 红杉资本入股飞鹤乳业［EB/OL］. （2009－08－14）［2022－05－30］. 中国经济网，http：//finance. ce. cn/stock/gsgdbd/200908/14/t20090814_14862633. shtml.

② 金职教育. 金职知识｜中国私募股权基金成功案例分析——摩根士丹利 VS 永乐电器之对赌协议［EB/OL］. （2021－12－10）［2022－05－30］. 搜狐网，http：//news. sohu. com/a/506921624_121262213.

③ 猫姐律观. 对赌协议相关问题研究专题（二）：对赌的类型、对赌协议的类型及对赌标的分类［EB/OL］. （2021－09－27）［2022－05－30］. 个人图书馆，http：//www. 360doc. com/content/21/0927/10/73823950_997298669. shtml.

鑫工业 2010 年净利润低于 5 亿元，则隆鑫通用或银锦实业应以现金向股权受让方补偿，补偿金额 = 各财务投资者支付的转让价格 × (1 – 2010 年经审计的归属于标的公司本身的净利润 ÷ 5 亿元)。

3. 股权稀释型

此类条款约定，如果目标公司未能达到对赌条款规定的业绩标准，目标公司将以极低价格向投资方增发一部分股权，从而稀释目标公司实际控制人的股权比例，增加投资方在公司内部的权益比例。

典型案例①：2005 年 10 月 25 日，徐工集团与凯雷徐工签署《合资合同》及《股权买卖及股本认购协议》，后者以相当于人民币 20.69 亿元的等额美元购买徐工集团所持有的 82.11% 徐工机械股权，同时徐工机械增资人民币 2.42 亿元，也全由凯雷徐工认购。另外，双方以徐工机械 2006 年的经营业绩为标的，签订对赌条款：

(1) 若徐工机械完成约定的业绩目标，则凯雷徐工增资 2.42 亿元人民币需出资 1.2 亿美元；

(2) 若徐工机械无法达到对赌条款约定的要求，则凯雷徐工增资 2.42 亿元人民币只需出资 6000 万美元。

4. 股权回购型

此类条款约定，如果目标公司未能实现对赌条款规定的业绩目标，目标公司实际控制人将回购投资方持有的全部股份，以使后者实现投资退出，此时回购价格通常为投资本金加上固定回报。

典型案例②：2005 年中比基金以 4000 万元向东光微电子增资，并签署了对赌协议，条款约定以下两种情况发生时，中比基金有权以约定的价格行使股份回购权：一是 5 年内东光微电子股票无法实现 A 股上市交易，二是东方微电子经营业绩未能达到目标水平，即连续两年净资产收益率（扣除非经常性损益）不足 10%。同时，赎回价格 = 4000 万元 + (4000 万元 × 20% × 起始日到赎回日天数 ÷ 365 – 赎回日前中比基金已分配现金红利)。

5. 股权优先型

此类条款约定，如果目标公司未能实现对赌条款规定的业绩目标，投资方将获得股息分配优先权、剩余财产分配优先权、超比例表决权等特定权

---

① 徐工集团价值几何　凯雷收购徐工估值出价与效果 [EB/OL]. (2006 – 06 – 28) [2022 – 05 – 30]. 中国经济网，http：//finance. ce. cn/stock/gsgdbd/200606/28/t20060628_7540530. shtml.

② 企业法律顾问谈对赌协议 [EB/OL]. (2019 – 07 – 08) [2022 – 05 – 30]. 搜狐网，https：//www. sohu. com/a/325476523_100299188.

利。如协议条款表述："创始人股东承诺公司（××××）年净利润不低于（××××）元人民币。如公司（××××）年实际净利润没达到（××××）元，投资方作为股东将获得财务负责人的提名权"。

6. 股权激励型

此类条款约定，如果目标公司达到对赌条款规定的业绩标准，投资方需将一部分股权无偿或以象征性的低价转让给企业管理层；反之，则由管理层将一部分股权无偿或低价转让给投资方，或者投资方直接限制管理层的股权转让等。这类条款看似与股权调整型对赌条款相同，但实际上两者存在明显区别，具体如图9-4所示。图9-4的左右两侧分别表示股权调整型、股权激励型对赌条款在不同的业绩目标完成度下，当事人之间股权的转让情况，其中箭头方向代表股权的转让方向。

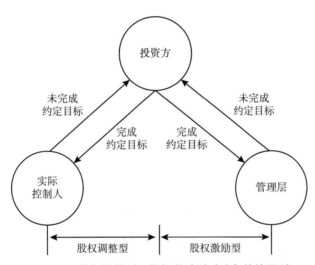

图9-4　股权调整型、股权激励型对赌条款的区别

典型案例：表9-1中蒙牛管理层与摩根士丹利等机构投资者签订的就是典型的股权激励型对赌条款。双方将蒙牛乳业2003~2006年的复合年增长率达到50%定为业绩目标，若蒙牛乳业不能实现这一目标，公司管理层需向投资者支付7800万股蒙牛股票或等值现金，反之则投资人向管理层赠予股票以作奖励。

三、对赌条款主要风险

（一）法律效力风险

根据对赌主体不同，对赌条款可以分为投资人与目标公司大股东、实际控制人的对赌，以及投资人与目标公司的对赌。前者是最常见的对赌类型，而后者存在法律效力风险。因此，本部分将通过最高院的两个典型案例，探讨对赌条款的法律效力问题。

1. 世恒案——最高人民法院（2012）民提字第11号民事判决①

（1）案例背景。

2007年11月1日，海富公司作为投资方与世恒公司、迪亚公司（世恒公司当时唯一的股东）、陆波（世恒公司、迪亚公司的法定代表人），共同签订了《增资协议书》。协议第七条第（二）项约定：世恒公司2008年净利润不低于3000万元人民币；如果世恒公司2008年实际净利润完不成3000万元，海富公司有权要求世恒公司予以补偿，如果世恒公司未能履行补偿义务，海富公司有权要求迪亚公司履行补偿义务。具体补偿金额 =（1 - 2008年实际净利润/3000万元）×本次投资金额，其中本次投资金额为2000万元。

实际上，世恒公司2008年度实际净利润仅为26858.13元，未达到《增资协议书》约定的净利润额。因此，2009年12月30日，海富公司向法院提起诉讼，请求判令世恒公司、迪亚公司、陆波向其支付补偿款1998.2095万元。

该案中当事人及其关系如图9-5所示。

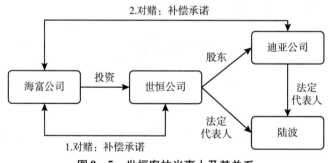

图9-5 世恒案的当事人及其关系

（2）最终判决。

2012年11月，最高院对本起对赌投资案件做出最终判决，判决认为：

①投资者与目标公司对赌协议无效：《增资协议书》中约定，如果世恒

① 案例来源：法务部观察. 从世恒案到瀚霖案，最高院给"对赌"企业再次敲响警钟 | 经典案例 [EB/OL].（2018 - 10 - 24）[2022 - 05 - 30]. 搜狐网，https：//www.sohu.com/a/271071907_290358.

公司实际净利润低于 3000 万元，则海富公司有权从世恒公司处获得补偿。这一约定使得海富公司投资可以取得相对固定的收益，该收益脱离了世恒公司的经营业绩，损害了公司利益和公司债权人利益，因而无效。

②投资者与目标公司股东对赌协议有效：在《增资协议书》中，迪亚公司对于海富公司的补偿承诺并不损害公司及公司债权人的利益，不违反法律法规的禁止性规定，是当事人的真实意思表示，因而有效。

③投资者与公司法定代表人、管理人（非股东）的争议：《增资协议书》中并无由陆波对海富公司进行补偿的约定，海富公司请求陆波进行补偿，没有合同依据。

④二审法院认定海富投资 1885.2283 万元的投资名为联营实为借贷，没有法律依据，应予以纠正。

综上理由，最高院最终判定由创始人支付现金补偿的对赌协议有效，迪亚公司向海富投资支付协议补偿款 1998.2095 万元，这一案件终于尘埃落定。

世恒案之所以具有代表性，不仅是因为他是"中国对赌第一案"，更重要的是他确立了被称为"对赌天条"的司法规则——和股东对赌有效，和公司对赌无效。但是，之后出现了若干相反结果的仲裁案件，一定程度上松动了对赌天条的裁判规则。也就是说，目前和公司对赌不一定无效。此外，2018 年的"瀚霖案"又确立了"被投资公司为其实际控制人与投资方签署的对赌协议提供连带担保责任有效"的新规则，与世恒案确立的规则不尽相同。

2. 瀚霖案——最高人民法院（2016）最高法民第 128 号民事判决①

（1）案例背景。

2011 年 4 月 26 日，瀚霖公司（目标公司）作为甲方，强静延等（投资者）作为乙方，曹务波（目标公司股东）作为丙方，共同签订了《增资协议书》及《补充协议书》。协议中添加了对赌条款：曹务波承诺争取目标公司于 2013 年 6 月 30 日前完成合格 IPO；如果目标公司未能在 2013 年 6 月 30 日前完成合格 IPO，强静延有权要求曹务波以现金方式购回强静延所持的目标公司股权；瀚霖公司为曹务波的回购提供连带责任担保。

该案中当事人及其关系如图 9-6 所示。

---

① 案例来源：法务部观察. 从世恒案到瀚霖案，最高院给"对赌"企业再次敲响警钟｜经典案例［DB/OL］.（2018-10-24）［2022-05-30］. 搜狐网，https://www.sohu.com/a/271071907_290358.

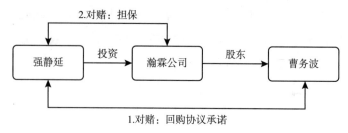

图 9 - 6　瀚霖案的当事人及其关系

（2）最终判决。

一审、二审均认为强静延与曹务波的约定未违反法律、行政法规的强制性规定，应属合法有效；而认为强静延与瀚霖公司的约定因损害公司、其他股东和债权人利益所以担保无效，主要理由：瀚霖公司的担保条款使股东获益脱离公司经营业绩，背离公司法法理精神，使强静延规避了交易风险，严重损害瀚霖公司其他股东和债权人的合法利益。

但是，担保无效这一观点并未得到最高院支持。最高院再审后认为，案涉协议所约定由瀚霖公司为曹务波的回购提供连带责任担保的担保条款合法有效，瀚霖公司应当依法承担担保责任，理由如下：

第一，强静延已对瀚霖公司提供担保经过股东会决议尽到审慎注意和形式审查义务；

第二，强静延投资全部用于公司经营发展，瀚霖公司全体股东因而受益，并不损害公司及公司中小股东权益。

综上理由，最高院作出最终判定：曹务波向强静延支付股权转让款、逾期付款的违约金，瀚霖公司对曹务波支付股权转让款及违约金承担连带清偿责任。

3. 对赌条款的法律效力总结

（1）投资人与目标公司大股东、实际控制人的对赌有效。上述两个案例中，对于投资者与目标公司大股东、实际控制人之间的对赌协议，最高院前后态度一致，即该约定未违反合同法第五十二条的规定，应当认定为有效。

（2）投资者与目标公司的对赌效力取决于是否损害公司及其债权人利益对于投资者与目标公司之间的对赌约定，最高院前后认识不一致。从表面上看，两个案例的区别在于目标公司参与对赌的协议地位不同：世恒案中，世恒公司是直接参与对赌的主体；而瀚霖案中，瀚霖公司并未直接参与到对赌之中，只是作为对赌的担保者。但是，法律效力认定并不受此影响，判断核心在于：目标公司与投资者之间的"对赌"是否损害公司、中小股东及债权人利益。世恒案中，最高院认为，该条款"使得海富公司的投资可以取得相对固定的收益，该收益脱离了世恒公司的经营业绩，损害了公司利益和公司债权人利益，故该条款无效"，而瀚霖案中法院则认为"瀚霖公司提供担保有利于自身经营发展需要，并不损害公司及公司中小股东权益，应当认定案涉担保条款合法有效。"

（二）上市发行风险

1. 上市发行风险的含义及存在原因

中国证券监督管理委员会（以下简称"证监会"）明确规定，即便对赌条款合法有效，拟上市公司也应当在申报前清理对赌协议。目前，上市时间对赌、股权对赌协议、业绩对赌协议、董事会一票否决权安排、企业清算优先受偿协议等五类对赌条款已被证监会列入 IPO 审核禁区。因此，若拟上市公司与其投资方约定了上述条款或类似安排，很可能会造成对上市审核要素的影响，从而构成上市障碍。

为什么证监会要禁止拟上市公司身负对赌条款呢？一方面，执行对赌可能会影响公司股权结构，造成经营不稳定，甚至引起内部纠纷，不符合《IPO 管理办法》中的相关发行条件；另一方面，对赌条款中设立的目标可能会促使企业为追求短期收益而非常规经营，因此无限放大了企业的风险，并在一定程度上损害社会公共利益。

在特定情况下，拟上市公司可以保留对赌条款、无须进行清理，此时要求对赌协议同时满足以下条件：一是发行人不作为对赌协议当事人；二是对赌协议不存在可能导致公司控制权变化的约定；三是对赌协议不与市值挂钩；四是对赌协议不存在严重影响发行人持续经营能力或者其他严重影响投资者权益的情形。同时，保荐人及发行人律师应就对赌协议是否符合上述要求发表明确核查意见。

2. 规避上市发行风险的方法

为了清除对赌条款对上市构成的障碍及影响，拟上市公司应当执行相关监管思路以成功过会。在清理对赌条款时，有以下几种常见方式：

（1）申报前无条件终止对赌条款。

即在申报前，拟上市公司与财务投资人签署不附带任何条件的协议，从而解除对赌条款，这是最为稳妥的做法。

例如，春秋电子（603890.SH）分别于 2015～2016 年引入多名财务投资人并签署了对赌条款；在申报 IPO 之前，发行人及实际控制人分别与财务投资人签署解除协议，约定自解除协议签署之日起，原对赌条款解除，已履行部分不存在任何争议或潜在争议①。

需要注意的是，实践中发生过财务投资人为满足 IPO 申报要求配合签署解除协议，但私下与发行人或控股股东另行签署补充协议约定对赌事项的案例。因此，为彻底消除监管机关的疑虑，拟上市公司可以在解除协议中明确未另行签署任何其他含有特殊股东权利或对赌性质的协议，或由财务投资人就该等事项单独出具承诺并在招股说明书中披露。

（2）自公司向中国证监会提交 IPO 申请时终止对赌条款。

即双方在签署对赌条款时就已明确，相关条款自公司向证监会提交 IPO 申请之日起失效；或在申报前签署一份解除协议，但约定解除协议自公司提交 IPO 申请之日起生效。

例如，至正股份（603991.SH）分别与多家财务投资人签署了对赌协议，并将协议的效力全部约定为：于公司向证监会正式递交首次公开发行申请文件之日效力终止。在对证监会反馈意见的回复中，发行人律师认为："截至目前，发行人先前的对赌安排已经解除或履行完毕，发行人目前的股权结构稳定"②。

（3）签署附带效力恢复条款的中止协议。

为防止对赌条款解除后，拟上市公司 IPO 失败而无法保证投资人的利益，投资人可能会要求与拟上市公司或控股股东签署附带恢复对赌条款效力的补充协议。也即，同意在拟上市公司申报 IPO 前中止执行对赌条款，但在特定情形下（通常为 IPO 失败或一定期限内未完成 IPO）将恢复对赌条款的效力。

例如，华菱精工（603356.SH）的补充协议中约定，若华菱精工中止或放弃上市计划，或华菱精工上市申请被否决，或上市申报材料被撤回，或上市文件提交之日起 12 个月内尚未取得证券监管机构核准上市的批文，则对赌条款的效力即自行恢复③。

就近几年案例来看，除极少数附带效力恢复条款的对赌协议顺利通过审核外，大部分在首次提交 IPO 申请时签署此类协议的拟上市公司，均在后续审核或上会过程中与投资人签署了彻底解除对赌条款的协议。因此，为了提

---

① 新三板法商研究院. 投资协议中的小细节［EB/OL］.（2019 - 09 - 24）［2022 - 05 - 30］搜狐网，https：//www.sohu.com/a/343186689_618578.

②③ 张莹. 当对赌协议遇上 IPO：清理对赌条款的主要方式及相关案例［EB/OL］.（2019 - 01 - 07）［2022 - 05 - 30］. 国枫律师事务所，http：//www.grandwaylaw.com/guofengshijiao/2403. html.

高 IPO 审核效率、减少不必要的麻烦，不建议拟上市公司签署附带效力恢复条款的中止协议，来实现对赌条款的清理。

(三) 其他风险

1. 控制权风险

当对赌条款事关公司治理架构、投票权、提名权、特殊否决权、内控机制等内容，均会导致公司控制权发生变化，一方面会影响业绩连续性，另一方面也可能会实质性导致对公司的控制变化。

2. 公司存续风险

对赌中的退出安排，往往通过减资、股份赎回等方式实现。当这些路径没有足够的货币资金支持时，可能就会引发诉讼导致公司僵局、股东僵局甚至是公司正常的存续也会受到重大影响。

第三节　反稀释条款

知识导图

知识目标

1. 了解反稀释条款的含义与应用；

2. 熟悉股权结构（比例）反稀释条款的要点及主要内容；

3. 掌握股权价格（调整性）反稀释条款的两种类型。

📖 案例讨论

反稀释条款导致控制权变动?①

2019 年 10 月 26 日，乐众信息（837743. OC）公告称，股票发行反稀释

---

① 案例来源：新三板公司乐众信息：股票发行反稀释条款可能导致控制权变动［EB/OL］.
(2019 - 10 - 26)［2022 - 05 - 30］. 资本邦，https://www.chinaipo.com/news/98728.html.

条款可能导致控制权变动。

江苏乐众信息技术股份有限公司（以下简称"公司"）与海宁市泛半导体产业投资有限公司签订了《关于江苏乐众信息技术股份有限公司定向发行股份之认购协议之补充协议》（以下简称"该协议"），公司基于全国中小企业股份转让系统对本次股票发行的审核意见，对该协议中的关于反稀释条款进行了修订，具体条款内容如下：

创始人向每一投资方承诺，若下一次增资前目标公司估值高于本协议规定的公司目标股权结构估值，各公司股东增资前所持有的公司股权均需同比例稀释原则；若投资方之外的任何新投资者认购新增注册资本的投资价格低于投资方的投资价格，则投资方有权要求根据该新投资价格所确定的公司估值调整其对公司的股权占比，即创始人向投资方无偿转让股份进行补偿。

如因全国股份转让系统的交易规则限制，无法按照约定完全履行，乙方同意以现金补偿未履行部分的差价。满足补偿公式要求如下：$(I-Y)/(Q+X)=P$ 其中，I 为投资方本次股份认购投资金额（即 1000 万元），Q 为投资方本次股份认购数量（即公告编号：2019 - 0391，367989 股），Y 为现金补偿金额，X 为股份补偿数量，P 为乐众信息后续增资发行价格。

请思考：双方为什么要签订反稀释条款？反稀释条款是为了保护谁的利益？反稀释条款又如何导致乐众信息的控制权发生变动？

一、反稀释条款的概念

在股权投资中，目标公司往往需要持续注入资金，需要经历多轮融资。一般来说，随着资金、人力和物力的不断投入，目标公司每轮融资的估值数字会不断攀升，这种与前一轮融资相比，估值提升的融资被称作溢价融资。但如果企业发展不顺利，如企业出现大量负债、严重亏损，那么企业估值很可能会低于上一轮融资，这种融资被称为折价融资。

当目标公司进行折价融资时，投资方陷入一种两难境地。一方面，若投资方不同意折价融资，那么企业很可能因为资金短缺而直接破产，此时投资方必然损失惨重；另一方面，若投资方同意折价融资，会直接导致其所持股份被稀释，我们通过具体例子进行说明。

假设投资人A、投资人B分别在第一轮与第二轮融资中对目标公司进行投资，相应的公司投后价值、投资方投资金额及持股比例等数据如表9-3

所示。在本例中，经过第二轮融资之后，投资人 A 的持股比例由 10% 被稀释至 9%，且其持有的股权由每 1% 价值 10 万元下降到每 1% 价值 5 万元。如果融资持续进行且公司投后价值不断下降，那么投资人 A 的股权会无限被稀释，且投资人 B 的股权也会自第三轮融资开始被稀释。因此，有必要设置相应条款保护投资者利益，反稀释条款便是其中一种。

表 9 – 3　　　　　投资人 A 与投资人 B 对目标公司的投资情况

投资人	公司投后估值（万元）	投资金额（万元）	投资人持股比例（%）	每 1% 股权价值（万元）
投资人 A	1000	100	10	10
投资人 B	500	50	10	5

反稀释条款也称反股权摊薄协议，是指投资完成后，若公司后续发生新的融资，且新一轮融资估值低于投资人对公司投资时的投后估值，则投资人有权通过相应机制保护自身权益不被稀释。其惯常表述为："投资完成后，如公司发生新的股权融资，且发行价格低于本次投资价格，公司应无偿向投资人发行新的股份或采取其他方式，使得投资人全部股份的加权平均价格不高于新一轮发行价格。"但是，下列情况并不触发反稀释条款：

（1）任何债券、期权、认股权或其他可转换证券在转换和执行时所增加的股权；

（2）董事会批准的公司合并、收购、或类似的业务事件，用于代替现金支付的股权；

（3）按照董事会批准的债权融资、设备租赁或不动产租赁协议，向银行、设备出租方发行的股权；

（4）在发放红利时新增的股权；

（5）按照董事会批准的计划，给公司员工、董事、顾问发行的或计划发行的股权（或期权）；

（6）持大多数股权的投资人放弃其反稀释权利。

二、反稀释条款的分类

由表 9 – 3 的例子可知，折价融资时原有投资人的股权稀释主要表现为股权比例降低和股份份额贬值两大类。因此，可以此为标准对反稀释条款进行分类：一是防止股权比例降低的股权结构（比例）反稀释条款，主要涉及转换权和优先购股权；二是防止股份份额贬值的股权价格（调整性）反稀释条款，主要涉及完全棘轮条款与加权平均条款。

（一）股权结构（比例）反稀释条款

1. 转换权

指在公司股份发生送股、股份分拆、合并等股份重组情况时，对投资人所持的优先股转换价格做相应调整，以确保其持股比例不会因股权结构调整而降低。其惯常表述为："A 轮优先股股东有权在任何时候将 A 轮优先股转成普通股。初始的转换为 1 : 1。A 轮优先股的股价转换率将随着股权分拆，股息，并股，或类似交易而按比例进行调整。"

例如：优先股按照 2 元/股的价格发行给投资人，初始转换价格为 2 元/股。后来公司决定按照每 1 股拆分为 4 股的方式进行股份拆分，则新的转换价格调整成 0.5 元/股，对应每 1 股优先股可以转为 4 股普通股。

2. 优先购股权

指目标公司后续增发新股或老股东转让股权时，同等条件下，原投资人享有按比例优先购买或受让的权利，以此来确保其持股比例不会因此而降低。关于这一条款，有以下两点需要注意：

一方面，对于创始股东来说，若原投资人在新投资人进入时行使优先认股权，会导致公司股权出让比例不仅仅限于新投资人获得的那一部分，即此时创始股东的股权会进一步被稀释。例如：目标公司引入新投资人，并给予其 10% 的股权。此时如果不行使优先认股权，则创始股东和原投资人的股权各稀释至原比例的 90%；但如果行使优先认股权的话，即原投资人要优先认购一部分股权来维持之前股权比例（比如新认购 2%），那么此时需要多出让 2% 的公司股权，相当于一共出让 12% 的公司股权，则创始股东的股权比例要稀释至原比例的 88%。以此类推，新投资人获得的股权比例越大，原投资人新认购的股权也就越多，创始人的股权稀释程度也就越高。

另一方面，对于原投资人来说，新认购的股权与原投资所获得股权通常是相互独立并被区别对待的。仍以上面的例子进行说明，假设原投资人之前的持股比例为 10%，新认购的股权为 2%，那么这 2% 新股权可享有与新投资人股权一样的各项权利，如日后的反稀释计算及清算优先级，但原 10% 股权只能按照之前投资协议中约定的权利条款来对待。之所以这样区别对待，是因为原投资人购买新旧两部分股权的价格不一样，而价格不同带来的权利自然也不一样，否则会令公司股东难以接受。

（二）股权价格（调整性）反稀释条款

1. 完全棘轮条款

完全棘轮条款指如果目标公司后续融资的价格低于原投资人当时融资的价格，那么原投资人可要求按照新一轮融资的较低价格进行重新定价，或者原投资人的实际转化价格降低至新的发行价格，调整后原投资人持股比例的计算公式为：

$$原投资人持股比例 = 原投资人出资额 ÷ 最新融资的低估值$$

仍以表 9-3 为例：第一轮融资中，投资人 A 投资了 100 万元，获得 10% 的股权比例，此时每 1% 的股权价格为 10 万元；第二轮融资中，投资人 B 投资了 50 万元，股权比例也为 10%，此时每 1% 的股权价格降为 5 万元，且 A 的持股比例被稀释至 9%。如若适用完全棘轮条款，则第二轮融资后，投资人 A 的股份应以新的股权价格重新定价，其持股比例由 10% 调至 20%（实际投资 100 万元 ÷ 最新融资的低估值 500 万元）。为此，创始股东应向投资人 A 转让 11% 的股权，最终投资人 A 持股 20%，投资人 B 持股 10%，创始人 A 持股 70%，投资人 A 的股权价值不变。

通过例子不难发现，完全棘轮条款可以在最大程度上保护投资人利益，但对创始股东而言过于严苛，甚至可能会出现大部分股权被转让给原投资人，使得创始股东失去公司控制权的极端情况（如后续融资过程中公司估值过低）。因此在实践中，创始股东和投资人可以进行谈判，限制完全棘轮条款的适用情况：

（1）要求一定时间后棘轮条款方能适用（如本轮投资 1 年后）；

（2）设置一个"兜底的公司估值金额"，低于设定价格才触发棘轮条款；

（3）采用"部分棘轮"的方式，比如"半棘轮"或者"2/3 棘轮"。

2. 加权平均条款

加权平均条款指如果目标公司后续融资的价格低于原投资人当时融资的价格，那么原投资人可要求原融资价格与新一轮融资价格的加权平均值来进行重新定价，调整后原投资人持股比例的计算公式为：

$$原投资人持股比例 = 原投资人出资额 ÷ 加权平均后的估值$$

很显然，与完全棘轮条款相比，此时给股份重新确定转换价格时，不仅要考虑低价发行的股份价格，还要考虑其权重（发行的股份数量）。另外，根据调整公式中加权平均估值的计算方法不同，可将加权平均条款做进一步分类，得到广义加权平均与狭义加权平均两类，具体如下：

（1）广义加权平均。

调整后原投资人持股比例＝原投资人出资额÷加权平均后的估值

加权后的平均估值＝原投资人投资时1%股权的认购价格×（原股权总额＋新投资人按照原投资人所付认购价格能买到的股权份额）÷（原股权总额＋新投资人实际获得的股权份额）

此时对于表9-3的例子：

加权后的平均估值＝10万元×（100%＋5%）÷（100%＋10%）＝9.55万元

调整后投资持股人比例＝100万元÷9.55万元＝10.47%

（2）狭义加权平均。

调整后原投资人持股比例＝原投资人出资额÷加权平均后的估值

加权后的平均估值＝原投资人投资时1%股权的认购价格×（原投资人股权份额＋新投资人按照原投资人所付认购价格能买到的股权份额）÷（原投资人股权份额＋新投资人实际获得的股权份额）

此时对于表9-3的例子：

加权后的平均估值＝10万元×（10%＋5%）÷（10%＋10%）＝7.5万元

调整后投资持股人比例＝100万元÷7.5万元＝13.33%

显然，无论是广义加权平均还是狭义加权平均，其价格与持股比例调整幅度都小于完全棘轮条款，相对而言是一种更为公平合理的调整方式。因此，如果必须要在投资协议中加入反稀释条款，目标公司创始股东应该力争采用加权平均条款，尽量避免完全棘轮条款。

本章实训题

实训一，作为融资方，如果你在TS的商讨中处于明显劣势地位，那么哪些条款是你坚决不能让步的，哪些条款可适当放弃？

实训二，如果投资方要求TS中加入赎回权条款，作为融资方创始团队的一员，请你在TS中设立附加条件或限制条款以保护自身利益。

实训三，假设某手游公司2017年净利润62.93万元，2018年净利润620.62万元，2019年上半年净利润5305.29万元。某投资公司打算于2019

年 7 月收购这一公司部分股权，并签订业绩对赌条款。假设你是投资方团队的负责人，你认为未来 3 年的业绩标准应该定为多少比较合理？

　　实训四，接上题，如果你是融资方团队的负责人，你认为选择哪种对赌筹码最合适？如果约定为现金补偿，又该如何确定现金补偿金额？

第十章

股权激励

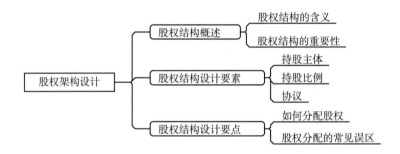

第一节 股权架构设计

知识导图

股权架构设计
- 股权结构概述
  - 股权结构的含义
  - 股权结构的重要性
- 股权结构设计要素
  - 持股主体
  - 持股比例
  - 协议
- 股权结构设计要点
  - 如何分配股权
  - 股权分配的常见误区

知识目标

1. 了解股权结构的含义与重要性;

2. 掌握股权结构的三大设计要素;

3. 掌握如何进行股权分配,规避常见误区。

📖 案例讨论

股权结构设计不当致使公司经营停滞①

上海博华基因芯片技术有限公司的注册资本为 4000 万元,上海三毛企业(集团)股份有限公司出资 2000 万元,占注册资本的 50%。上海博星基

---

① 案例来源:张国贵. 公司股权不合理的几个典型案例 [EB/OL]. (2016 - 12 - 26) [2022 - 05 - 30]. 华律网, http://lawyers. 66law. cn/s200149f2d735c_i323155. aspx.

因芯片有限责任公司等关联三方合计出资 2000 万元，占注册资本的 50%。因为股东之间的矛盾，股东会和董事会难以召开，公司处于僵局状态，致使公司经营管理发生严重困难。虽经多次诉讼，但仍难以解决，公司的价值已经消耗殆尽。

公司僵局的破坏性巨大。在僵局下，公司的经营处于停滞状态，公司利益受损，最终损害公司股东的利益。而且，对公司员工及债权人等利益相关者也造成巨大的损害，同时损害了社会资源的合理配置。此时，股东合作关系不复存在，取而代之的是股东、公司及高级管理人员之间一系列的诉讼甚至刑事上的举报，公司雇员丧失了工作，曾经熟悉的品牌、商品和服务被消费者抛弃。

请思考：上海博华基因芯片技术有限公司的股权结构有哪些不合理设计？股权结构设计要注意哪些问题？

一、股权结构概述

（一）股权结构的含义

股权结构是指公司总股本中，不同性质股份所占的比例及其相互关系。一般来讲，股权结构有两层含义。

一是指股权集中度，即前五大股东持股比例。从这个意义上讲，股权结构有三种类型：

（1）股权高度集中，绝对控股股东一般拥有公司 50% 以上的股份，拥有公司的绝对控制权；

（2）股权高度分散，公司没有大股东，所有权与经营权基本完全分离、单个股东所持股份的比例在 10% 以下；

（3）公司拥有较大的相对控股股东，同时还拥有其他大股东，所持股份比例在 10% 与 50% 之间。

二是股权构成，即各个不同背景的股东集团分别持有股份的多少。在我国，就是指国家股东、法人股东及社会公众股东的持股比例。从理论上讲，可将股权结构按企业剩余控制权和剩余收益索取权的分布状况与匹配方式分为两类：

（1）控制权可竞争的股权结构，此时剩余控制权和剩余索取权是相互匹配的，股东能够并且愿意对董事会和经理层实施有效控制；

（2）控制权不可竞争的股权结构，此时企业控股股东的控制地位是锁定的，对董事会和经理层的监督作用将被削弱。

（二）股权结构的重要性

股东持股比例决定了其享有的权利以及承担的义务，如果调整股东的股权份额，或者对某一类股份的权能进行调整，就可以使公司管理权或盈余分配方式等内容发生相应变化。所以说，股权结构是公司治理结构的基础，不同的股权结构导致了不同的企业组织结构，从而决定了企业的治理结构以及企业的行为和绩效。对于创业企业来说，建立一个科学合理的股权结构具有至关重要的作用，可总结归纳如下：

1. 明晰合伙人的权、责、利

随着单打独斗的"老板时代"落幕，如今创业都开始寻找合伙人，几个人凑些钱，能力各有所长，可以有效提高创业的成功率。除此之外，合伙创业还有一个明显特征就是讲究情怀，讲究情怀固然没错，但同时必须明确，每个合伙人的行为本质都是逐利，最终都要实现实际利益。因此，一定要在合伙开始前确定每个合伙人的股份比例，即事前逐一列出各自的贡献，相互认可后，按贡献多少来分配股权份额，后期盈利如何分享、亏损如何承担都将由这个股权结构决定。

2. 有助于创业公司的稳定

关于创业团队成员，同事、同学和校友这些相互了解能力或熟悉经历的人都是优先选择。虽然这种合伙模式比较稳定，但仍有可能会发生合伙人因各种分歧而分崩离析，部分合伙人退出企业，带走创业积累的技术、知识、经验和模式并另起炉灶的情况。一旦这种情况发生，创业项目不可避免地会受到影响，因此，需要通过股权结构来约束合伙人行为、明确合伙人义务，在股权协议中加入股权限制条款，进而保护创业项目、提高创业公司的稳定性。

3. 便于后续融资

投资人在考虑是否投资某一创业公司时，会关注融资项目、考察创业公司背景、评估创业团队业务能力，同时也一定会关注公司股权架构是否合理。如果股权结构不合理，如大股东一股独大，容易造成"一言堂"，或者股权过于平均，无人负责，难定决策，再或者是控制权不集中，大股东股权比例过低，容易在小股东团结一致时失去控制权，这些股权结构问题的存在都会降低融资成功率。

4. 进入资本市场的必要条件

相信每个创业者都将创业公司成功 IPO 列为发展目标，同时 IPO 也是基金退出的一大途径，而只要 IPO，资本市场就一定会要求创业公司的股权结构明晰合理。2020 年 8 月，特发服务等 4 家企业创业板 IPO 成功过会，在创业板上市委审议会议上，其中 2 家公司都被问起过往股权问题。因此，合理设计股权结构有助于减少 IPO 及上市障碍。

二、股权结构设计要素

（一）持股主体

持股主体是股权结构的设计起点，可以分为以下两种类型：

1. 自然人直接持股

这种方式的最大优势在于税负成本较低。具体来讲，法人持股在转让的过程中要缴纳企业所得税，然后再分给股东，股东需再为股息、红利所得缴纳个人所得税，相当于最初的股权转让收入被"双重征税"。但如果是自然人持股，则转让股权时只需缴纳一次个人所得税，可以降低税负成本。当然，自然人直接持股也存在明显缺点，如不利于控制权集中，缺乏利用股权杠杆的空间等。

2. 间接持股主体

主要是两大类，一是持股平台，这类主体就是合伙，个体户也可以持股且个体户在税收层面有很多优势；二是代持，在某种程度上他是一个个人平台。

上述主体都有各自的优势与不足，且可以混合使用，创业公司在设计股权结构时应进行全面考虑，选择最优的持股主体或持股主体组合。

（二）持股比例

关于股权结构比例，需要关注《公司法》规定的几个核心数据。

1. 绝对控制线 2/3

针对修改公司章程，增加、减少注册资本，公司合并、分立、解散或者变更公司形式等重大决议，必须要 2/3 以上表决权通过才能产生法律效力。

2. 相对控制线 1/2

除修改公司章程等以上所列情形外，绝大多数经营层面的决议只需要

1/2 以上表决权通过就可以生效，如制定董事会和高管的薪酬，以及股权激励计划等。

3. 一票否决线 1/3

通常又称捣蛋线，是指达到 1/3 表决权的，针对修改公司章程等上述重大事项投反对票就无法通过，这是因为一方表决权超过 1/3 就意味着另一方表决权不可能超过 2/3，重大决议自然无法通过。

4. 公司解散线 10%

持有公司全部股东表决权 10% 以上的股东，有权召开临时股东大会，可以质询、调查、起诉、清算、解散公司。

5. 股东代表诉讼线 1%

连续 180 天以上单独或者合计持有公司 1% 以上股份的股东，可以书面请求向人民法院提起诉讼。

持股比例是股权结构中至关重要的一点，创业公司不仅需要掌握上述核心数据，还需要格外注意如何分配股权，这部分内容将在"三、股权结构设计要点"中进行介绍。

（三）协议

对于创业公司的创始人而言，他们既想维持公司的控制权，又需要投资人的资金支持，因此就得将股权与投票权进行分离。为了解决这一问题，他们往往会在股权结构中加入相关协议，主要包括：投票权委托、一致行动人协议、AB 股权结构等。

1. 投票权委托

即公司部分股东通过协议约定，将其投票权委托给其他特定股东（如创始股东）行使。

案例：京东的招股书显示，在京东上市前，有 11 家投资人将其投票权委托给刘强东行使。因此，虽然刘强东持股 20% 左右，却通过老虎基金、高瓴资本、今日资本及腾讯等投资人的投票权委托掌控了京东过半数的投票权[①]。

2. 一致行动人协议

即通过协议约定，某些股东就特定事项采取一致行动。意见不一致时，某些股东跟随一致行动人投票。比如，创始股东之间、创始股东和投资人之间通过签署一致行动人协议，来加大创始股东的投票权权重。协议内容通常

[①] 读懂"股权"和"控制权"的关系［DB/OL］.（2021 - 06 - 07）［2022 - 06 - 01］. 腾讯网，https://new.qq.com/omn/20210607/20210607A08DP400.html.

为：一致行动人同意其作为公司股东期间，在行使提案权、表决权等股东权利时做出相同的意思表示，以其中某方意见作为一致行动的意见，以巩固该方的控制地位。

案例：南非米拉德国际控股集团（MIH）公司持有腾讯34%的股份，而马化腾持股仅为10%，还不及MIH的1/3，但MIH公司基于信任将投票权让渡给腾讯管理团队，从而实现马化腾的控制权[①]。

3. AB股权结构

核心是同股不同权。公司将股票分为A类股与B类股，其中A类股通常由机构投资人与公众股东持有，每股A类股只有1票投票权；B类股通常由创业团队持有，每股B类股有N票投票权。这种股权结构下，创始团队有N倍于其持股比例的投票权，从而牢牢掌控对公司的管理话语权。

案例：根据京东的股东协议，刘强东及管理层持有的股份每股代表20份投票权，其他股东持有的股份每股只能代表一票投票权，这样刘强东及其管理团队虽然只持有20%左右的普通股，但是由于有双层投票结构保护，其投票权能确保股东会上重大议案有绝对的发言权[②]。

三、股权结构设计要点

（一）如何分配股权

1. 看出资

创业公司需要大量启动资金，资金是公司在创业初期最重要的资源之一。因此，出资较多的创始股东理应持有较高的股权比例。需要注意的是，完全按照出资比例来分配股权是不合理的，如下面的例子所示。

假设公司有甲、乙、丙三个股东，出资分别为60万元、30万元、10万元，按照出资比例分配，股权占比应当为60%、30%、10%。

（1）倘若甲是财务投资人，不参与公司经营管理；乙懂技术，负责生产；丙有人脉，负责销售。在这种情况下，甲依然占大股，合理吗？

（2）倘若甲、乙、丙都参与经营管理，甲负责经营管理，乙负责技术，

---

① 商业智慧树. 马云，任正非是如何做到持小股控制公司的？［DB/OL］.（2019-06-10）［2022-06-01］. 搜狐网，https://www.sohu.com/a/319619365_100076162.

② 分股啦. 惨痛！创始人因何痛失公司控制权？［EB/OL］.（2017-07-25）［2022-06-01］. 搜狐网，https://www.sohu.com/a/159895020_808674.

丙负责销售，大家都既出资又参与经营管理，貌似按出资分配也合理。但经营过程中发现，甲的经营管理水平一般、乙的技术根本经不住市场考验，企业利润全靠丙的人脉销售。在这种情况下，依然按出资分配股权，丙必然不高兴。

（3）倘若创意是丙提出的，是丙联合甲和乙设立的公司，在公司运营方面丙起主导作用。在这种情况下，按出资分配股权，必然打击丙的积极性。

2. 看合伙人优势

在创业过程中，除了资金，还涉及其他一些重要资源：专利、创意、技术、运营、个人品牌等。因此，应从各个方面出发评估创始股东对公司的贡献，然后加以综合考虑并确定每位股东的持股比例。

举例说明：4 个核心股东合伙开公司，总股份为 100 万股，每股 1 元。约定股份比例由两部分构成：一是资金入股，二是人力入股，人力股按入股资金 50% 计算。此时，4 个核心股东的持股比例及计算结果如表 10 - 1 所示。需要说明的是，股东 D 不参加经营，因此其人力占股为 0%。另外，表中未列出的剩余 15% 股份由小股东或优秀员工认购。

表 10 - 1 　　　　　　　　　　　　某创业公司的股权分配

股东	出资金额（万元）	资金占股（%）	人力占股（%）	总股权比例（%）
股东 A	20	20	10	30
股东 B	15	15	7.5	22.5
股东 C	15	15	7.5	22.5
股东 D	10	10	0	10

3. 预留股权激励

指公司事先设立一个期权池，而不能一次性把股权分足。期权池是公司在融资前为未来引进高级人才而预留的一部分股份，用于激励员工（包括创始人自己、高管、骨干、普通员工），是初创企业实施股权激励计划最普遍采用的形式，在欧美等国家被认为是驱动初创企业发展必要的关键要素之一。

按照硅谷的惯例，一般预留公司全部股份的 10% ~20% 作为期权池，期权池越大，对员工和 VC 的吸引力越强。VC 一般要求期权池在他进入前设立，并要求在他进入后达到一定比例。由于每轮融资都会稀释期权池的股权比例，因此一般在每次融资时均调整（扩大）期权池，以不断吸引新的人才。

4. 要有明显的股权架构梯次

一方面，要保证创始人团队中有当家人且其掌握绝对的控制权与决策权。为此，一种选择是通过投票权委托、一致行动人、AB 股设置等协议提高当家人的投票权权重。另一种选择是直接赋予当家人较大股权，如图 10 - 1 是某一创始团队当家人股份比例的占比分布图。由图可知，当家人股权比例的变动区间为［22%，100%］，其中最密集的区间是［50%，70%］，占比高达39%，整体平均值为74%，中位值为70%。此外还可以发现，有31%的受调查公司的所有股权全部掌握在一个创始股东手中，这是因为这部分企业只有一个创始人，而不是常见的团队创业。

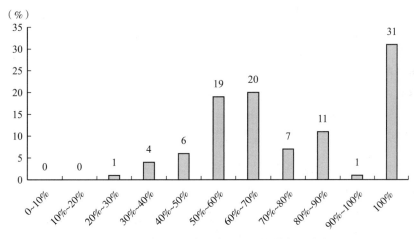

图 10 - 1 创始团队当家人股份比例的占比分布

另一方面，所有股东的持股比例应当形成明显梯次，如6：3：1、7：2：1等模式。这是因为不同股东的股权分配思路有所差异，如创始人要始终拥有足够的控制权，投资人则遵循"投大钱，占小股，得股权，需退出"的股权分配原则。目前，有的创业公司倾向于"创始人持股 50% ~60% +联合创始人持股 20% ~30% +预留股权池 10% ~20%"的股权结构，有的则选择"创始人持股 30%以上 +联合创始人和员工一起持股 30%以上 +投资人持股 30% ~40%"的股权结构。创业公司应当综合考虑自身情况及股东需求，设置合理股权架构梯度，选择最优股权分配比例。

（二）股权分配的常见误区

1. 平均分配

有投资人提出史上最差的股权结构配比是50%：50%，34%：33%：33%，

25%：25%：25%：25%。这种平均分配方式比较简单且看似公平，但实际可能会导致股权结构无法真正反映股东贡献，时间一长，股东内部极易产生分歧，并造成公司僵局。下面的案例就是股权平均分配导致公司出现问题的典型案例。

A公司的前身是潘某在东莞开的一家甜品店，随后，他的姐姐和姐夫出资入股，于是甜品店改成了快餐店。此时，他们的股权分配是这样的：姐夫占比25%，姐姐占比25%，潘某占比50%。经过三年艰难的发展，A公司开始在全国各地开设连锁店，公司走上了快速发展的道路。在这个阶段，负责门店扩张的姐夫对企业发挥的作用越来越大，于是从2003年开始，企业的主导权从潘某的手中转到了姐夫手中。

2006年9月，其姐姐和姐夫离婚，姐姐所持有的25%股权归姐夫所有。2007年，A公司获得了B资本和C资本的1.5亿元投资，两家PE对A公司的估值达到50亿元。此时，A公司的股权分配是这样：姐夫占比47%、潘某占比47%、B资本占比3%、C资本占比3%。

天下熙熙皆为利来，天下攘攘皆为利往。PE作为资本方，追求利益最大化是其最终目的，而PE投资A公司，最看中的也是姐夫的能力。于是，在接下来的股东会、董事会上，PE都毫无保留的支持姐夫。这样一来，作为创始人的潘某便逐渐被边缘化。为了进一步拿到企业的绝对控制权，姐夫开始辞退一些与潘某关系密切的中高层管理人员，企图把潘某架空。当然，潘某也不是吃"素"的。心有不甘的潘某通过翻旧账，控诉姐夫恶意侵占，并亲手把昔日的姐夫送进监狱。

2. 静态分配

在创业公司发展过程中，其业务范围、市场份额、人员构成都可能会发生变化，进而改变每个人在企业中的作用。正如罗辑思维CEO"脱不花"所说："创始人的价值是在不断动态调整的，创始之初最重要的那几个人，几年发展之后不一定是最重要的，内容创业者尤其如此。"如果公司在后续发展中不能适应变化并变动股权，就可能造成"一开始都挺好，到后来都不好"的局面。举例说明：

（1）公司设立之初主要经营A业务，大股东熟悉该业务占大股，小股东不熟悉占小股。后期市场发生变化，公司业务调整为B业务。但B业务属于小股东的擅长领域，大股东反而比较陌生，那么公司的业务发展将更多依赖小股东。此时如果继续沿用原来的股权分配方式，必然会导致内部分配不均。

（2）某些股东可能会在公司运营过程中离职，若离职股东仍然持有公司股权，没有任何付出依旧能参与他人劳动成果的瓜分，必将打击在职股东的创业热情与工作积极性。

（3）随着公司逐步发展，会陆续产生能力突出的高管，分别在技术、销售、管理方面等独当一面。此时，创业公司不得不面临同行挖墙脚的风险，如果公司不能借助股权这一工具来提高其对这部分高管的吸引力，那么很有可能会导致人才流失。

综上所述，静态的股权分配制度会造成不公平不合理问题，进而影响公司正常的经营运作。因此，有必要建立动态股权分配机制，即以股东一致认可的标准，持续记录和评估每个股东的贡献点和贡献值（如表 10 - 2 所示），用其贡献值除以所有股东的贡献值之和，得出动态的股权比例，从而确保在公司的发展过程中，创始人所持股权始终与其贡献呈正比。

表 10 - 2 　　　动态股权分配机制常用的贡献点与贡献值计算标准

贡献点	贡献值计算标准
合伙人投入现金	现金的金额
非执行合伙人投入现金	现金的金额
全职合伙人未领取的工资	合伙人工资水平减实际领取的工资
合伙人投入的物资与设备	"购买"或者"租用"参照市价
人脉关系	人脉落实到贡献点上才能计量，只核算创造价值的
商标权	没有知名度的：注册成本；有一定知名度：参考以前的投入以及闲置的时间，团队协商评估；也可以按照销量计算"商标使用费"
著作权	建议以"版税"的方式计算贡献值
专利技术和非专利技术	能够脱离发明人的技术：评估专利未来给公司带来的价值；脱离不了发明人的技术：不计量，可以提现到该合伙人的工资中
创意和点子	零
办公场所	市场租金水平
兼职的合伙人	参考其提供服务的市场价格
个人的资产为公司担保	担保费用的市场价格
奖励性贡献值	利用可以现金互换的原则制订

第二节 股权激励内容

知识导图

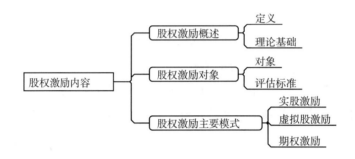

知识目标

1. 了解股权激励的定义与理论基础；

2. 熟悉股权激励对象的确定方法与判断标准；

3. 掌握实股激励、虚拟股激励与期权激励的含义与优缺点。

📖 案例讨论

华 为 的 股 权 激 励①

华为股权激励是公认的成功典范，可以说其股权激励政策直接推动了华为的发展，为华为今天的事业打下了根基。华为于 1990 年开始实施股权激励，到 2018 年，20 万华为员工中有 9 万人拿到股份，且另外 11 万人正走在成为公司股东的道路上。

在这 30 年间，华为股权激励的演变可概括为：实股—虚拟股—虚拟股 + 时间单位计划（TUP）

初期（1990 ~ 1997 年）：华为公司缺资金，员工缺少投资渠道，对股权不了解，华为用实体股权激励获得内部融资，解决资金困难，也留住了员工和激发了员工动力。

---

① 案例来源：商业新知. 阿里、腾讯、华为都在做，股权激励你了解吗？［EB/OL］. （2021 - 01 - 09）［2022 - 06 - 01］. 新浪财经，https：//baijiahao. baidu. com/s？id = 1655255247731603214&wfr = spider&for = pc.

中期（1998～2012年）：员工对华为公司有一定信任，股权激励逐步由实体股转为虚拟股，扩大股权激励规模，帮员工申请银行贷款，公司获得大额资金支持，员工获得丰厚收益，华为业绩迅猛发展。

近期（2013～2022年）：公司资金充裕，逐步推出 TUP 计划，给员工分利，给公司留权，为未来发展留下空间。

请思考：为什么华为从1990年开始坚持股权激励政策至今？实施股权激励对华为而言有什么好处？案例中提到的实股、虚拟股又是什么含义？

一、股权激励概述

（一）股权激励的含义

股权激励，是指公司将股权或股权收益以某种方式赋予中高层管理人员和业务、技术骨干，使他们参与决策、分享收益、承担风险，形成权利和义务相互匹配的所有权、收益权、控制权与管理权关系，进而激励员工勤勉尽责地为公司长期发展服务的一种制度安排。

股权激励的意义与作用可概括为以下几点：

（1）吸引和留住人才，增强工作动力并提高工作效率，从而促进业绩增长，提升企业价值；

（2）约束员工行为，减少企业委托代理成本和员工短视行为；

（3）有效降低工资奖金成本，提高企业净利润；

（4）完善公司治理结构，实现股权明断、管理规范，有利于资产升级和资产传承。

（二）股权激励理论基础

1. 委托—代理理论

如图10-2所示，企业所有权与经营权分离，而股东和管理层掌握的信息与目标不一致，管理层可能会利用信息不对称来谋取个人利益，损害公司利益，这就是企业面临的委托—代理问题。

为了最大限度地降低委托—代理对公司的不利影响，股东必须花费一定的监控成本来限制管理层行为，防止其偏离正常经营活动的轨道，或是寻求股东与管理层之间的利益共同点，通过激励约束机制来减少双方的利益冲突甚至对抗，股权激励就是一种选择。股权激励下，持有者享受对公司盈余的剩余索取权，在一定程度上消除了双方的目标差异，并且由管理层承担部分道德风险问题带来的利益损失，双方成为利益共同体，从而将管理层行为引向确保企业价值最大化的道路，减少代理风险，促进公司发展。

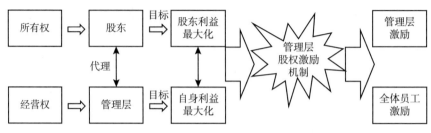

图 10 - 2　委托—代理问题

2. 人力资本理论

人力资本与物质资本相对，也是资本的重要组成部分，人力资本代表劳动者的能力与素质，具体包括知识、技能、资历、经验、熟练程度、健康状况等。

由于经营管理的高度专业化和复杂化，掌握一定管理经验和核心技术的特殊人才具有一般劳动力无法比拟的稀缺性，他们的经验和技术成为企业不可或缺的生产要素，能够为企业带来极大的剩余价值。另外，人力资本具有与其所有者不可分离的特征，他属于劳动者本身，具有财产性质，同时也能增值，因此，他作为一种产权存在，应获得因增值产生的资本收益。股权激励即人力资本拥有者根据人力资本价值对公司所做贡献来获取企业部分剩余索取权，使得人力资本产权价值在形式上固化，并通过股权的市场价值得以实现。

3. 管理激励理论

管理学关于激励方面的研究非常广泛，他以问题研究为导向，以管理环境为依托，以人的需求为基础，侧重对一般人性的分析。在管理激励理论中，最著名的莫过于马斯洛（Maslow）的需求层次理论与弗鲁姆（Vroom）的激励期望理论等。

需求层次理论将人的需求分为五大层次，具体如图 10 - 3 所示。股权是需求中的一项重要内容，在需求层次中处于较高的层次，是员工的尊重需求和自我实现需求的物质体现，拥有股权对员工而言，不仅意味着经济收入，更重要的是体现了其在社会生活中的成就与荣誉。

激励期望理论将激励力量用如下公式表示：激励力量 = 目标效价 × 期望概率，其中目标效价指达到目标对个人有多大价值，期望概率则是个人对实现目标的可能性大小的判断，这两个因素都是人的主观心理判断，但受企业内外各种因素影响。按照期望理论，股权激励之所以能给企业员工强有力的激励力量，是因为他同时提高了目标效价与期望概率，即企业员工认为只要努力工作，做出好业绩，那么凭借自己所拥有的股权就可以分享企业利润，从而提高生活质量。

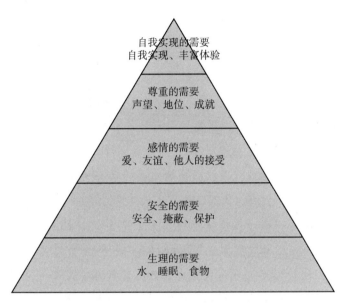

图 10 – 3　马斯洛需求理论

拓展知识

股权激励的前世今生①

1. 股权激励的起源——晋商身股制

目前，大多数学者认可晋商的身股制度是现代股权激励的雏形的说法，认为其非常接近当前的股权激励概念，在激励和约束商帮成员方面发挥了巨大作用。

晋商股份分为银股、身股，"出资者为银股，出力者为身股"，即东家出钱、经理出力并为东家的资本负责。东家允许经理等人凭借自己的能力和经验顶一定数额的身股，银股和身股持有者享有均等的分红权利。至于每股的数额，各个商号均不相同，一般而言，资金越雄厚的商号，每股的数额相

---

① 案例来源：汉哲管理研究院. 股权激励　你不可不知的历史 [EB/OL]. (2020 – 01 – 14) [2022 – 06 – 01]. http：//www. han – consulting. com. cn/article/item – 1066. html；华博资讯. 股权激励的发展历程 [DB/OL]. https：//zhuanlan. zhihu. com/p/159257368.

对越多。

一般 3~5 年为一个账期，每逢账期，按股分红。盈利越多，分红越多。最初银股和身股按二八、三七或者四六的比例分红，但后期随着票号规模扩大，号内顶身股者逐渐增多，身股分红渐渐超过银股分红。如乔家大德通票号，1889 年银股为 20 股，身股为 9.7 股，到 1908 年银股仍为 20 股，而身股增加到 23.95 股。随着身股比例增长，顶身股的员工越来越多，每名员工所顶份额也越来越多，因此员工个人利益与票号整体利益的关系就更紧密。

身股不能转让与继承，顶身股者离职或死亡后其股份随之终止，但是也有的实行协账制度，称为"故股"。即有突出贡献的人，在其去世后，家人可以根据其之前所顶的身股，享受一到三个账期的分红。

2. 我国现代股权激励的发展

（1）酝酿期。我国现代股权激励的发展始于 1993 年，万科最先开始股票期权实验。随后，上海、武汉、北京、天津等地的一些公司开始尝试股权激励制度。2002 年《关于国有高新技术企业开展股权激励试点工作的指导意见》发布，股权激励在我国政策层面上正式出台。

（2）试点期。2006 年国务院国有资产监督管理委员会（以下简称"国资委"）、财政部先后发布了《关于印发〈国有控股上市公司（境外）实施股权激励试行办法〉的通知》以及《关于印发〈国有控股上市公司（境内）实施股权激励试行办法〉的通知》，境内、境外的国有控股上市公司积极探索试行股权激励制度。

3. 整顿规范期

2007 年 3~10 月，中国证券监督管理委员会（以下简称"证监会"）开展加强上市公司治理专项活动，国资委、证监会出台配套政策规范股权激励。2008 年 3~9 月，证监会陆续发布《股权激励有关事项备忘录》1 号、2 号、3 号，对上市公司股权激励的种种问题作了补充规定。12 月国资委、财政部发布《关于规范国有控股上市公司实施股权激励制度有关问题的通知》，从严规范股权激励。

4. 成熟推广期

2009~2010 年，股权激励相关配套政策不断完善和细化，财政部、国家税务总局陆续出台《关于股票增值权所得和限制性股票所得征收个人所得税有关问题的通知》《关于上市公司高管人员股票期权所得缴纳个人所得税有关问题的通知》，我国资本市场的制度建设更加纵深化和规范化，股权激励在我国的发展趋于完善。

5. 创新期

2011 年之后，股权激励方案的差异化和个性化开始显现，越来越多上市公司将股权激励作为完善公司治理结构、调动核心工作人员积极性的有效手段。另外，民营企业成为股权激励的主力军。这是因为民营上市企业通常规模较小、成长性高，高管任职多受市场竞争影响，因此企业对于吸引和稳定人才、完善公司治理结构有更为迫切的需求。

6. 井喷期

股权激励作为企业留住和吸引优秀人才，实现企业快速发展的重要工具，已经从 2006 年的小试牛刀发展到 2019 年的百家争鸣。除了数量呈现井喷式增长，股权激励模式也趋于更新、更巧、更丰富，实现了质的飞跃。

二、股权激励对象

（一）股权激励对象

概括来说，股权激励对象是对公司而言具有明显战略价值的核心人才，这部分人员或者掌握公司核心业务，或者拥有关键技术，或者控制关键资源，再或者拥有支持企业发展的核心能力。

按照工作范围与工作内容不同，股权激励对象可划分为高管层、技术类人员与营销类人员。其中，高管层主要是指公司核心经营管理团队，包括董事长、总经理等，或者是未来可能设置的高管，如董秘、副总等；技术类人员主要是指工作内容与技术研发相关的员工，如研发总监、高级工程师、技术负责人等；营销类人员则主要指工作内容与营销相关的员工，比如市场总监、核心项目经理人员等，公司针对不同人员制定的股权激励计划有所差异。

2020 年 5 月，德勤发布《2019～2020 年度 A 股市场长期激励调研》报告，这份报告以 2019 年度新公告股权激励计划的 322 家 A 股上市公司为样本（截至 2019 年 12 月 31 日，共 1549 家 A 股上市公司推出了股权激励计划），统计数据主要来自 Wind 数据库、公开披露股权激励公告、招股说明书等公开资料。在激励对象方面，报告主要包含两个调查结果：

（1）2019 年度，50% 样本公司的激励范围超过公司总人数的 5.84%，且随着公司人数规模扩大，激励范围比例逐渐收缩，重点仍聚焦在对公司持续发展有直接影响的核心人才和管理骨干。

（2）2019 年度，半数样本企业的高管人均权益授予价值超过 115 万元，约为非高管人均权益授予价值的 5 倍，其中 CEO 权益授予价值更为突出，半数样本企业超过 150 万元。同时，不同样本公司的高管激励价值差异要远大于非高管激励价值差异。具体数据如图 10 - 4 所示，其中高管是指样本公司激励公告中披露的高级管理人员。

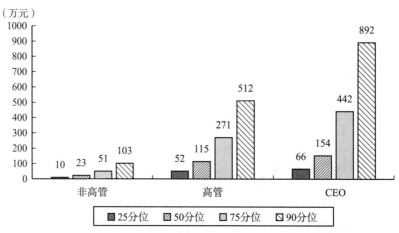

图 10 - 4 2019 年人均激励权益授予价值比较

资料来源：2019～2020 年度 A 股市场长期激励调研，德勤。

（二）激励对象评估标准

在核心人才的确定上，企业可以人员的岗位价值、素质能力、对公司的历史贡献为一级指标，确定对应的二级指标并赋予指标权重，从而构建核心人才的指标评价体系，表 10 - 3 中的具体指标以及权重可根据公司实际情况进行替换。按照这一评价指标体系，计算每位员工的最终分数，并将最终得分与拟定的分数标准进行比较，高于标准的人员可以成为股权激励对象，获得股权激励权利。

表 10 - 3　　　　　　　　　核心人才评价指标体系

一级指标	二级指标	指标权重（%）	指标含义
岗位价值	战略影响	10	岗位所能影响到的战略层面和程度
	管理责任	10	岗位在管理和监督方面承担的责任大小
	工作复杂性	10	岗位工作中所面临问题的复杂性
	工作创造力	10	岗位在解决问题时所需要的创造能力

续表

一级指标	二级指标	指标权重（%）	指标含义
素质能力	专业知识能力	15	员工具有的专业知识能力的广度和深度
	领导管理能力	15	员工具有的领导管理能力水平
	沟通影响能力	10	员工具有的沟通及影响他人能力水平
历史贡献	销售业绩贡献	7	员工以往对销售业绩的贡献大小
	技术进步贡献	7	员工以往对技术进步的贡献大小
	管理改进贡献	6	员工以往对管理改进的贡献大小

三、股权激励模式

（一）实股激励

实股是指公司的实际股权，或者说是依照《公司法》具备股东资格的股权，是真股权。因此，实股激励是指激励对象以个人出资、贷款、奖励等方式，按照约定价格获取一定数额的企业股权，并享有作为公司股东的所有权利，但这部分股权的处置存在限制性条件，如限制转让时间、转让对象等（限制性股票）。

在实股激励下，员工可以更多享受公司估值增长、持有股权价值增长带来的收益，因此较适合成长性比较强、估值有增长的公司。如果公司估值在激励期限内并没有明显增长，则该部分股权价值增长的体现就不充分，就丧失了实股模式激励的核心意义。

案例：广东某制药企业，经董事会通过，决定对研发副总、生产副总和营销副总实行股权激励。该公司 2007 年净资产为 5000 万元，折合 5000 万股，每股 1 元，三人各持 1% 为 50 万股，获取方式如表 10 - 4 所示。

表 10 - 4 实股激励案例

方案	（1）现金购买 20 万股	（2）贷款购买 10 万股	（3）奖励 20 万股
方式	在规定日期内以现金 20 万元购买 20 万股	公司贷款 10 万元，从每月工资中扣除 5000 元，从年终奖中扣除（双方另签协议）	免费获取

（二）虚拟股激励

虚拟股激励是指公司授予激励对象一种虚拟的股票，激励对象可以据此享受一定数量的分红权和股价升值收益，但是没有所有权与表决权，也不能转让与出售，并在离开公司时自动失效。很明显，实股激励模式下，被激励对象属于公司股东，而虚拟股激励模式下，被激励对象与企业之间仍为劳动合同关系。

1. 特点

（1）实质是一种享有企业剩余索取权的凭证，除此之外，不再享有其他权利。因此，发放虚拟股票不影响公司的总资本和股本结构。

（2）虚拟股票具有内在激励作用。虚拟股票的持有人通过自身努力去经营管理好企业，使企业不断盈利，进而取得更多的分红收益。

（3）虚拟股票激励模式具有一定约束作用。这是因为，获得分红收益的前提是实现公司的业绩目标，且收益是在未来实现的。

2. 分类

（1）分红权。也称干股，是公司向符合条件的激励对象发放一定比例的虚拟股份，未来激励对象有权根据公司的分红条件享受这部分股权的分红收益，其实质是员工参与公司年度剩余利润的分享，偏向于短期激励。年度效益好则计划效果好，年度效益差则无法体现其作用。

（2）增值权（SARs）。指股权激励持有人通过模拟股票认股权的方式，来获得由公司支付的公司虚拟股票在规定时段内的价值增长差额，而不需要通过实际买卖股票来收获股价的增值收益。这种激励方式的难点在于，如何确定公司每股价值的计价标准。在实践中，大部分非上市公司将每股净资产作为基准，即股权激励持有人的行权收益＝行权时的每股净资产－授予时的每股净资产，如果结果为负，员工自然不会选择行权。

（3）分红权＋增值权。指公司向符合条件的激励对象发放一定比例的虚拟股份，激励对象有权享有此部分股权的分红收益和增值收益，但无表决权。其本质是员工像股东一样享有税后利润及利润滚存，激励效果偏长期化。

（三）期权激励

期权激励是公司授予激励对象在未来一定期限内以事先确定的价格和条件购买本公司一定数量股权的权利。需要注意的是，公司事先设定了激励对象可以购买本公司股票的条件（通常被称为行权条件），只有行权条件达成时激励对象才可以行权。即激励对象在当期并没有获得公司股权，需在将来一定时期内分期兑现，其实质是一份对赌协议。另外，激励对象有权放弃这种权利，但不得将其转让，或用于抵押、质押、担保和偿还债务。

案例：某生物公司的股权激励方案。

（1）激励对象：共计7人，包含高管、中层管理、技术研发人员。

（2）激励总量：317万份，占总股本9000万股的3.52%，其中76万份为首次授予。

（3）激励价格：首次授予部分的行权价格为1元/股，预留部分的行权价格为6元/股。

（4）时间规定：总有效期10年，等待/锁定期2年，按考核情况分次行权。

（5）行权条件：若公司能在2015年12月31日前达到"××注射液"新药"三证齐全"的目标，则等待期后可行权日100%一次性行权；若2016年6月30日前、2016年12月31日前或2016年12月31日后完成"三证齐全"目标，则所授予期权将分别按95%、90%、80%的折扣分两次行权。

（四）优势与劣势总结

股权激励的三大模式都有各自优势与劣势（如表10–5所示），企业可综合考虑自身性质、资金需求、被激励对象的意愿等因素，选择其中一种或组合使用作为激励手段。另外，股权激励模式并非一成不变，企业可根据各种影响因素的变化更换激励手段，如华为的股权激励就经历了"实股激励—虚拟股激励—虚拟股＋TUP计划"的演变。

表10–5　　　　　　　　　三大股权激励模式的优势与劣势

股权激励模式	优势	劣势
实股激励	1. 引导员工更加关注公司的长期发展，更能调动员工积极性； 2. 权利与责任对称，收益与风险对称； 3. 公司能节省现金资源用于发展，有利于公司积累和壮大； 4. 实股具有流动性及变现价值	1. 原有股东控制权被稀释； 2. 企业收回股权的代价太大； 3. 对员工的短期激励效果不明显； 4. 被激励对象的购资金压力大； 5. 经营者面临的风险较大

续表

股权激励模式	优势	劣势
虚拟股激励	1. 不影响公司总资本和股本结构； 2. 不影响原有股东控制权； 3. 设置灵活，手续简单易操作； 4. 有利于提升企业短期内的业绩； 5. 短期内员工就能收获现金红利	1. 分红意愿强，企业现金支付压力大； 2. 利润分配比例大，不利于企业的长远发展与积累沉淀； 3. 员工注重短期利益，不关注企业的长期发展和企业估值的增长； 4. 是一种奖金制度，激励力度不如实股，保障性差； 5. 虚拟股不具有流动性及变现价值
期权激励	1. 股票增值与企业效益关联，激励作用显著； 2. 经营者更关注中长期利益； 3. 经营者不必一次性支付重资，资金压力小	1. 考核条件难以衡量，可能导致期权激励失败； 2. 经营者难以在短期实现收益； 3. 经营者承担股份变动的风险

根据德勤发布的《2019~2020年度A股市场长期激励调研》报告，近几年股权激励工具的使用情况具有以下几个特点（如图10-5所示）：

（1）2019年度，限制性股票仍为最普遍使用的股权激励工具，但单一使用限制性股票工具的占比连续三年下降，2019年度使用率为58%。

（2）期权和"期权+限制性股票"复合激励工具的使用率保持上升，2019年度期权使用率升至25%，复合工具使用率达到16%。

（3）2019年有3家公司采取股票增值权+限制性股票期权/复合工具组合，增值权主要面向外籍人士。

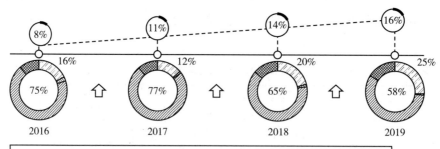

图 10-5 2019 年股权激励工具使用率

资料来源：2019~2020年度A股市场长期激励调研，德勤。

第三节　股权激励实施

知识导图

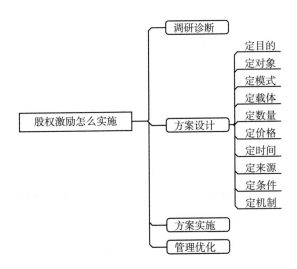

知识目标

1. 了解股权激励的四大流程；

2. 熟悉股权激励方案设计的 10D 模型；

3. 掌握如何为公司制定合理的股权激励方案。

📖 案例讨论

金固股份子公司智车慧达拟实施员工股权激励方案激励计划①

2020 年 8 月 24 日金固股份（002488. SZ）公布，为进一步建立和健全员工激励机制，鼓励公司汽车后市场业务板块核心人员的工作积极性，公司拟通过全资子公司特维轮智车慧达科技（杭州）有限公司（"智车慧达"）作为股权激励实施主体，实施汽车后市场业务板块核心人员的股权激励。

此次股权激励的激励对象为智车慧达的高级管理人员、技术骨干及其

---

① 案例来源：金固股份（002488. SZ）：子公司智车慧达拟实施员工股权激励方案［EB/OL］.（2020 - 08 - 24）［2022 - 06 - 01］. 格隆汇，https：//baijiahao. baidu. com/s？id = 1675914974951775364&wfr = spider&for = pc.

他核心员工，前述激励对象将通过持有杭州超智股权投资合伙企业（有限合伙）（"持股平台"）相应份额间接持有智车慧达股权的方式参与此次股权激励。

该计划拟授予的权益数量为：持股平台持有的智车慧达公司的400万股的股权，占智车慧达公司目前注册资本的20%。其中：首期激励对象可获授的数量以员工实际获授激励数量为准；预留部分股权总数为首期激励后剩余的数量。

请思考：你认为在实施股权激励方案时，除了上述提到的激励对象以及激励数量以外，公司还需要确定哪些相关要素？确定这些要素时需要考虑哪些影响因素？

在实际操作中，各个企业实施股权激励的流程各式各样，但大致可总结为以下四个步骤：调研诊断、方案设计、方案实施、管理优化。这四大阶段密切联系且相互促进，共同助力于股权激励计划的落地与开展。

一、调研诊断

一方面，与公司管理层、财务团队及法律团队进行交流，并结合财务报表、工商底档等资料，明确公司现有的股权结构、发展遇到的瓶颈、未来资本运作的规划、公司目前的财务状况（如每年净利润水平、是否有投资机构进入、如有投资估值多少、现有每股净资产多少等）。

另一方面，通过访谈或问卷调查的方式，掌握拟激励对象对股权激励的了解程度、对各种激励模式的偏好情况以及对股权激励定价与时间安排的建议，从而提高股权激励计划与拟激励对象需求的契合度，将激励作用发挥到最大化。

二、方案设计

通过前期调研诊断及结合公司所处行业、实际控制人的想法，制定出公司股权激励的初步方案，并提交给公司核心股东、董事会等决策层进行讨论商定。这是实施股权激励的关键阶段，方案设计的要点可用图 10-6 的 10D 模型来概括。

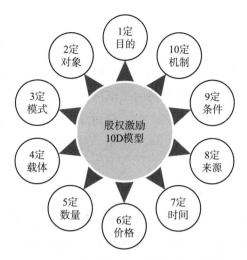

图 10 - 6　股权激励方案设计 10D 模型

1. 定目的

股权激励目的必须明确清晰，因为这决定了股权激励计划的方向及安排。各个企业之所以实行股权激励，可能是为了吸引和留住对企业整体业绩与持续发展有直接影响的管理骨干及核心技术人员，稳定公司关键员工；可能是为了调动员工的工作积极性和潜力，为公司创造更大价值；可能是为了回报老员工，使他们甘为人梯、扶持新人成长；可能是为了约束员工行为，并最大限度地监督成本；也有可能是以上几个目的的组合。另外，公司应该综合企业性质、发展规模与所处阶段等因素进行全面考虑，制定最科学最合理的股权激励目的。

2. 定对象

股权激励对象是对公司而言具有重要战略价值的核心人才，公司进行选择时要把握宁缺毋滥的原则，具体激励范围以及核心人才评估标准已在"第一节　股权激励概述"中详细说明，此处不再赘述。

3. 定模式

公司可以选择实股激励、虚拟股激励、期权激励中的一种或多种实行股权激励计划，确定激励模式时应当考虑企业经营模式、所处阶段、面临的问题等因素。如果企业发展比较成熟、当前拟上市或者拟挂牌、已上市或者已挂牌，那么实股激励能起到的激励作用通常比较明显；如果企业现金充沛、利润丰厚且稳定、不想或不能稀释股权、净资产增值快速，那么虚拟股激励较为合适；如果企业前景明朗、现金流不充沛、经营利润有限、有明确的市场机制退出规划，或者是对于互联网型、科技型企业来说，期权激励这一模式比较合理。

在选择股权激励模式时，企业还需注意以下原则：一是没有最好的激励模式，只有最适合的激励模式，要为企业量身定制，而不能直接照搬其他公司的成果；二是股权激励模式是否合适取决于是否能够实施下去，后者取决于员工对企业的信心、股东与员工的心理博弈能否取得平衡；三是股权激励模式需要动态调整与持续优化，千万避免一成不变。

4. 定载体

即实股激励与期权激励中所获股权的持股方法，主要分为以下三种方式：一是自然人持股，即以员工个人名义运用资金直接购入股权；二是委托信托公司持股，并在达成计划设定的条件后将股权做相应处理；三是设立壳公司持股，可以新设有限责任公司或股份有限公司，也可以新设有限合伙企业。

在实践中，越来越多的企业采用有限合伙企业作为股权激励持股平台，主要优势为：

（1）就公司在上市前进行的股权激励的税负成本来看，有限合伙企业持股的税负最低（具体包括公司整体变更设立股份公司时的税负成本、取得上市公司现金分红的成本和上市后退出时的税负成本）。

（2）股权稳定性较好，保持被投资企业股权稳定，不致因员工离职等原因导致目标企业股权频繁变更。

（3）有利于实际控制人保持控股地位，实际控制人可以担任有限合伙企业普通合伙人，因有限合伙企业不以出资额的多少行使权利，有限合伙人只有收益权，没有决定权，保证了普通合伙人最大限度地行使权利。

（4）通过合伙企业约定激励人员的进入与退出，方便管理与约束。通过入伙条件和退伙条件对股权转让做出约定，更方便地限制和管理有限合伙人的股权变动，而不影响目标公司的股本结构。

5. 定数量

主要分为两个方面：一是公司股权激励总量，这要解决的是股东与激励对象之间公平性的问题；二是股权激励个量，即每位激励对象可获得的激励额度，这要解决的是激励对象之间公平性的问题。

（1）股权激励总量的确定方法。

第一种方法是直接确定一个比例，即根据企业自身特点、当前估值水平、CEO 的分享精神、同行竞争对手的激励水平等因素来确定股权激励的总量。

第二种方法是以员工总薪酬水平为基数来确定股权激励总量，股权激励总价值＝年度总薪金支出×系数，系数可根据行业实践和企业自身情况来决定。

（2）股权激励个量的确定方法。

直接判断法：董事会综合评判后直接决定每个激励对象的股权激励数量，评判标准包括员工职位、业绩等，目前国内采用这种方法的情况居多。

期望收入法：个人股权激励数量＝股权激励收益期望值÷预期每股收益＝个人年薪×倍数÷预期每股收益，公式中的期望值与预期值都是针对行权这一时间点而言的。

分配系数法：个人激励数量＝激励总量×激励对象个人分配系数÷公司总分配系数，其中公司总分配系数＝∑个人分配系数，个人分配系数＝人才价值系数×20%＋薪酬系数×40%＋考核系数×20%＋司龄系数×20%

另外，国家在股权激励数量方面有明确的法律规定。对于上市公司，证监会规定股权激励数量不能超过公司总股本的10%，单个激励对象不能够超过1%；国资委则规定激励收益不得超过其总薪酬水平的30%。如果公司进行多轮股权激励，要格外注意加总的股权激励数量不得超过上述门槛。

6. 定价格

（1）按注册资本定价。

这意味着，员工与创始人按相同价格取得股权，但是双方在股权比例与所获权利方面存在明显差异。如创始人持股比例可能是50%，而员工获得的股权可能是0.5%；同时创始人拥有控制权等各种权利，员工拥有的权利则受到一定限制，尤其是在虚拟股激励模式下，员工只享受分红权、增值权等。

（2）以净资产为基础定价。

一是直接将净资产作为交易价格。对于重资产的企业而言，这相当于等价交换，是一种较市场化、较公平合理的定价方式，同时操作简单，不易发生纠纷。

周黑鸭在2012年6月实施的股权激励，就是由投资人按净资产价格给员工持股平台转让股权，转让价格远低于融资估值①。但周黑鸭并不是传统的重资产公司，而是更接近轻资产公司，他们的产品相较于同类企业而言定

---

① 股权激励的这六种定价方法，你知道吗？［DB/OL］. 百度文库，https：//wenku. baidu. com/view/b03b03c0866a561252d380eb6294dd88d0d23d17. html.

价较高，应已包含品牌溢价在内的无形资产价值。如果净资产没体现品牌价值等无形资产价值，直接按净资产价格做股权激励，对员工而言是较大幅度让利。

二是按净资产的折扣定价。如果希望增加对员工的吸引力，可按净资产价值的一定比例折扣定价，并附加一定条件。具体折扣比例并无标准，取决于创始人的取舍和员工对未来预期的判断。

（3）以融资估值为基础定价。

一是直接将融资估值作为交易价格。对于互联网企业或轻资产公司来说，一方面，他们的主要价值不在有形资产而在无形资产，但无形资产难以客观估值，直接用净资产定价是给员工较大让利。另一方面，轻资产企业融资较为常见，且投资人对无形资产的估值可能更为专业，投资人给出的融资估值也已计算了无形资产的价值，因此，可将融资估值作为股权激励市场价格的参考。

二是按融资估值的折扣定价。投资人按融资估值进行投资时，通常要求领售权、优先认购权等特殊权利；有的投资人还会要求，如果公司不能限期上市，创始人要按投资额 + 年化收益率的价格回购股份。但是，员工按投资人价格购买股权时，并不会获得上述权利，导致较难引起员工兴趣，也就难起到真正的激励作用。因此，可按融资估值的一定比例折扣定价，如绝味食品 2011 年融资价格为 13 元/股，而股权激励的价格为 2 元/股①。

7. 定时间

定时间，就是确定激励计划中的时间安排，包括：股权授予日、有效期、等待期、可行权日及禁售期等。

通常，股权授予日与获授股权首次可行权日之间的间隔不得少于 1 年，并且需要分期行权。如果选择股票期权作为激励工具，建议行权期不得少于 2 年，行权有效期不得低于 3 年，有效期内匀速行权。如果为限制性股票，则需约定相应限制条件：持股人员必须在公司服务满一定年限，满足条件后可以一定价格转让所持股份，退出持股计划；该期限可以根据持股人员岗位的重要性以及与公司发展的密切程度区别规定，短期可为 3 年、5 年，长期可为 10 年或以上。

8. 定来源

一是激励股权的来源。对于上市公司，可以选择向激励对象发行股份

---

① 股权激励的这六种定价方法，你知道吗？［DB/OL］. 百度文库，https：//wenku. baidu. com/view/b03b03c0866a561252d380eb6294dd88d0d23d17. html.

（增资入股）、股东转让（存量转让）、回购本公司股份等方式。对于非上市公司，主要来源为增资扩股（须经股东大会 2/3 以上持股股东决议同意）、原有股东转让部分、公司预留部分等。

二是购买激励股权的资金来源。对于上市公司，如果此时股权激励的标的股票是增量，则必须由激励对象自己筹集购股资金；相反，如果标的股票是存量，则公司可提取激励基金用于股权激励。对于非上市公司，资金来源受到的限制较少，主要途径包括激励对象自筹资金、从激励对象的工资或者奖金中扣除、公司或股东借款给激励对象，或者为其借款提供担保。

9. 定条件

（1）授予条件：激励对象获得期权时必须满足的条件。通常与激励对象的业绩相关，只要激励对象达到业绩考核要求，企业就授予其股权，反之不授予。

（2）行权条件：激励对象对已经获得的期权行权时需要达到的条件。此时不仅要求激励对象的资格必须符合要求，还要求公司的主体资格符合要求。只有这两者都符合企业要求了，激励对象才可以行权、获赠或者购买公司股票，否则行权终止。

10. 定机制

股权激励计划的设计实施是一个系统性工程，在确定上述要点之后，还应当为制定一系列管理机制，来为股权激励方案的实施提供保障，相关管理机制具体包括但不限于：

（1）股权激励计划的管理机制（包括股权激励制度、管理机构设置、签署股权激励协议约定、退出机制约定等）。

（2）股权激励计划的调整机制。

（3）股权激励计划的修改机制。

（4）股权激励计划的终止机制。

三、方案实施

一方面，设计好的股权激励方案需要经过内外部程序得到审批。方案一般先交由董事会审议，通过后再由股东（大）会依程序决议。如果是上市公司，还需要履行严格的信息披露程序。同时应当聘请律师事务所对股权激励计划出具法律意见书，对相关事项发表专业意见。若涉及国有资产，还需要经过国有资产监督管理委员会审批。

另一方面，应当在公司内部召开动员大会，介绍股权激励方案的具体内容与主要安排。这样一来，不仅能增加核心员工对股权激励的了解，还能让未授权员工认识到参与其中的优势。动员大会结束，应当给予拟激励对象一定时间去消化与考虑，等到全体激励对象签署相关文件后，就可以进行股份登记和转移，以及股权结构的调整。

四、管理优化

完成股权激励方案的实施只是股权激励的开始，后续还需要对这个方案进行持续优化与动态调整，比如激励对象退出公司、新的激励对象加入激励方案、每年绩效考核结果对应的股权激励层面的授权标准调整，以及确定是否开展下一轮的股权激励计划并做好相应准备。

本章实训题

实训一，假设公司有甲、乙、丙三个股东，出资分别为 60 万元、30 万元、10 万元。同时甲为财务投资人，不参与公司经营管理；乙懂技术，负责生产；丙有人脉，负责销售。你认为应当如何分配股权比较合理？

实训二，小米公司在薪酬制度中将股权作为重要内容，雷军定制了一套"现金 + 股权"的薪酬模式，核心员工入职时可以从以下方案中选择：（1）正常市场行情的现金工资；（2）2/3 的工资，拿一部分股票；（3）1/3 的工资，拿更多的股票。试想如果你是即将入职的小米员工，你会选择哪种薪酬方案？为什么？

实训三，表 10 - 3 给出了核心人才的通用评价指标体系，请你对表中的二级指标以及对应的指标权重进行修改，使得这一评价指标体系更适用于科技型企业。

实训四，现有一家科技型创业企业，主要从事信息、电子、新材料、新能源等高新技术产业领域的产品和新技术的开发与应用，当前公司现金流不算充沛。请你根据上述信息，为公司设计合适的股权激励方案。